现代职业教育汽车类专业精品教材

汽车空调系统构造与维修

主　编　殷振波　李云杰

副主编　赖育章　廖　倩　孙清巍

参　编　罗彪珂　董丽丽　李建玲　甘堂忠

　　　　洪陆英　卜乔生　周韦健　高　扬

　　　　侯立芬　韩　笑　郭星东　林海峰

机械工业出版社

本书是根据"工学结合"的教学模式需要编写的,所有项目和任务均为汽车维修企业的典型工作任务,比较全面、系统地覆盖了汽车空调使用与维护,汽车空调检测,制冷剂回收、净化与加注技术,汽车空调故障检修技术,内容注重实践性、实用性和可操作性。

　　本书针对职业院校汽车类专业的培养要求及职业院校学生的特点,以工作任务为导向,以工作过程作为学习过程,每个任务配有任务单(电子版),使用方便,对一体化教学的开展具有重要意义。本书图文并茂、通俗易懂,可作为职业院校专业教材,也可作为汽车类专业培训教材和汽车空调专业维修技术人员自学用书。

　　为方便教学,本书配有电子课件,凡选用本书作为授课教材的教师均可登录 www. cmpedu. com,以教师身份注册下载。编辑咨询电话:010-88379865。

图书在版编目（CIP）数据

汽车空调系统构造与维修/殷振波,李云杰主编 .—北京：机械工业出版社,2016.5（2024.8 重印）

现代职业教育汽车类专业精品教材

ISBN 978-7-111-53477-8

Ⅰ.①汽… Ⅱ.①殷…②李… Ⅲ.①汽车空调—构造—职业教育—教材②汽车空调—维修—职业教育—教材　Ⅳ.①U463.850.3②U472.41

中国版本图书馆 CIP 数据核字（2016）第 073301 号

机械工业出版社（北京市百万庄大街 22 号　邮政编码 100037）
策划编辑：于志伟　责任编辑：于志伟　武　晋
版式设计：霍永明　责任校对：张　薇
封面设计：路恩中　责任印制：邰　敏
中煤（北京）印务有限公司印刷
2024 年 8 月第 1 版第 5 次印刷
184mm×260mm · 15 印张 · 379 千字
标准书号：ISBN 978-7-111-53477-8
定价：35.00 元

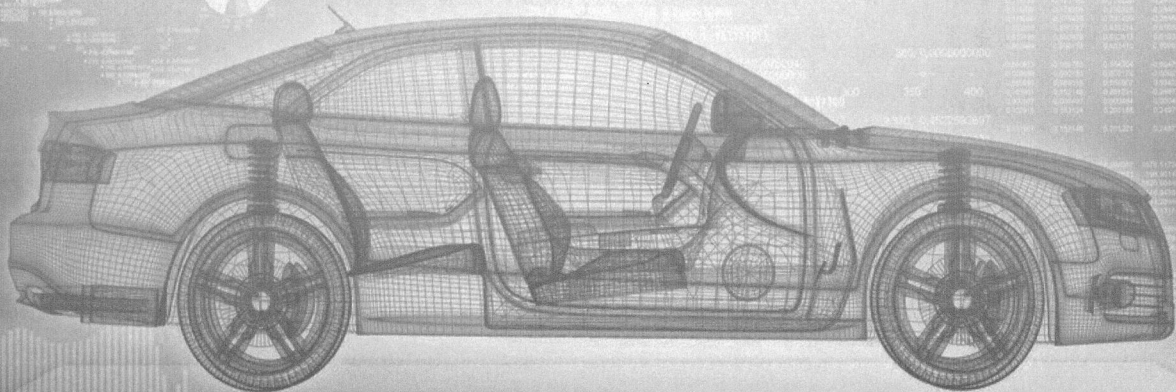

前　言

随着汽车技术的进步和人民生活水平的不断提高，汽车空调早已成为汽车的标准配置。同时，汽车技术中大量融入电子、计算机及网络等技术，汽车空调系统的结构变得越来越复杂，其控制部分越来越人性化，环保要求也越来越高。因此，汽车空调的维修已成为当前汽车维修行业中不可或缺的一项工作内容。

为了更好地满足职业院校汽车类专业的教学要求，突出职业教育特色，促进汽车专业人才培养，特编写了本书。本书的编写力求体现以下原则：

1. 紧贴国家级汽车空调维修技能大赛项目要求，以国家级职业技能大赛的作业内容、作业要求为参照标准，实现"以赛促学，以赛促教"。

2. 以企业需求为依据，以就业为导向，以培养高素质技能型人才为根本任务，突出表现该领域的新知识、新技术、新工艺、新方法，使学生更多地了解或掌握最新技术的发展及相关技能。

3. 以学生为主体，以培养学生的专业能力、方法能力和工作能力为主线，充分吸收德国教学法经验，按照"资讯—计划—方案—实施—检查—反馈"行动导向教学模式（一体化教学模式）组织教学内容。

基于以上原则，本书在内容设置方面，以相关国家职业标准为基本依据，摒弃繁、难、偏、旧的内容；在实习车型方面，以国家职业技能大赛指定的雪佛兰科鲁兹汽车为主，并且兼顾其他车型，给学校较大的选择空间；在结构安排方面，突出学生能力的培养，以行动导向教学模式为指导，不单纯强调学科体系的完整性。总而言之，本书试图在国家技能大赛、行动导向教学模式和国家职业标准之间展开一次融合，力求通过真实的工作任务，以"教、学、做"合一的方式，使学生不仅学会知识、学会技能，最主要的是学会工作。

本书由殷振波、李云杰任主编，赖育章、廖倩、孙清巍任副主编。罗彪珂、董丽丽、李建玲、甘堂忠、洪陆英、卜乔生、周韦健、高扬、侯立芬、韩笑、郭星东、林海峰参加了本书编写工作。本书的编写工作还得到了编者所在单位领导及部分兄弟院校老师的帮助，在此表示感谢。此外，在本书编写过程中，借鉴和参考了国内的同类著作，在此特向有关作者致谢！

由于编者水平有限，书中难免有不足之处，敬请广大读者提出宝贵的意见和建议，以便修订时加以完善。

编　者

目 录

项目一 汽车空调使用与维护

项目描述

空调是空气调节器的简称，它的专业定义是：将指定区域内的空气温度和湿度从自然状态调节到所需的人工状态，并要求其新鲜和洁净。所以，空气调节的研究主体对象就是精确有效地将热量从一个空间转移至另一个空间的方法。实际上，从制冷原理上讲，这种方法早在公元前就已被采用。

在古埃及，法老宫殿的墙壁是用质量达 1000t 以上的巨大石块垒成的。每天晚上，3000 名奴隶将石墙拆掉，然后将大石块搬到撒哈拉沙漠中，由于沙漠夜间温度低，这些大石块便将白天吸收的热量释放出来。黎明前，奴隶们再将大石块搬到原来地点，重新垒建起宫殿墙壁，因此在白天，虽然宫殿外温度高达 55℃，但宫殿内的温度只有 26℃ 左右。虽然从制冷原理上来讲，现代制冷技术所采用转移热量的技术与法老时代是一样的，即将热量从一个空间转移到另一个空间，但现代制冷技术所采用的转移热量技术操作已与古埃及时代的方法截然不同。

第一台汽车空调装置是在 20 世纪 20 年代末出现的，它仅有一个加热器和通风系统；在第二次世界大战后，汽车空调在技术和数量上取得了长足的进步。现在，空调技术已经很广泛地应用在汽车上，很大程度地改善着驾驶的安全性和乘坐舒适性。汽车空调已不再是一种奢侈品，随着技术的不断发展和人们需求的不断提高，未来的汽车空调将更加舒适、安全、经济、环保。

为了降低汽车空调系统的故障发生率，充分发挥汽车空调系统的使用功能，提高其工作效率，作为一名新时代的汽车使用者和汽车维修从业人员，应正确合理地使用汽车空调，对汽车空调系统要经常进行检查，对其进行定期维护与检修，延长汽车空调的使用寿命。

任务一 汽车空调的使用

学习目标

序　号	目标要求
1	能正确描述汽车空调的功能
2	能正确操作汽车空调操作面板上各按钮，并能准确说出它们的名称和作用
3	能准确描述汽车空调各部件的名称和作用
4	能独立完成汽车空调制冷、制热和除雾等操作

任务描述

一辆雪佛兰科鲁兹汽车进店进行常规维护，在维护过程中需要进行空调系统功能检查，以判断空调性能是否正常。

任务分析

正确地操作与使用汽车空调，既是安全行车的重要保障，又是进行汽车空调维修的基础条件。本任务以雪佛兰科鲁兹汽车手动空调为载体，学习汽车空调的功能，掌握汽车空调的操作与使用方法，并能通过检查判断汽车空调性能的好坏。

知识准备

汽车空调是汽车空气调节器的简称，其英文全称为 Air Conditioner。它是指在汽车封闭的空间内，对温度、湿度以及空气清洁度进行调节控制的装置。

一、汽车空调的功能

1. 温度调节

温度调节是汽车空调的主要功能。夏季，制冷系统产生冷气降低车厢内温度；冬季，除大型商用车采用独立燃烧式加热器采暖外，其他车辆基本上采用汽车余热进行采暖。

2. 湿度调节

湿度对车内乘员的舒适感觉有很大影响，车厢内的湿度一般应保持在 30% ~ 70%。普通汽车空调不具备调节车内湿度的功能，只能通过使用通风装置或打开车窗，靠车外空气来调节。高级豪华汽车采用了冷暖一体化空调器，通过制冷功能和采暖功能的共同使用才能对车内的湿度进行适当的调节。

在同样的温度下，湿度越大，人感到越热，特别是炎热夏季尤其如此。因此，对湿度的调节一般都是降低空气的湿度，即除湿。湿度的降低方法是：使车内空气中的水蒸气在蒸发器表面凝结成水，然后流出车外。

3. 气流调节

空气的流速和方向对人体舒适感影响也很大。夏季，气流速度稍大，有利于人体散热降温，但过大的风速也会使人感到不舒服，舒适的气流速度一般为 0.25m/s 左右。冬季，风速太大会影响人体保温，因而采暖时希望气流速度尽量小一些，一般为 0.15 ~ 0.20m/s。此外根据人体生理特点，头部对冷比较敏感，脚部对热比较敏感，因此在布置空调出风口时，应使冷风吹到乘员头部，使暖风吹到乘员脚部。

4. 空气净化

车厢内的空气质量是乘员舒适感的重要保证。由于车内空间小，乘员密度大，极易出现缺氧和二氧化碳浓度过高的情况；汽车发动机废气中的一氧化碳和道路上的粉尘、野外有毒的花粉都容易进入车内，造成车内空气污浊，影响乘员的身体健康。因此，必须要求汽车空调具有补充车外新鲜空气、过滤和净化车内空气的功能。

二、汽车空调的控制面板

汽车空调的控制面板有机械式、真空控制式和电子控制式三种。手动空调面板一般采用机械式，如图 1-1 所示；自动空调一般采用真空控制式和电子控制式，如图 1-2 所示。各开关及按钮功能如下：

（1）空调启动开关（A/C） 用于开启和关闭空调系统，指示灯相应有显示。当 A/C 开关关闭时，鼓风机继续工作，可吹出自然风。

（2）空调关闭开关（OFF） 按下此开关，空调停止工作。

（3）温度调节旋钮 根据需要将旋钮旋至一定位置，从而调节出风口出风温度。

（4）风速控制旋钮（按钮） 用于手动调节出风口风速。进入自动控制模式时，出风口风速按计算机设定风速吹出。

（5）模式调节控制旋钮（按钮） 用于调节送风位置。在手动空调控制面板中，⊞ 表示除霜模式，空气送往前风窗玻璃；👤 表示面部送风模式，空气送往乘员面部；👤 表示脚部送风模式，空气送往乘员脚部；👤 表示脚部送风并除霜模式，空气送往前风窗玻璃和脚部。

（6）进气模式控制拨杆（按钮） 调节进风口位置，有两种模式：内循环 🔄，由车厢内部引入空气；外循环 🔄，由车厢外部引入新鲜空气。

（7）前风窗玻璃除霜按钮 按下此按钮后，空气送往前风窗玻璃。

（8）后风窗玻璃除霜按钮 按下此按钮后，开启后风窗电加热。

（9）自动空调启动按钮 按下此按钮后，空调系统进入自动控制模式，包括温度调节、风速调节、出风口位置调节。

（10）功能显示窗 显示空调系统工作状态及故障码。

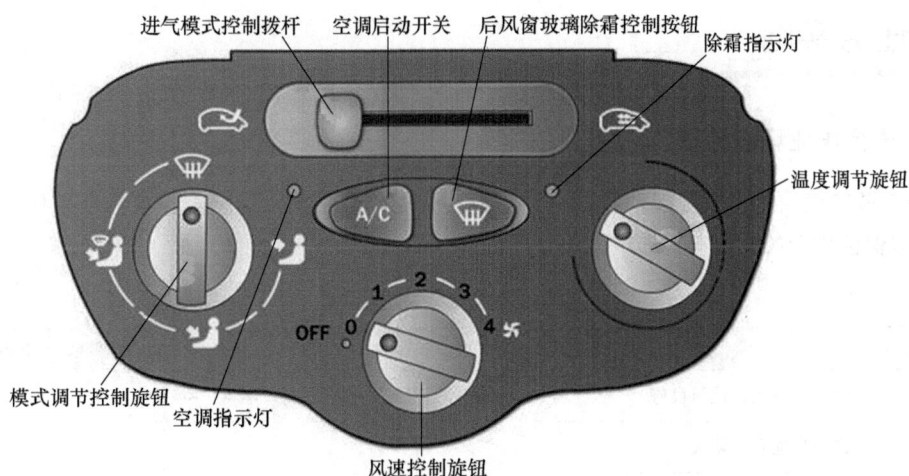

图 1-1 手动空调控制面板

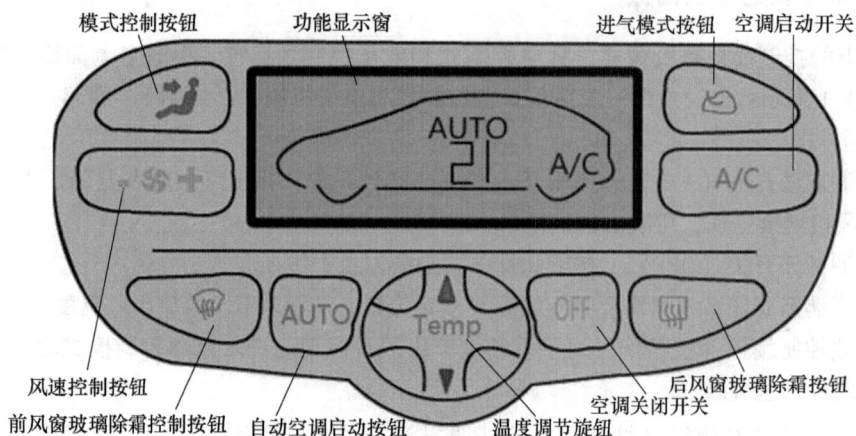

图1-2　自动空调控制面板

制订计划

本任务工作内容为雪佛兰科鲁兹汽车手动空调系统功能检查，在学习了前面所述基本知识后，我们就可以进行空调操作功能检查，特制订如下工作计划：

1）进行作业环境检查。

2）安装车辆防护装置。

3）记录待检车辆基本信息。

4）操作空调面板开关，填写汽车空调系统检查记录表。

5）清洁场地，完成收尾工作。

任务实施

一、进行作业环境检查

汽车空调在使用时，需要起动发动机，所以在开始作业之前，请检查作业场地条件，并填写表1-1，以保证作业的安全与规范。

表1-1　作业环境检查

序　号	检查项目与内容	检 查 结 果
1	作业场地是否通风良好	
2	作业场地有无明火	
3	作业场地有无必要的安全防护设施，如防护手套、防护眼镜、灭火器材等	
4	车辆停放是否周正，车辆停放区域内有无异物	

二、安装车辆防护装置

在进行汽车空调检查作业之前，需要安装必要的车辆防护装置，并填写表1-2，以保证作业过程安全、有序，具体如下：

1）安装车轮挡块或三角木。注意车轮挡块的安装位置可以是两个后轮，也可以是呈对角关系的前后轮。

2）安装尾气排放系统，并接通尾气排放系统的电源。

3）取车钥匙，解锁车辆，开车门，安装车内防护五件套（转向盘套、驻车制动杆套、变速杆手柄套、座椅套、脚垫），同时检查驻车制动杆处于拉紧位置，变速杆处于空档（手动变速器）或P位（自动变速器）。

4）打开发动机舱盖，安装车外防护三件套（左、右翼子板布和前栅栏布）。

表1-2　车辆基本检查作业记录

序　号	项　目	作业记录	序　号	项　目	作业记录
1	车轮挡块放置状况		4	各线束连接状况	
2	座椅套、转向盘套、驻车制动杆套、变速杆手柄套、脚垫、翼子板布等安装状况		5	发动机机油液位	
			6	冷却液液位	
3	仪器、设备、工量具数量		7	蓄电池电压	

三、记录待检车辆基本信息

打开右前门，记录车辆基本信息，并填写表1-3。

表1-3　车辆基本信息

汽车型号		车牌号	
发动机型号		VIN编号	

四、操作空调面板开关，填写汽车空调系统检查记录表

1）进入驾驶位置，再次检查变速杆处于空档（手动变速器）或P位（自动变速器），拧动点火开关，起动车辆。

2）操作雪佛兰科鲁兹汽车手动空调控制面板（图1-3）相应按钮（旋钮），并填写表1-4。

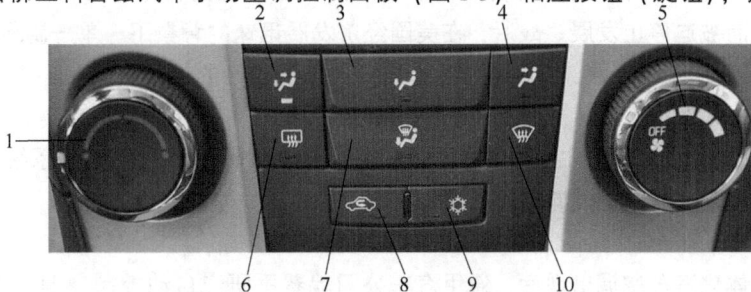

图1-3　雪佛兰科鲁兹汽车空调控制面板

表1-4　汽车空调系统检查记录

序　号	操作按钮（旋钮）	用　途	检查结果
1			
2			
3			
4			
5			
6			
7			
8			
9			
10			

检查结论：＿＿＿＿＿＿＿＿＿＿＿＿＿＿＿＿＿＿＿＿＿＿＿＿＿＿＿＿。

五、清洁场地，完成收尾工作

整理工具与设备，并清扫作业场地，保持干净整洁。

知识拓展

一、汽车空调技术的发展史

1. 单一取暖阶段

1925年，美国纽约出现了第一台利用汽车冷却液通过加热器取暖的汽车，在世界各国汽车制造商中引起了轰动，但还没有通风系统。1927年，具有加热器、风机和空气滤清器等比较完整的取暖系统得到发展。目前，单一取暖的汽车空调系统在一些寒冷地区仍然使用。

2. 单一制冷阶段

1939年，美国通用汽车帕克公司首先在轿车上安装了由机械制冷的空调，但这项技术由于第二次世界大战而被迫停止发展。战后，在美国经济发展迅速的背景下，单一制冷汽车空调得以迅速发展起来。到1957年，欧洲、日本才生产出这种单一制冷的轿车。

3. 冷暖一体化阶段

1954年，美国通用汽车公司首先在纳什轿车上安装了冷暖一体化的空调系统。该空调系统基本具有降温、除湿、通风、过滤和除霜功能。

4. 自动控制阶段

自从冷暖一体化汽车空调出现后，通用汽车公司就着手研究自动控制空调，并于1964年首先安装在凯迪拉克轿车上，紧接着通用、福特、克莱斯勒三大汽车公司先后在各自的高级轿车上安装了自动空调。

只要预先设定温度，自动空调系统就能自动地在设定的温度范围内工作。系统根据传感器检测的车内、车外温度等信息，自动控制空调各部件工作，达到调节车内温度和实现其他功能的目的。

5. 微机控制阶段

1973 年，美国通用汽车公司和日本五十铃汽车公司一起联合研制由微机控制的汽车空调系统，并于 1977 年将其安装在各自的汽车上，将汽车空调技术推广到一个新的高度。微机控制的汽车空调系统具备数字化显示、冷暖通风三位一体化、自诊断系统、执行器自检和数据流传输等功能。通过微机控制，实现了空调运行的相互统一，极大地提高了制冷效果并节约了燃料，从而提高了汽车的整体性能。

二、汽车空调使用注意事项

1. 绝不开空调睡觉

在封闭的汽车空间里，汽车尾气排放的一氧化碳无法及时排掉，极易导致有毒气体渗入车内。所以，不要在开着空调的车上睡觉。

2. 及时清洗很重要

天气干燥、少雨、多风沙时，会让空调滤清器穿上厚厚的"脏衣"，细菌滋生，霉味出来。正确做法是每年春季过后清洁或更换一次滤芯，同时定时清洗冷凝器，而且要将散热器拆下来，清洗才能彻底。

3. 控制出风口方向

根据物理知识，冷空气下沉，热空气上升，因此汽车空调在开冷气时应将出风口向上，开暖气时应将出风口向下。

4. 开启时间别太长

长时间使用汽车空调会使冷凝器压力过大，对制冷系统造成损伤。因此，如果车内温度已经让您怡然自得，不妨将空调关闭一会儿，让它也休息一会儿。

5. 适当开启大风量

空调使用时会吸进很多灰尘，定期开大风量能将风道内表面的浮尘吹出来，这种最简单的方法最有效。

6. 高速行驶时关窗开空调

汽车在高速行驶时，关闭车窗打开空调要比打开车窗不开空调省油。因为打开车窗会导致汽车行驶阻力增加，增加油耗。

7. 开关程序要牢记

先后顺序很重要。开机时，先开风速控制旋钮，再开空调起动开关（A/C）；关机时，先关空调起动开关（A/C），再关风速控制旋钮。最好在高温时关掉空调起动开关后两三分钟再关风速控制旋钮，这样能让空调压缩机更好地散热。

8. 内外循环要掌握

常言道，夏季最痛苦之事莫过于暴晒之后拉开车门。别着急，先把车门打开，用外循环放一放车内热气。温度下降后，切换为内循环模式，制冷效果更好。但内循环时间长了会造成车内空气污染，因此别忘了定期切换内外循环模式。

9. 冬季也要练练兵

寒冬中，每月别忘开一下冷气。每月将空调制冷系统起动二三次，每次 10min 左右，保持空调系统润滑密封，这样消耗的燃油不多，还能够避免制冷剂泄漏，损坏压缩机，使来年夏季空调能够继续正常使用。

考核评分

本任务的考核与评分见表 1-5。

表 1-5　考核与评分

考核内容	考核要求	评分标准	配分	得分 自评	得分 互评
1. 作业环境检查	正确检查作业环境，填写作业环境检查表	错误一处扣 2 分	10 分		
2. 车辆基本检查	（1）正确放置车轮挡块 （2）正确安装座椅套、转向盘套、驻车制动杆套、变速杆手柄套、脚垫、翼子板布等 （3）检查仪器、设备、工量具数量 （4）检查线束连接不少于 5 处 （5）正确检查发动机机油液位 （6）正确检查冷却液液位 （7）正确检查蓄电池电压 （8）正确填写车辆基本检查作业记录表	错误一处扣 5 分	30 分		
3. 车辆基本信息检查	正确记录车辆基本信息	错误一处扣 5 分	10 分		
4. 车辆空调系统检查	（1）正确叙述各开关的名称 （2）正确叙述各开关的用途 （3）正确检查空调各项功能 （4）正确填写汽车空调检查记录表	错误一处扣 5 分	40 分		
5. 职业素养	（1）学习态度：积极主动参与学习 （2）团队合作：与小组成员一起分工合作，不影响学习进度 （3）现场管理：服从工位安排，执行实训室管理规定	不足之处扣 3 分	10 分		
6. 安全文明生产	自觉遵守安全文明生产规程	违反一项规定扣 5 分			
合计					
操作时间	开始时间：	结束时间：	实际用时：		

任务二　汽车空调系统的外观检查

学习目标

序　号	目标要求
1	掌握汽车空调系统各部件名称
2	能正确描述汽车空调系统各部件的作用
3	能通过观察汽车空调系统主要部件的外观初步判断汽车空调部件的性能

任务描述

　　一辆雪佛兰科鲁兹汽车进店进行维护，在维护的过程中需要进行空调系统外观检查，以初步判断汽车空调的使用状态。

任务分析

　　汽车空调系统外观检查既是汽车空调日常使用的重要组成部分，又是汽车空调维护与维修的第一步，在生产实践中起着非常重要的作用。本任务以雪佛兰科鲁兹汽车手动空调为载体，主要学习汽车空调的组成，掌握汽车空调各部件的外观检查方法，并能通过外观检查初步判断各部件的技术状况。

知识准备

一、汽车空调的组成

　　在一般的轿车和客货车上，汽车空调通常包含制冷装置、暖风装置和通风装置等。在高级轿车和高级大客车上，还有加湿装置和空气净化装置。

　　（1）制冷装置　对车内空气或由外部进入车内的新鲜空气进行冷却和除湿，使车内空气变得凉爽舒适，使驾驶人保持警醒。制冷装置由压缩机、冷凝器、储液干燥器、节流元件、蒸发器、散热风扇、管道、制冷剂等组成。

　　（2）暖风装置　主要利用发动机冷却液给车内空气或由外部进入车内的新鲜空气加热，以达到取暖、除湿的目的，可使乘员避免过量着装。在冬天还可以给前、后风窗玻璃除霜、除雾。暖风装置由加热器、热水控制阀、水管、发动机冷却液等组成。

　　（3）通风、净化装置　通风、净化装置主要是控制车厢内空气的循环和流向，并净化车厢内空气。驾驶人根据需要，使空气进行内循环或外循环，对车内空气进行置换，同时控制气流的流向，以达到制冷、加热及通风的功效。通风、净化装置包括鼓风机、空气滤清器、进风口、风

门、风道及出风口。

（4）加湿装置　在空气湿度较低时对车内空气加湿，以提高车内空气的相对湿度。

（5）控制系统　对制冷及暖风系统的温度及压力进行控制，同时对车内空气的温度、风量和流向进行控制，完善空调系统的正常工作。

二、汽车空调的分类

1. 按自控程度分

汽车空调按自控程度可分为手动空调（MTC）和自动空调（ATC）两种。

（1）手动空调　进气源、空气温度、空气分配及鼓风机速度等功能都是驾驶人通过旋钮或拨杆进行调节和手动选择的。

（2）自动空调　自动监控并调节温度、鼓风机速度和空气分配，有两种操作模式。其中，自动模式提供了最适宜的系统控制，并且不需要手动干预。手动模式允许忽略单个功能的自动运行，以适应个人偏好。

2. 按驱动方式分

汽车空调按压缩机驱动方式可分为独立式汽车空调、非独立式汽车空调及电力驱动空调。

（1）独立式汽车空调　压缩机由专门的副发动机驱动，一般用于长途货车、大中型客运汽车。

（2）非独立式空调　压缩机由汽车主发动机通过带传动直接驱动，广泛用于轿车、货车、轻型客车及工程车辆上。

（3）电力驱动空调　压缩机由电动机驱动，应用于特种车辆，如雷达指挥车等。

3. 按功能分

汽车空调按功能可分为冷暖分开型、冷暖合一型和全功能型。

（1）冷暖分开型空调　制冷和采暖系统各自分开，由两个完全独立的冷风机和暖风机所组成，各有各的送风机，控制系统也是完全分开的。

（2）冷暖合一型空调　在暖风机的基础上增加蒸发器芯和冷气出风口，但制冷和采暖各自分开，不能同时工作。目前许多轿车还采用这种结构形式。

（3）全功能型空调　集制冷、除湿、采暖、通风和净化于一体，既可供冷气，又可供暖气，还可进行通风和除尘。

4. 按送风方式分

汽车空调按送风方式可分为直吹式和风道式两种。

（1）直吹式空调　冷气或暖气直接从空调器送风面板吹出。一般轿车、中小型客车及货车的空调通常采用这种送风方式。

（2）风道式空调　将空调处理后的空气用风机送至塑料风道，再由车厢顶部或座位下的各风口、风阀送至车内，主要用在一些大型客车上。

5. 按结构形式分

汽车空调按结构类型可分为整体式空调、分体式空调以及分散式空调。

（1）整体式空调　将副发动机、压缩机、冷凝器和蒸发器通过传动带、管道连接成一个整体，由副发动机带动，通过车内通风管将冷风送入车内。

（2）分体式空调　将压缩机、冷凝器、蒸发器以及独立式空调的副发动机部分或全部分开布置，用管道连接成一个制冷系统。

（3）分散式空调　将蒸发器、冷凝器、压缩机等各部件分散安装在汽车各个部位，并用管道相连接。

6. 其他分类方式

1）按蒸发器的布置形式可分为仪表台板式空调、顶置式空调。

2）按蒸发器和冷凝器的数量不同可分为单蒸单冷式空调、单蒸双冷式空调、双蒸单冷式空调和双蒸双冷式空调。

三、汽车空调的主要零部件及工作介质

汽车空调系统主要零部件分布如图 1-4 所示。

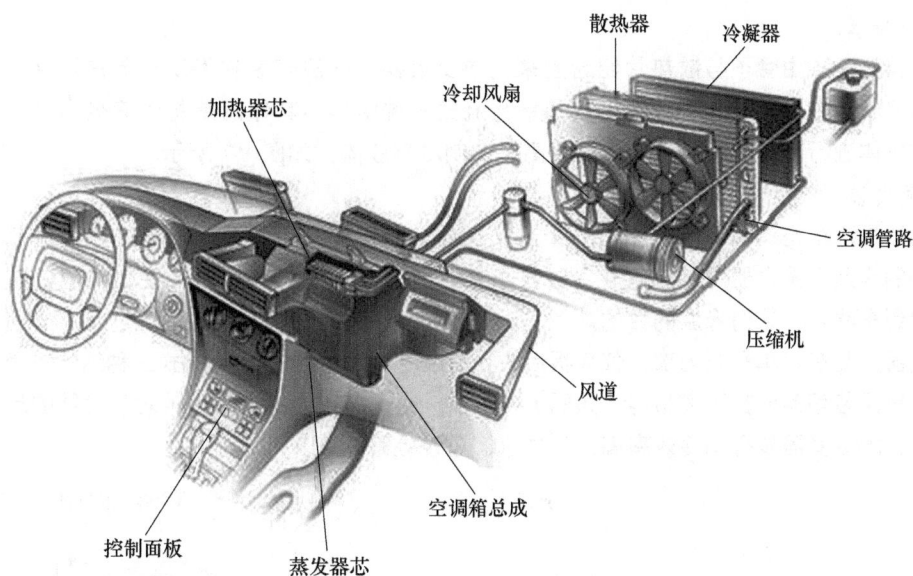

图 1-4　汽车空调系统主要零部件分布

1. 制冷剂

制冷剂（俗称冷媒）是制冷系统中的工作介质，通过自身"相态"的变化来实现热交换，从而达到制冷的目的。图 1-5 所示为常见的罐装制冷剂。

2. 压缩机

压缩机是汽车制冷系统的主要部件之一，如图 1-6 所示。汽车空调压缩机是推动制冷剂在制冷系统中不断循环的动力源，其功能是将已在蒸发器内吸收热量的低温低压的制冷剂气体压缩成高温高压的制冷剂气体后输送至冷凝器进行冷凝。

根据汽车本身特点，汽车空调压缩机工作时要满足几点要求：①汽车低速时制冷力要强、高速时能耗要低；②体积小，重量轻；③经久耐用，易损部件少；④工作稳定，噪声小；⑤制造容易，价格低。

图 1-5　制冷剂

图 1-6　汽车空调压缩机

3. 冷凝器

冷凝器是一种由管子与散热片组合起来的热交换器，一般安装在发动机散热器之前，汽车上常用的冷凝器主要有管片式、管带式和平行流式三种结构。其作用是将压缩机排出的高温高压制冷剂气体进行冷却，使之凝结成高温高压的制冷剂液体，如图 1-7 所示。

4. 蒸发器

蒸发器是汽车空调制冷系统中另一个热交换器，其作用与冷凝器相反，是将经过节流降压后的液态制冷剂在蒸发器内沸腾汽化，吸收蒸发器表面周围空气的热量而使之降温，鼓风机再将冷风吹到车厢内，达到降温的目的。

蒸发器安装在汽车车厢内部，仪表板后方，有管片式、管带式和层叠式三种结构，通常与鼓风机、加热器芯等集成在蒸发箱内，如图 1-8 所示。由于车厢内的空间小，对蒸发器的尺寸有很大的限制，故蒸发器具有制冷效率高、尺寸小、重量轻等特点。

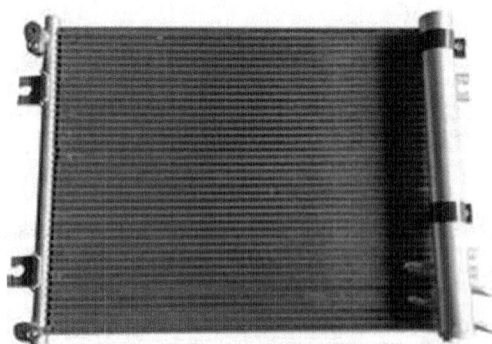

图 1-7　冷凝器

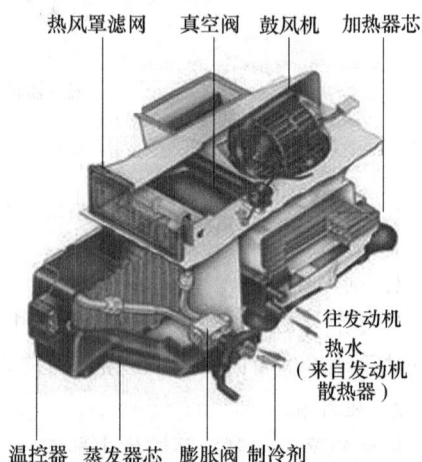

热风罩滤网　真空阀　鼓风机　加热器芯

往发动机

热水
（来自发动机散热器）

温控器　蒸发器芯　膨胀阀　制冷剂

图 1-8　蒸发箱

5. 节流膨胀阀

节流膨胀阀安装在蒸发器入口管路上，分为 F 型膨胀阀和 H 型膨胀阀两种，如图 1-9 所示。它的作用有：① 降低制冷剂的压力，保证制冷剂在蒸发器内低温下沸腾蒸发，降低流过蒸发器表面的空气温度；② 调节供给蒸发器的制冷剂循环量，以适应制冷负荷变化的需要；③ 控制蒸发器的出口过热度，防止压缩机出现液击。

6. 储液干燥器

储液干燥器安装在空调高压管路中，如图 1-10 所示。其作用是：① 吸附制冷剂内的湿气；② 过滤制冷剂内的颗粒杂质；③ 储存多余的液态制冷剂。

7. 冷冻机油

在空调制冷系统中，为了保证压缩机正常运转并长期可靠工作，必须对其进行润滑。润滑所使用的润滑油称为冷冻润滑油或冷冻机油，其作用有润滑、密封、冷却和降低压缩机噪声，如图 1-11 所示。

图 1-9　节流膨胀阀　　　　图 1-10　储液干燥器　　　　图 1-11　冷冻机油

8. 鼓风机

鼓风机安装在汽车车厢内部，仪表板后方，如图 1-8 所示。它的作用是将车内/外空气按驾驶人设定的风速吹过蒸发器或加热器芯，通过风道、分配管将冷风或热风输送至车厢内部。

9. 加热器芯

加热器芯安装在汽车车厢内部，仪表板后方，如图 1-4 所示。加热器芯与蒸发器芯等集成安装在蒸发箱内，也是一个热交换器，其结构与发动机散热器相似，内部通发动机冷却液，冷却液从一根管流进发动机，从另一根管流出，形成循环，对周围空气进行加热，由鼓风机将热风送入车厢内部。

制订计划

本任务工作内容为雪佛兰科鲁兹汽车手动空调系统外观检查，在学习了前面所述基本知识后，我们就可以进行外观检查，特制订如下工作计划：

1）检查作业环境，安装车辆防护装置。

2）记录待检查车辆基本信息。

3）在车辆上识别汽车空调各零部件。

4）以小组作业的方式检查空调系统部件，并填写汽车空调系统外观检查记录表。

5）清洁场地，完成收尾工作。

任务实施

一、作业前的准备

1. 进行作业环境检查

在进行汽车空调外观检查时，需要起动发动机，因此为确保人身与财产安全，在开始作业之前请检查作业场地条件，并填写表1-6，以保证作业的安全与规范。

表1-6　作业环境检查

序　号	检查项目与内容	检查结果
1	作业场地是否通风良好	
2	作业场地有无明火	
3	作业场地有无必要的安全防护设施，如防护手套、防护眼镜、灭火器材等	
4	车辆停放是否周正，车辆停放区域内有无异物	

2. 安装车辆防护装置，记录车辆基本信息

在进行汽车空调检查作业之前，首先要安装必要的车辆防护装置，进行基本作业检查将结果填入表1-7中，操作步骤参见"任务一汽车空调使用"相关内容。然后记录车辆基本信息，填写表1-8。

表1-7　车辆基本检查作业记录

序　号	项　　目	作业记录	序　号	项　　目	作业记录
1	车轮挡块放置状况		4	各线束连接状况	
2	座椅套、转向盘套、驻车制动杆套、变速杆手柄套、脚垫、翼子板布安装状况		5	发动机机油液位	
			6	冷却液液位	
3	仪器、设备、工量具数量		7	蓄电池电压	

表1-8　车辆基本信息

汽车型号		车牌号	
发动机型号		VIN编号	

二、汽车空调部件识别

查询维修资料，在图1-12上标出科鲁兹汽车空调主要零部件的位置。

三、汽车空调部件外观检查

在车辆上按照表1-9进行汽车空调部件外观检查，并填写检查结果。

图1-12　科鲁兹汽车空调主要零部件标注

表1-9 汽车空调部件外观检查记录

序 号	部件名称	技术要求	检查结果
1	压缩机	无裂纹、无变形	
		油封处无泄漏痕迹	
		工作时，电磁离合器动作正常，无打滑、无异响	
		线路连接可靠，无松脱、无老化、无断裂	
		传动带正确装入带轮槽，无歪斜	
2	冷凝器	散热片表面清洁，无折弯变形	
		冷凝器座无裂纹，各固定螺栓、螺母紧固可靠	
3	压力传感器	线路连接可靠，无松脱、无老化、无断裂	
4	冷却风扇	无锈蚀、无变形、无裂纹	
		线路连接可靠，无松脱、无老化、无断裂	
		工作时无异响、无卡滞、无碰擦	
5	高、低压管路	所有固定螺钉不松动	
		软管无老化、起泡、碰擦、割伤、磨损、裂纹和渗漏的油渍	
		硬管焊接处无裂纹或渗漏现象	
		与其他机件无干涉碰擦现象	
6	膨胀阀	无脏污、无变形	
7	各出风口	无堵塞、无异味	
		面部出风口开闭正常、操纵灵活	

四、清洁场地，完成收尾工作

回收工量具，并清扫作业场地，保持干净整洁。

知识拓展

一、汽车空调的特点

1. 汽车空调动力来源于发动机或辅助发动机

对于轿车、轻型汽车、中小型客车及工程车辆，空调所需的动力和驱动汽车前进的动力来自同一发动机；对于大型客车和豪华型中大型客车，由于所需的制冷量和暖气量大，一般采用辅助发动机驱动制冷系统的压缩机和供暖设备。

2. 汽车空调制冷量大、降温速度快

为了减轻自重，汽车隔热层较薄；同时，由于门窗多、面积大，导致汽车的隔热性能差，热量流失严重；此外，车内乘员密度大，产生的热量大、热负荷大，且要求汽车空调在短短几分钟内就能够达到所需的舒适温度。因此，汽车空调的制冷量很大。

3. 汽车空调工作环境恶劣，但抗冲击力强

由于汽车空调需要承受剧烈、频繁的振动和冲击，因此汽车空调的各个零部件应有足够的

强度和抗振能力，接头应牢固并防漏。若各连接处连接不牢，汽车空调的制冷系统极易发生制冷剂泄漏的情况，从而破坏整个空调系统的工作条件。

4. 汽车空调结构紧凑、质量小

由于汽车本身的特点，汽车空调的结构要紧凑，以便在有限的空间进行安装，且要求不会使汽车增重太多而影响其他性能。

二、汽车空调制冷剂量的检查

对于采用 R12 制冷剂的制冷系统，可以通过视液镜观察制冷剂的量；对于采用 R134a 制冷剂的制冷系统，由于视液镜观察时呈乳白色，因而很少采用视液镜进行观察。

1. 设定空调工作条件

1) 发动机转速为 1500r/min。

2) 鼓风机转速为最高。

3) 空调起动开关为接通。

4) 温度设定为最大制冷。

5) 制冷系统运行 5min。

6) 打开所有车门。

2. 通过视液镜检查汽车空调系统内的制冷剂情况

（1）制冷剂清澈　如图 1-13a 所示，若在制冷系统起动的初期看到视液镜内有气泡流动，但不久后气泡消失，则说明制冷剂量合适；若制冷系统起动后视液镜内一直无气泡，则表明制冷剂可能过多；若制冷系统不能起动，则表明可能严重缺乏或根本没有制冷剂，可通过连接回流设备并察看压力表读数进一步加以确认。

（2）制冷剂偶尔有气泡　如图 1-13b 所示，在制冷系统起动后可观察到视液镜中的制冷剂偶尔或者缓慢地有气泡流过，表明系统中的制冷剂量可能稍有不足或是制冷系统的干燥剂已经饱和，也可能是制冷剂内混入了水分。可通过观察膨胀阀有无结霜来进一步区分是由哪一种原因引起的。若膨胀阀没有结霜现象，则说明制冷剂量不足；若膨胀阀结霜，在视液镜中有时还能见到变颜色的干燥剂，说明制冷剂中含有水分。

（3）制冷剂有大量气泡或泡沫　如图 1-13c 所示，在制冷系统起动后可观察到视液镜内的制冷剂有大量气泡或泡沫流过，且蒸发器低压回路表面不结霜，这种状况说明系统内制冷剂量严重不足，且系统内涌入了大量的空气和水分。若往冷凝器上淋水后气泡消失，则说明制冷剂过多。

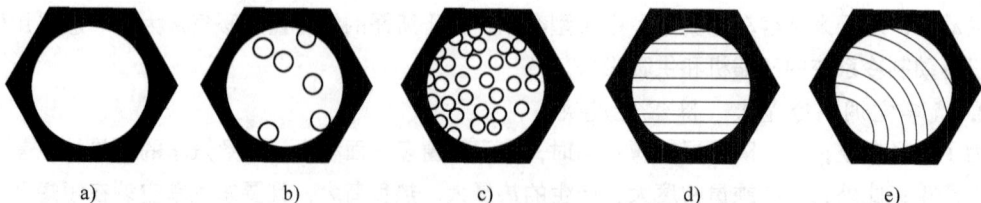

图 1-13　视液镜观察结果

a) 清澈　　b) 气泡　　c) 泡沫状　　d) 条纹状　　e) 云层状

（4）视液镜出现条纹状或黑油状泡沫 如图 1-13d 所示，在制冷系统起动运转一段时间并停止运行后，观察视液镜内的油渍干净，表明制冷剂可能略少，但冷冻机油可能过多；若视液镜内油渍呈黑色或有杂物，则说明冷冻润滑油变质或被污染；若压缩机不工作，且视液镜内的油渍呈现条纹状，则说明制冷剂全部漏光（仅有冷冻机油附着在视液镜内）。

（5）视液镜出现云层状油渍 如图 1-13e 所示，在制冷系统起动运转一段时间并停止运行后，观察视液镜内的油渍出现云层状条纹，表明储液干燥过滤器中含有的干燥剂被分解并在系统中循环。

考核评分

本任务的考核与评分见表 1-10。

表 1-10 考核与评分

考核内容	考核要求	评分标准	配　分	得　分	
				自　评	互　评
1. 作业环境检查	正确检查作业环境，填写作业环境检查表	错误一处扣 2 分	10 分		
2. 车辆基本检查与车辆基本信息检查	（1）正确放置车轮挡块 （2）正确安装座椅套、转向盘套、驻车制动杆套、变速杆手柄套、脚垫、翼子板布等 （3）检查仪器、设备、工量具数量 （4）检查线束连接不少于 5 处 （5）正确检查发动机机油液位 （6）正确检查冷却液液位 （7）正确检查蓄电池电压 （8）正确填写车辆基本检查作业记录表	错误一处扣 2 分	20 分		
3. 汽车空调零部件识别	（1）正确识别汽车空调各部件的名称、安装位置 （2）能正确叙述各部件的用途与功能 （3）正确标注汽车空调各零部件	错误一处扣 5 分	30 分		
4. 车辆空调系统检查	（1）正确检查各部件的外观 （2）正确填写汽车空调外观检查记录表	错误一处扣 3 分	30 分		
5. 职业素养	（1）学习态度：积极主动参与学习 （2）团队合作：与小组成员一起分工合作，不影响学习进度 （3）现场管理：服从工位安排，执行实训室管理规定	不足之处扣 3 分	10 分		
6. 安全文明生产	自觉遵守安全文明生产规程	违反一项规定扣 5 分			
合　　计					
操作时间	开始时间：　　　　　　　结束时间：　　　　　　　实际用时：				

任务三　汽车空调滤清器的清洁与更换

学习目标

序　号	目 标 要 求
1	能正确描述汽车空调滤清器的作用
2	能独立清洁和更换空调滤清器
3	能正确描述汽车空调静电除尘的工作过程

任务描述

　　一辆雪佛兰科鲁兹汽车进店进行维护，在维护的过程中需要检查空调滤清器使用情况，判断是否需要清洁或更换。

任务分析

　　空调滤清器的检查、清洁与更换是汽车空调维护的主要工作内容之一，在汽车维护与维修过程中必不可少。本任务以雪佛兰科鲁兹汽车空调滤清器的检查、清洁与更换为载体，主要学习汽车空气净化装置的工作过程，掌握汽车空调滤清器检查、清洁与更换的方法。

知识准备

　　汽车外部环境中有粉尘、烟尘以及汽车尾气中一氧化碳、二氧化硫等有害气体污染，车内有乘客呼出的二氧化碳、人体汗味以及漏入车厢内的废气污染。这些污染物对人体健康都会造成不利影响，使人精神疲倦，容易造成行车事故。因此，现代汽车空调装备了空气净化装置，以清除车内空气中的异味，去除进入车内的花粉和灰尘，净化车内空气。

　　汽车在公路上行驶时，粉尘是空调的最大污染源。粉尘包括固体物质粉碎形成的固体颗粒，因燃烧不完全产生的固体烟尘，因化学反应过程中升华、蒸馏形成的烟气，以及花粉、细菌等。根据粉尘特性的不同，汽车空调系统采用的空气净化装置通常有空气过滤式和静电除尘式两种类型。

一、空气过滤式净化装置

　　空气过滤式净化装置是指在空调系统的进风口和出风口设置的空气滤清器，它仅能滤除空气中的灰尘和杂物，因此结构简单，工作可靠，只需定期清理过滤网上的灰尘和杂物即可。

1. 空调滤清器的种类

　　目前，广泛应用于汽车空调系统的空调滤清器主要有以下三种，如图1-14所示。

（1）普通空调滤清器　白色，纸质，能过滤灰尘、花粉，价格较便宜，普遍使用在中低档车上。

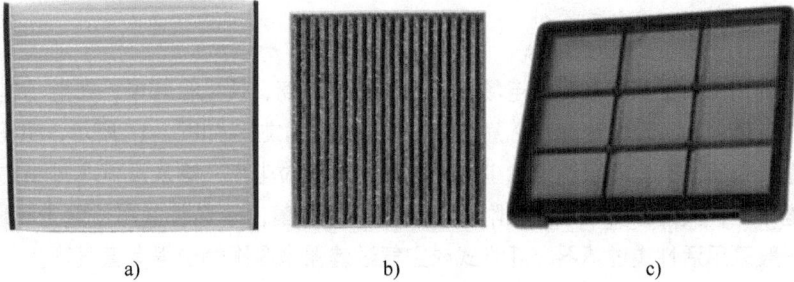

图 1-14　空调滤清器

a）普通空调滤清器　b）活性炭空调滤清器　c）金属滤网

（2）活性炭空调滤清器　灰黑色，纸质，不但能过滤灰尘和花粉，还能吸附有害气体，如苯、甲醛等，价格较贵。

（3）金属滤网　主要用于中低档车，只能阻挡一些大的杂物，过滤效果差，成本较低。

2. 空调滤清器的安装位置

空调滤清器一般安装在如下三个位置：

（1）杂物箱的后方，一般汽车都安装在此位置，如图 1-15a 所示。

（2）副驾驶刮水器的下方，如图 1-15b 所示。

（3）仪表板下方中部，加速踏板右侧，如图 1-15c 所示。

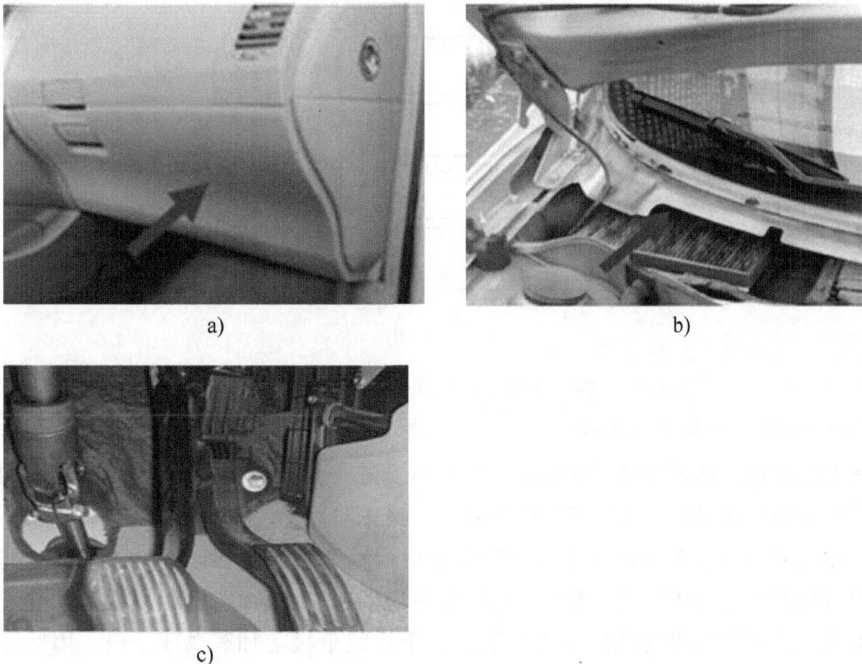

图 1-15　空调滤清器的位置

3. 空调滤清器的更换周期

空调滤清器的更换周期一般为 6 个月或 5000km。

二、静电除尘式净化装置

静电除尘是利用高压电极产生高压电场，对空气进行电离，使尘粒带电，在电场作用下定向运动，沉降在正负电极上，实现过滤除尘。静电除尘式空气净化过程如图 1-16 所示，粗滤器用于过滤空气中粗大的尘埃杂质，除尘器以静电除尘方法把微小的颗粒尘土、烟灰及汽车排出的气体中所含微粒吸附在集尘板上，灭菌器用于杀灭吸附在集尘板上的细菌，除臭装置用于除去车厢内的汽油、香烟等气味，一般采用活性炭过滤器、纤维式或空气过滤器来吸附烟尘等有害气体。

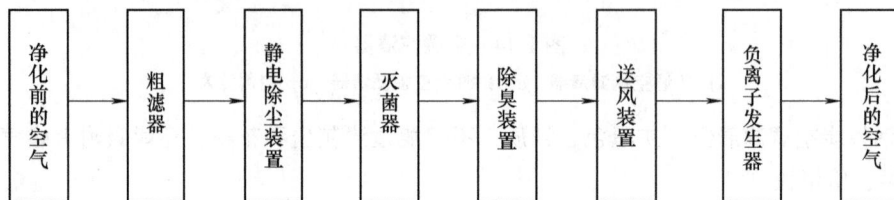

图 1-16　静电除尘式空气净化系统的空气净化过程

静电除尘式空气净化器的工作原理如图 1-17 所示。它由电离部、集尘部、活性炭吸附器三部分组成。电离部和集尘部可做成一体，也可分开，总称为电过滤器，是静电除尘式净化器的主要组成部分，它是利用高压静电场的原理来过滤空气中所含的气溶胶。另有一个高压发生器能产生高压电源，给电过滤器和负离子发生器供电。

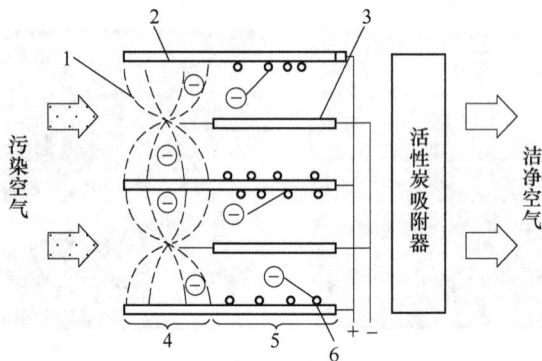

图 1-17　静电除尘式空气净化器的工作原理图

1—放电极　2—正电极（接地电极）　3—负电极　4—电离部　5—集尘部　6—微粉尘

空气中气溶胶在电过滤器中的过滤过程可以划分为三个阶段：第一阶段，使悬浮微粒带电；第二阶段，使带电微粒在电场的作用下向电极移动；第三阶段，使运动着的带电微粒沉积。在电离部，将 5kV 电压加在几十个针形细线（介电纤维材料）和板形电极之间。由于电场的不均匀性，在介电细线附近产生碰撞电离及放电，即电晕放电现象，使通过的微小粉尘带负电，这种带电的微小粉尘进入由板状电极构成的集尘部后，由于板状电极上加有高压正电，因此空气中的粉尘被吸附到板状电极上，空气得到净化。

图 1-18 所示为静电除尘式空气净化器的结构示意图，由粗滤器除去空气中较大的尘粒，由静电除尘器吸附细微尘埃，通过活性炭过滤器除去烟气和臭气，由负离子发生器供给负离子，再

由风机将净化的空气送入车内。

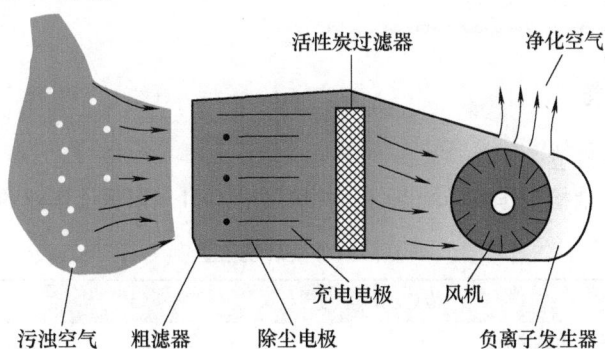

图1-18　静电除尘式空气净化器的结构示意图

三、除臭去毒

1. 利用活性炭的吸附作用

利用活性炭的吸附作用是汽车空调除臭的主要方法，活性炭能吸附空气中有毒、有气味的成分，能吸收大量的汗臭、烟臭和人体发出的各种异味，还能吸收有毒的氯化物和硫化物。

活性炭主要是由硬木、果核、椰子壳等有机物经过缺氧煅烧后，经特殊水溶液处理后干燥而得的。它具有大的比表面积和很强的吸附能力，每1g活性炭的表面积为100m²，其吸附的气体量可使其增重20% ~ 30%。但是当活性炭表面吸附满气体分子后，就失去了作用，必须换上新鲜的活性炭过滤吸附材料。

2. 使用催化反应器

活性炭只能吸附有气味的气体，对汽车内存在的有毒气体CO、NOx、碳氢化合物等几乎不起吸附作用；而催化反应器可以高效去除汽车内的这些有毒气体。有毒气体通过催化反应器时，在催化剂作用下发生化学反应，转换为无毒性的CO_2、N_2和H_2O。

3. 采用负离子发生器

现代医学研究发现空气中含有的大量负离子，能够对人的精神产生镇静和其他良好的生理作用。为此，可以利用负离子发生器向环境输送含有一定浓度的负离子空气，改善车内空气。负离子发生器的原理是利用电晕放电法使空气离子化。

制订计划

本任务的工作内容为雪佛兰科鲁兹汽车空调滤清器检查、清洁与更换，在学习了前面所述基本知识后，我们就可以进行空调滤清器的检查、清洁与更换作业，特制订如下工作计划：

1）进行作业环境检查。

2）安装车辆防护装置。

3）记录待检查车辆基本信息。

4）进行空调滤清器拆卸、检查、清洁、更换与安装作业。

5）回收工量具，清洁场地，完成收尾工作。

任务实施

一、作业前的准备

1. 进行作业环境检查

在开始作业之前，请检查作业场地条件，并填写表1-11，以保证作业的安全与规范。

表 1-11 作业环境检查

序　号	检查项目与内容	检查结果
1	作业场地是否通风良好	
2	作业场地有无明火	
3	作业场地有无必要的安全防护设施，如防护手套、防护眼镜、灭火器材等	
4	车辆停放是否周正，车辆停放区域内有无异物	

2. 安装车辆防护装置，记录车辆基本信息

在开始作业之前，首先要安装必要的车辆防护装置，并将基本检查结果填入表1-12中，操作步骤参见"任务一汽车空调使用"相关内容。然后记录车辆基本信息，填写表1-13。

表 1-12 车辆基本检查作业记录

序　号	项　　目	作业记录	序　号	项　　目	作业记录
1	车轮挡块放置状况		4	各线束连接状况	
2	座椅套、转向盘套、驻车制动杆套、变速杆手柄套、脚垫、翼子板布安装状况		5	发动机机油液位	
			6	冷却液液位	
3	仪器、设备、工量具数量		7	蓄电池电压	

表 1-13 车辆基本信息

汽车型号		车牌号	
发动机型号		VIN编号	

二、空调滤清器的拆卸与检查

1）打开杂物箱，清理杂物箱内的物品。

2）拆下杂物箱钉，取下杂物箱。

3）如图1-19所示，松开两个卡夹1，拆下空调滤清器盖板2，取出空调滤清器。

三、空调滤清器的检查、清洁与更换

1. 空调滤清器的检查

检查空调滤清器是否脏污、变形和损坏，如图1-20所示。如果轻微脏污，则可用高压空气吹干

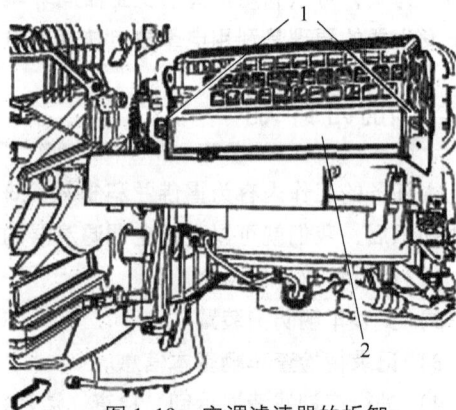

图 1-19　空调滤清器的拆卸
1—卡夹　2—空调滤清器盖板

净，如图 1-21 所示；如果严重脏污、变形和损坏，则需要更换。

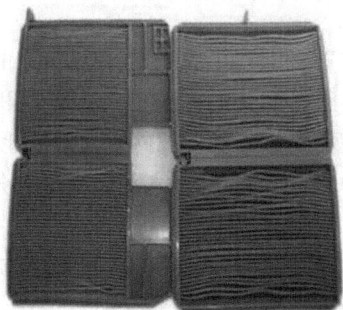

图 1-20 空调滤清器检查

图 1-21 吹干净空调滤清器

空调滤清器检查结果：_____
采取的对应措施：_____

2. 空调滤清器的更换

装入新的空调滤清器或清洁过的空调滤清器，注意方向，箭头向下，字面向外，如图 1-22 所示。

图 1-22 空调滤清器的安装

3. 装入空调滤清器盖板（略）

4. 安装杂物箱（略）

四、回收工量具，清洁、整理场地，完成收尾工作（略）

知识拓展

一、PM2. 5

细颗粒物又称 PM2.5，是指环境空气中空气动力学当量直径小于或等于 $2.5\mu m$ 的颗粒物，其主要来源是化石燃料的燃烧挥发性有机物（如机动车尾气排放）或工业生产过程中经过不完全燃烧而排放的残留物。它能较长时间悬浮于空气中，其在空气中的质量浓度越高，就代表空气污染越严重。虽然 PM2.5 在地球大气中含量很少，但它对空气质量和能见度等有重要的影响。与较粗的大气颗粒物相比，PM2.5 粒径小，表面积大，活性强，易附带有毒有害物质（如重金属、微生物等），且在大气中的停留时间长、输送距离远，因而对人体健康和大气环境质量的影响更大。

二、空调 PM2.5 滤芯的工作原理

随着科技的创新，在空气净化器行业新兴起一种创新滤芯，即以活性炭为核心要素的新产品。它的专利技术是对活性炭滤芯采用全新的内部结构，其呈蜂窝状的内核使得比表面积（多孔固体物质单位质量具有的表面积）扩大 2 倍，空气接触面积扩大 20 倍，滤网阻力却同比减小。这种技术直接刷新了以往的活性炭吸附能力，能对 PM2.5 和甲醛等有害气体发挥完全充分的吸附作用。同时，混晶二氧化钛附着于空气净化器活性炭分子的孔径内壁，进入其间的甲醛、PM2.5 等有害气体被分解为二氧化碳和水，无法再构成二次危害。试验证明，装配有蜂窝状活性炭滤芯的空气净化器在室内运行 1h，可达到 92% 以上的净化效果。

应用蜂窝状活性炭成型技术制成的活性炭滤芯，不仅能高效去除甲醛等 PM0.1 以上的细微颗粒物，通过空气净化器初效过滤网、强效抗菌网、HEPA 过滤网层层过滤净化，有效阻挡空气中的毛发、纤维、粉尘等大颗粒物，以及 PM2.5、二手烟、油烟、花粉等细微颗粒物，而且对空气中直径小于或等于 $0.3\mu m$ 的入肺颗粒物 PM0.3 都能起到良好的阻隔过滤作用，实现空气中固态颗粒物净化彻底无遗漏。据相关试验证明，应用蜂窝状活性炭成形技术的空气净化器对 PM0.1 以上的细微颗粒物净化率可达 99.9% 以上，对 PM2.5 的净化率几乎为 100%。

考核评分

本任务的考核与评分见表 1-14。

表 1-14　考核与评分

考核内容	考核要求	评分标准	配　分	得　分	
				自评	互评
1. 作业环境检查	正确检查作业环境，填写作业环境检查表	错误一处扣 2 分	10 分		
2. 车辆基本检查	（1）正确放置车轮挡块 （2）正确安装座椅套、转向盘套、驻车制动杆套、变速杆手柄套、脚垫、翼子板布等 （3）检查仪器、设备、工量具数量 （4）检查线束连接不少于 5 处 （5）正确检查发动机机油液位 （6）正确检查冷却液液位 （7）正确检查蓄电池电压 （8）正确填写基本检查作业记录表	错误一处扣 5 分	20 分		
3. 车辆基本信息检查	正确记录车辆基本信息	错误一处扣 5 分	10 分		
4. 空调滤清器拆卸与检查	（1）正确打开杂物箱 （2）正确拆卸杂物箱 （3）正确取下空调滤清器盖板 （4）正确拆卸空调滤清器 （5）正确检查空调滤清器	错误一处扣 3 分	20 分		

（续）

考核内容	考核要求	评分标准	配 分	得 分	
				自 评	互 评
5. 空调滤清器清洁与更换	（1）正确清洁空调滤清器 （2）正确安装空调滤清器 （3）正确安装空调滤清器盖板 （4）正确安装杂物箱	错误一处扣 5 分	30 分		
6. 职业素养	（1）学习态度：积极主动参与学习 （2）团队合作：与小组成员一起分工合作，不影响学习进度 （3）现场管理：服从工位安排，执行实训室管理规定	不足之处扣 3 分	10 分		
7. 安全文明生产	自觉遵守安全文明生产规程	违反一项规定扣 5 分			
合计					
操作时间	开始时间：	结束时间：	实际用时：		

任务四　汽车空调送风管道的清洗

学习目标

序　号	目标要求
1	能正确描述汽车空调送风管道清洗的注意事项
2	能正确分析汽车空调异味产生的原因
3	能正确描述汽车送风系统的结构
4	能独立清洗汽车空调送风管道

任务描述

　　一辆雪佛兰科鲁兹汽车手动空调在使用过程中出风口出现了异味，现需要进行送风管道清洗以消除异味，改善车厢空气质量。

任务分析

　　由于灰尘、污垢等异物黏附在送风管道内壁，导致细菌与病毒大量繁殖，致使汽车空调在使用过程中散发出异味。本任务以雪佛兰科鲁兹汽车手动空调送风管道清洗为载体，学习汽车空调送风系统的作用和基本结构，了解汽车空调异味产生的原因、汽车空调清洗剂的相关知识，掌握汽车空调管道清洗的操作方法。

知识准备

一、汽车空调送风系统的结构

汽车空调送风系统一般由三个部分组成。第一部分为空气进入段，主要由鼓风机和气源门（控制内、外循环风门）组成，用来控制新鲜空气和车内再循环空气的进入，如图1-23所示。

第二部分为空气混合段，主要由蒸发器、热交换器和调温门（温度控制风门）组成，用来调节所需空气的温度，如图1-24所示。

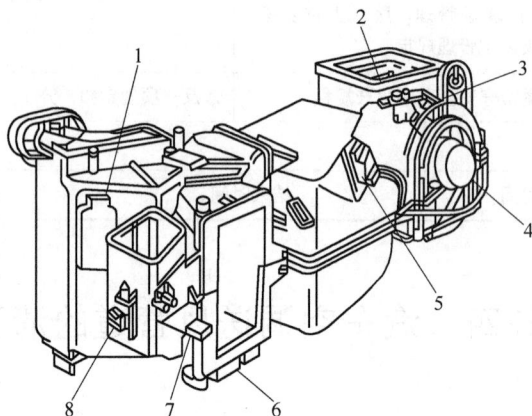

图 1-23　送风系统空气进入段

1—脚部/除霜风门电动机　2—进气温度传感器　3—气源门位置电动机　4—鼓风机　5—鼓风机控制单元
6—中间风门位置电动机　7—调温门位置电动机　8—脚部通风温度传感器

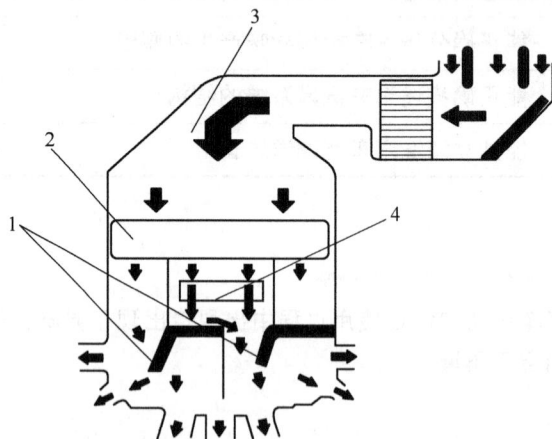

图 1-24　送风系统空气混合段

1—调温门　2—蒸发器　3—空气混合区　4—热交换器

第三部分为空气分配段，主要由各种风门和风道组成，用来控制空气的流向，如图1-25所示。

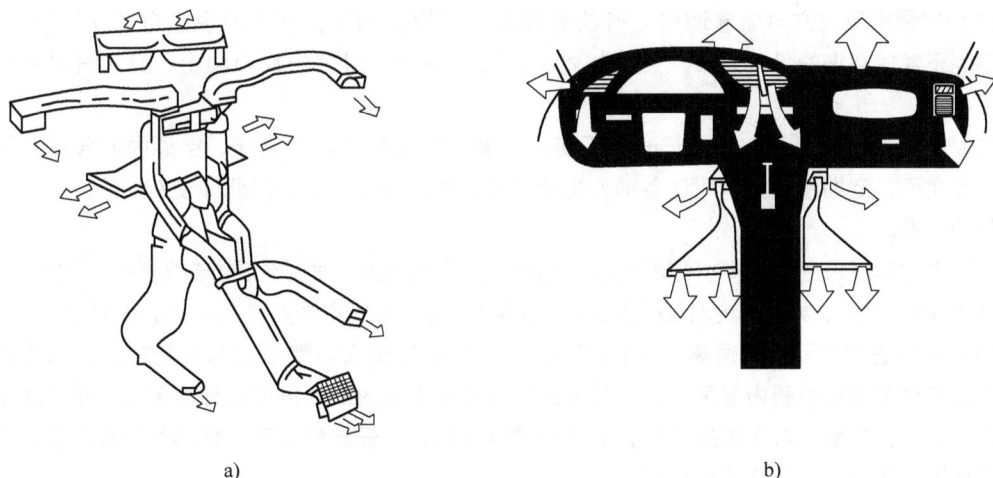

a)
b)

图 1-25 送风系统空气分配段

a）各种风道 b）各种风口

二、汽车空调送风管道清洗

1. 车内空气质量不佳的具体表现

1）空调刚刚打开，还未制冷，吹出来的空气有一股类似霉变、烟尘的气味。

2）人在车内，鼻腔、气管、肺部感到不适，或者伴有咳嗽。

3）制冷或制热时，从风口吹出的空气不清新，伴有酸臭味或其他怪味。

4）制冷效果下降，加换冷媒后仍无改善，并有油耗加大现象。

2. 汽车空调送风管道清洗的必要性

汽车空调蒸发器、鼓风机等长期处于封闭阴暗、高温且潮湿的汽车仪表板内部。空气中的杂质、灰尘、细菌、病毒进入空调内部后，与冷凝水黏附在蒸发器等部件上，日积月累黏附了大量污垢、油垢、胺、烟碱、病毒、细菌、真菌、螨虫、LP 杆菌等。如果不及时清洗，不仅会造成车内异味，容易使人患上"空调病"，导致其鼻腔、气管、肺部等不适，严重危害身体健康，而且会导致空调制冷效果下降，油耗加大，增加养车费用。

3. 汽车空调清洁剂的工作原理

空调清洁剂又名空调消毒剂，其包装外观如图 1-26 所示，是专门针对空调内部散热片清洁消毒的专业产品，具有高效除菌、迅速除臭的作用。空调清洁剂能够形成强力膨胀泡沫，可深入空调内部，直接洗去空调内风扇、热交换器的灰尘、油污、虫渍和其他杂物，并杀灭病菌，消除臭味，长时间防止病菌滋生，并散发花香味，起到恢复并加强空调制冷、节能降耗、延长空调使用寿命的作用。

4. 清洗汽车空调送风管道的八大误区

（1）空调性能不良时才清洗空调 等到空调效果不好时才想起清洗空调，这是不对的，应该采用专用的空调清洁剂进行定期

图 1-26 空调清洁剂外观

清洗。

(2) 空调出风口方向随意调整 有的驾驶人在使用空调时，不注意调整空调吹风的方向，这样不利于发挥空调的最佳效果。正确的做法应该是开冷气时将出风口向上，开暖气时将出风口向下。

(3) 整个冬季都不开空调 长时间不使用空调会导致其橡胶圈老化，空调内部各部件的润滑油也会变干，定期起动空调能让各部件接受润滑，维持良好状态，因此即使在冬季空调也最好每周起动一次。

(4) 长时间使用空调 长时间使用空调会使冷凝器压力过大，对制冷系统造成损耗，因此每次使用空调时间不宜过久，如果车内温度已达到舒适的温度，就可以把空调关掉，隔一会儿再打开。

(5) 夏季进车立即开内循环 在炎热的夏天，很多驾驶人习惯一进车内就打开空调的内循环，认为这样可以让车厢内温度下降得快一点。但是由于车内的温度比车外温度高，这样效果反而不好。因此，在刚进入车内的时候，应该先开窗通风，并开启外循环，把热气都排出去，等车厢内温度下降之后，再切换成内循环。

(6) 长时间开内循环 内循环是空气在车厢封闭空间内的循环，随着乘员的呼吸作用，车厢内的含氧量会不断下降，而且如果气缸中的汽油燃烧不完全，产生的一氧化碳也可能漏进车厢内，使得车内的空气质量越来越差，甚至对人体产生危害。因此，应该在开启一定时间内循环后，再开启外循环，使新鲜空气进入车厢。

(7) 先熄火再关空调 有的驾驶人常常在熄火之后才想起关闭空调，这对发动机是有害的，因为这样在车辆下次起动时，发动机会带着空调的负荷起动，这样的高负荷会损伤发动机。因此，每次停车后应先关闭空调再熄火，而且也应该在车辆起动两三分钟、发动机得到润滑后，再打开空调。

(8) 从不使用大风量 有的驾驶人因为不喜欢空调开到高档时发出的噪声，因此很少或从不将空调开到大风量。其实，空调使用时会吸入很多灰尘，定期开大风量能将空调送风管道内表面的浮尘吹出来，这是保持空调清洁的一种简单方法。

制订计划

本任务的工作内容为雪佛兰科鲁兹汽车空调送风管道清洗，在学习了前面所述基本知识后，我们就可以进行空调送风管道清洗作业，特制订如下工作计划：

1) 进行作业环境检查。
2) 安装车辆防护装置。
3) 记录待检查车辆基本信息。
4) 进行空调送风管道清洁作业。
5) 回收工量具，清洁场地，完成收尾工作。

任务实施

一、作业前的准备

1. 进行作业环境检查

汽车空调在进行通风管道清洗作业时，需要起动发动机，为确保人身与财产安全，在开始作业之前，请检查作业场地条件，并填写表 1-15，以保证作业的安全与规范。

表 1-15 作业环境检查表

序 号	检查项目与内容	检查结果
1	作业场地是否通风良好	
2	作业场地有无明火	
3	作业场地有无必要的安全防护设施，如防护手套、防护眼镜、灭火器材等	
4	车辆停放是否周正，车辆停放区域内有无异物	

2. 安装车辆防护装置，记录车辆基本信息

在进行汽车空调送风管道清洗作业之前，首先要安装必要的车辆防护装置，将基本检查结果填入表 1-16 中，操作步骤参见"任务一汽车空调使用"相关内容。然后记录车辆基本信息，填写表 1-17。

表 1-16 车辆基本检查作业记录

序 号	项 目	作业记录	序 号	项 目	作业记录
1	车轮挡块放置状况		4	各线束连接状况	
2	座椅套、转向盘套、驻车制动杆套、变速杆手柄套、脚垫、翼子板布安装状况		5	发动机机油液位	
			6	冷却液液位	
3	仪器、设备、工量具数量		7	蓄电池电压	

表 1-17 车辆基本信息

汽 车 型 号		车 牌 号	
发动机型号		VIN 编号	

二、汽车空调通风管道清洗

1）拆下空调滤清器，拆装方法见"任务三 汽车空调滤清器清洁与更换"相关内容。

2）起动发动机，打开鼓风机开关至最高档，选择面部送风模式。

3）将各出风口用湿毛巾盖住，以防泡沫喷出。注意，湿毛巾重量大，不容易被吹开。

4）将汽车空调清洁剂摇匀后对准空调滤清器安装口喷射，观察出风口有无泡沫流出。

5）如果出风口无泡沫，则拿开毛巾并关掉鼓风机，从送风口喷入泡沫。

6）待 10～15min 后，送风管道中的脏污被汽车空调清洁剂泡软并从空调出水口流到地下。注意，可事先在车下放置接污水的油盆或将车辆停在排污管道旁边，以免污染场地环境。

7）将温度控制旋钮开到最热，轮流变换送风模式到各个位置，利用热风将各管道吹干。注意，如果还有异味，可再使用清洁剂清洁一次，如果还不行，则需要拆开仪表板进行手工清洁。

8）安装空调滤清器。

三、回收工量具、清洁场地，完成收尾工作（略）

知识拓展

一、汽车空调除雾操作

1. 汽车前风窗玻璃雾气产生的原因

因为车外环境温度低，而车内温度较高，导致空气中的水蒸气在内外温差的作用下凝结，在前风窗玻璃上形成雾气。

注意，在驾驶车辆状态下不要用毛巾去擦汽车前风窗玻璃上的雾气，容易发生交通事故。

2. 汽车前风窗玻璃防雾方法

用洗洁精和水按大约 1∶1 质量比例混合均匀后喷洒在前风窗玻璃上，然后用毛巾擦拭均匀，可防止雾气产生。

3. 汽车前风窗玻璃除雾方法

(1) 利用外循环吸入外部冷空气除雾法　操作温度控制开关至"最冷"位置，送风模式选择"除霜模式"，鼓风机风速调至最大，开外循环，不开 A/C 开关即可。此方法比较节省燃油，但除雾慢，在雾气小时可使用。

(2) 利用空调制冷功能除雾法　操作温度控制开关至"最冷"位置，送风模式选择"除霜模式"，鼓风机风速调至最大，开外循环，打开 A/C 开关即可。这种方法效果最好，但比较消耗燃油。

(3) 利用空调制热功能除雾法　操作温度控制开关至"最热"位置，送风模式选择"除霜模式"，鼓风机风速调至最大，开内循环，不开 A/C 开关即可。采用这种方法除雾时，初期会产生大量雾气，因此为了安全起见，应先将车辆停放在安全地带再操作。

二、汽车空调清洁剂使用注意事项

1) 汽车空调清洁剂是化工产品，不能口服。

2) 汽车空调清洁剂仅限于空调器清洗，禁止对准人体喷射。

3) 喷洒汽车空调清洁剂时请注意不要触及散热片。

4) 汽车空调清洁剂使用时应远离红热物体。

5) 汽车空调清洁剂使用过程中，应保持作业场地空气流通。

6) 汽车空调清洁剂应在 40℃ 以下、阴凉、干燥、通风处保存，避免阳光直晒，远离火源及热源。

考核评分

本任务的考核与评分见表 1-18。

表 1-18　考核与评分

考核内容	考核要求	评分标准	配　分	得　分	
				自　评	互　评
1. 作业环境检查	正确检查作业环境，填写作业环境检查表	错误一处扣 2 分	10 分		

（续）

考核内容	考核要求	评分标准	配　分	得　分	
				自　评	互　评
2. 车辆基本检查	（1）正确放置车轮挡块 （2）正确安装座椅套、转向盘套、驻车制动杆套、变速杆手柄套、脚垫、翼子板布等 （3）检查仪器、设备、工量具数量 （4）检查线束连接不少于 5 处 （5）正确检查发动机机油液位 （6）正确检查冷却液液位 （7）正确检查蓄电池电压 （8）正确填写车辆基本检查作业记录表	错误一处扣 2 分	20 分		
3. 车辆基本信息检查	正确记录车辆基本信息	错误一处扣 5 分	10 分		
4. 空调通风管道清洗	（1）正确操作鼓风机开关 （2）正确放置湿毛巾 （3）正确喷入空调清洁剂 （4）正确拆装空调滤清器	错误一处扣 10 分	50 分		
5. 职业素养	（1）学习态度：积极主动参与学习 （2）团队合作：与小组成员一起分工合作，不影响学习进度 （3）现场管理：服从工位安排，执行实训室管理规定	不足之处扣 3 分	10 分		
6. 安全文明生产	自觉遵守安全文明生产规程	违反一项规定扣 5 分			
合计					
操作时间	开始时间：　　　　　　　结束时间：　　　　　　　实际用时：				

任务五　汽车空调的维护

学习目标

序　号	目标要求
1	能准确描述汽车空调的维护内容及要求
2	能准确描述汽车空调维护的项目与方法
3	能按维护项目要求独立完成汽车空调二级维护

任务描述

　　一辆雪佛兰科鲁兹汽车进店进行手动空调二级维护，现需要维修人员根据汽车空调维护要求进行作业，以保证汽车空调良好的技术状态。

任务分析

为了降低汽车空调系统的故障发生率，充分发挥汽车空调的使用功能，提高其工作效率，汽车空调应由专业人员定期进行维护，以延长空调的使用寿命。本任务以雪佛兰科鲁兹手动空调二级维护为载体，学习汽车空调的维护内容、维护项目与方法，掌握汽车空调二级维护基本操作。

知识准备

一、汽车空调的日常检查

在汽车空调日常使用过程中，要经常观察其工作状况，具体内容如下：

（1）冷凝器表面是否清洁　观察冷凝器（散热器）叶片是否阻塞或损坏，若阻塞，则应用水冲洗。注意不能用高压水冲洗，避免散热片变形。

（2）连接部件或接缝处是否有污渍　除了管路连接处易产生泄漏外，压缩机轴油封、前后盖板的密封垫、检修阀、安全阀、冷凝器等部件以及冷凝器、蒸发器等表面的变形处产生泄漏的概率也较高，所以这些部位也是直观检查的重点。

（3）各软管的状况　检查空调系统各软管，主要是看其有无老化、鼓泡、碰擦、割伤、磨损等现象，是否有裂纹和渗漏的油渍。

（4）发动机冷却液的液位　如果不正确，则应检查冷却系统。

（5）空调滤清器　观察空调滤清器是否清洁和有无明显泄漏点。

（6）传动带是否安装正确　观察传动带是否正确装入带轮槽，传动带是否歪斜。

（7）散热器风扇电动机是否转动　用手转动风扇叶片，应转动灵活，无碰擦现象。在制冷系统工作时，散热器风扇应持续低速运转且无异响。只有当冷却液温度过高或制冷剂压力过高时，散热器风扇才会高速运转。

（8）电磁离合器的工作状况　观察压缩机电磁离合器的工作是否正常，离合器吸合后转动且无异响为正常。

（9）怠速转速　当电磁离合器接合时，发动机转速应当保持不变或稍有增加。

（10）风道和送风口控制机构　观察其操纵是否灵活。

（11）鼓风机工作状况　观察鼓风机开关置于各不同位置时鼓风机是否工作，若不工作或部分不工作，则应检查相关电路。

（12）A/C控制装置的性能　改变气流分配的方向，观察其流量是否正常；改变气流温度，观察混合情况是否正常。

（13）低压回路的结霜情况　观察制冷系统低压回路的结霜情况，表面结霜为正常。

（14）蒸发器渗水情况　制冷系统运行约8min后，水从汽车空调出水口流出为正常。

二、汽车空调的维护要求

1）保持冷凝器清洁。冷凝器的清洁程度与其热交换能力强弱有直接关系，故应经常检查并清除冷凝器表面的污物，以避免因冷凝器散热不良引起冷凝器中制冷剂压力、温度过高，造成制冷能力下降等不良情况。在清洗冷凝器时应使用压缩空气或冷水冲洗，不能使用热蒸汽冲洗，否则容易损坏冷凝器。在清洗的过程中，应注意不要碰击散热片，不能操作制冷管路。

2）应经常检查压缩机传动带的使用状况与松紧程度。若传动带松弛应及时调整，若传动带损伤或老化应及时更换。新的传动带一般使用 30 ~ 40h 会出现松弛现象，此时应重新调整张紧力。

3）汽车空调较长时间不使用时，也应每两周起动一次压缩机，每次 5 ~ 8min，制冷剂在循环中把冷冻机油带至系统各部分，可防止制冷系统中的密封圈、压缩机油封等密封元件因缺油干燥引起密封不良，造成制冷剂泄漏，避免压缩机、膨胀阀及制冷系统其他运行部件锈蚀或因结胶产生滞黏。但环境温度低于 4℃ 时不能起动压缩机，否则会因温度过低、冷冻机油黏度增大、流动性变差而不能及时地将冷冻机油输送到压缩机，造成压缩机磨损加剧，甚至损坏。

4）经常检查制冷系统中各连接部件的管接头、螺栓、螺钉有无松动，系统管路与周围机件或车体是否有摩擦或碰撞，胶管是否老化，有无漏油迹象。

5）经常检查各连接导线绝缘层是否老化或导线是否连接不良等。

6）注意观察空调系统在运行中有无异常气味与不正常的噪声和异响，若有，则应立即停止使用，及时检查修理。

7）保持送风通道进口空气滤清器的清洁，使风量充足，空气新鲜洁净。要防止蒸发器芯空气通道阻塞，影响送风效果，每周应检查一次。

8）检查膨胀阀感温包与蒸发器出口管道，应牢固连接且绝热层包扎良好。

9）对各种控制开关的检查按汽车空调系统二级维护作业的内容进行。

汽车空调系统二级维护作业内容及技术要求见表 1-19。

表 1-19 汽车空调系统二级维护作业内容及技术要求

名　　称	作 业 内 容	技 术 要 求
压缩机	更换冷冻机油	每年四、五月份维护时更换冷冻机油，并清洁或更换机油滤网；冷冻机油量应足够，滤网干净无破损
	检查进、排气阀	进、排气阀开闭灵活，作用正常，无裂纹及变形
	检视油封	油封处应无泄漏痕迹
制冷循环系统	检视高、低压管道	所有紧固螺钉不松动；软管无老化、起泡或破损现象；硬管焊接处无裂纹或渗漏现象；高、低压管道的管类编码齐全，且管道与其他机件无干涉碰擦现象
	检视膨胀阀	感温包作用正常，膨胀阀应无堵塞，膨胀阀能根据温度的变化而自动调节制冷剂的供给量
	检视储液干燥器	空调运行时，储液干燥器表面应无结露或起霜现象；每年四、五月份维护时更换一次干燥剂（可拆式），或根据需要更换储液干燥器总成（不可拆式）
	检查、清洁、紧固	清洁蒸发器及冷凝器，其散热器片应无尘土杂物，无折弯变形；蒸发器及冷凝器座应无裂纹；各固定螺栓、螺母应紧固可靠
	检视制冷剂量	空调运行时，观察视液镜应无气泡，增大节气门开度时有极少量气泡；夏季正常情况下低压侧压力应在 0.15 ~ 0.25MPa，高压侧压力应在 1.37 ~ 1.57MPa

（续）

名　　称	作业内容	技术要求
电气系统	检视鼓风机	冷凝器及蒸发器风机均工作正常无异响，叶片无裂损，固定螺母、螺栓齐全牢固；冷凝器的风机与散热片无干涉现象
	检视冷却液温度开关	冷却液温度开关在（100±2）℃时，应能自动接通声光报警电路
	检视压力保护开关	高压开关在压力高于2.2MPa时应能自动切断电磁离合器电流并报警；低压开关在压力小于0.15MPa时应能切断电磁离合器的电流并报警
	检视温度控制器	除霜控制器应在2℃左右时能自动接通旁通电磁阀，在7℃时自动断开；车内温度控制器在5～30℃控制范围内作用良好
	检视电磁离合器	电磁离合器离合良好，无打滑现象；工作时，离合器轴承无偏摆拖滞现象

三、汽车空调系统的维护项目

（1）压缩机　压缩机每使用三年必须对其进行检查与维护。主要检查进、排气压力是否符合要求；各紧固件有无松动，是否有漏气现象；进、排气阀有无破损或变形，如有则需要更换进、排气阀总成。注意压缩机装复时必须更换各密封圈和油封，否则会造成压缩机密封处泄漏。

（2）冷凝器与冷却风扇　对冷凝器应每年进行一次维护，主要是彻底清扫或清洗冷凝器表面的杂质、灰尘、油漆，对冷凝器散热片中变形部分进行矫正与整形，用检测仪检查有无制冷剂泄漏。对锈蚀部分重新涂刷防锈涂料，防止生锈穿孔。此外，还需检查冷凝器冷却风扇运转是否正常，风扇电动机的电刷是否磨损过量，电线绝缘层是否有损伤。

（3）蒸发器　对蒸发器应每年用检漏仪进行一次检漏作业，每2～3年应卸下蒸发器盖，对其内部进行清洗，并检查鼓风机风扇电动机的电刷是否磨损过量。

（4）电磁离合器　对电磁离合器应每1～2年检查维护一次，重点检查其动作是否正常，有无打滑现象，接合面磨损是否过量，离合器轴承磨损是否过量，同时还需用塞尺检查离合器间隙是否符合要求。

（5）储液干燥器　对于储液干燥器，在正常使用情况下，轿车每三年需要更换，小客车每两年需要更换，大客车每年都需要更换。若因使用不当使系统进入水分，应及时更换。系统管路被打开后也应更换储液干燥器。

（6）膨胀阀　对膨胀阀每1～2年必须检查一次，主要检查其动作是否正常，开度大小是否合适，进口滤网是否被堵塞，若不正常，则应更换或做适当维护调整。

（7）驱动机构　传动带使用40h后，应检查其松紧度和磨损情况，若使用不当应及时更换，正常使用时每三年更换新传动带。同时需每年检查带轮及轴承，并加注润滑油。

（8）冷冻机油　每年需检查或更换冷冻机油，当系统有泄漏时，应及时检查修复并补充冷冻机油。

（9）安全装置　对汽车空调系统的高压开关、低压开关、温度开关等安全装置，应每年检查，正常使用情况下每五年需更换。

（10）怠速提升装置　若有怠速提升装置，则应每年检查和调整。

（11）防振、绝热材料　对于防振隔振橡胶、管道保温材料，应每年检查其是否存在剥落、老化现象，若有需马上更换。

（12）加热系统　首先应检查冷却液量及洁净状况，若冷却液有铁锈、水垢或其他污染，应先将冷却液排放干净，用化学清洗剂清洗冷却系统后，再用清水洗净，然后加注新的冷却液至足量。旋转温度控制旋钮，此时出风口温度应变化，操纵机构应移动自如。如果温度不变或操纵困难，则应检查暖风开关和暖风散热器。

空调主要部件定期维护内容及周期见表1-20。

表1-20 汽车空调主要部件定期维护内容及周期

维护项目		维护内容	保养周期				
			每日	每周	每月	每季	每年
制冷系统	制冷剂量	运行后从视液镜观察	○				
	储液干燥器	清除脏堵、检查易熔塞					※
	管路	软管是否损伤			○		
		管接头是否松动			○		
		各接口处是否有泄漏			○		
压缩机	电磁离合器	检查其工作是否正常					○
	润滑油量	检查其润滑油量	○				
	传动带	检查其松紧度			○		
	油封	检查其是否有漏油痕迹			○		
	螺栓	检查其是否松动			○		
冷凝器	冷凝器	清洗尘垢		○			
	风扇电动机	检查电刷磨损量					※
	轴承	检查并加注润滑油					※
蒸发器	吸气过滤器	清洗或更换			○		
	蒸发器	检查、清洁					○
	鼓风机电动机	测电流、电压			○		
	膨胀阀	拆洗过滤网					○
		检查感温包（蒸发器温度传感器）是否贴紧			○		
电气	布线	线束插头是否松动			○		
	控制单元	检查其完好情况			○		
	压力继电器	测试其高、低压动作				○	
壳体	壳体	有无裂纹及损坏					○
	防振垫	是否脱落			○		
	管道	送风管道有无变形损坏					○
其它	发动机转速	测量		○			
	发电机电压	测输出端电压		○			

注："※"表示更换，"○"表示检查、调试或必要时更换。

制订计划

本任务的工作内容为雪佛兰科鲁兹汽车手动空调维护，在学习了前面所述基本知识后，我们就可以进行空调维护作业，特制订如下工作计划：

1）进行作业环境检查。

2）安装车辆防护装置。

3）记录待检查车辆基本信息。

4）进行空调维护作业。

5）回收工量具，清洁场地，完成收尾工作。

任务实施

一、作业前的准备

1. 进行作业环境检查

汽车空调在进行维护作业时，需要起动发动机，为确保人身与财产安全，在开始作业之前，请检查作业场地条件，并填写表1-21，以保证作业的安全与规范。

表1-21 作业环境检查

序　号	检查项目与内容	检查结果
1	作业场地是否通风良好	
2	作业场地有无明火	
3	作业场地有无必要的安全防护设施，如防护手套、防护眼镜、灭火器材等	
4	车辆停放是否周正，车辆停放区域内有无异物	

2. 安装车辆防护装置，记录车辆基本信息

在进行汽车空调维护作业之前，首先要安装必要的车辆防护装置，将车辆基本检查作业结果填入表1-22中，操作步骤参见"任务一　汽车空调的使用"相关内容。然后记录车辆基本信息，填表1-23。

表1-22 车辆基本信息记录表

序　号	项　目	作业记录	序　号	项　目	作业记录
1	车轮挡块放置状况		4	各线束连接状况	
2	座椅套、转向盘套、驻车制动杆套、变速杆手柄套、脚垫、翼子板布等安装状况		5	发动机机油液位	
			6	冷却液液位	
3	仪器、设备、工量具数量		7	蓄电池电压	

表1-23 车辆基本信息

汽车型号		车牌号	
发动机型号		VIN编号	

二、汽车空调维护作业

进行汽车空调检查与维护作业，并填写表1-24。

表 1-24　汽车空调检查与维护作业

元　器　件	检 查 项 目	检查结果	维护措施
压缩机			
冷凝器与冷却风扇			
蒸发器			
电磁离合器			
储液干燥器			
膨胀阀			
传动带			
冷冻机油			
安全装置			
防振、绝热材料			
加热系统			

三、回收工量具，清洁场地，完成收尾工作（略）

知识拓展

一、汽车空调管路操作的注意事项

1）弯曲金属管时不能加热，以免产生氧化皮，管子的弯曲半径应尽可能大。

2）制冷系统内部零件必须保持清洁，避免与潮气、尘埃接触。

3）系统开放时，应立即将孔塞或盖板装在管接头上，如找不到合适的孔塞，可用多层塑料布包扎，以防潮气和尘埃进入。

4）截断管子时，须将管端修光滑，并把管内的金属屑除去，擦干净。

5）将管端扩张成喇叭形时，要使用适当的扩管工具。

6）清洗管子时，要用氮气或无水酒精，并充分干燥，不可使用压缩空气。

7）连接金属管和软管时，应在接头处滴几滴冷冻机油润滑。

8）拧紧或拧松螺纹接头时，必须同时使用两把扳手操作。拧紧螺纹时，螺纹处不准加油，并用扭力扳手拧紧到规定力矩。

9）连接储液干燥器时，必须注意连接方向，避免进、出方向接反。

10）合理安排排水管的安装位置，可靠固定排水管，以避免排出的水接触汽车的零部件，尤其不要滴在排气管上。同时要确保冷凝水能顺利排出。

11）管子穿过车身板壁时，要加橡胶圈保护软管。软管及电线每隔一定距离（500mm 左右）要用带胶垫的管夹与车身（车架）固定。

12）软管相连时，软管两端要呈自然状态，如图1-27a所示。不能将软管扭曲，如图1-27b所示。不能因被连接部件的运动而使软管偏离其轴线所在平面，如图1-27c所示。安装后软管与相连接头的中心线应完全在一个平面内，并且它们的运动方向也应在这一平面内。

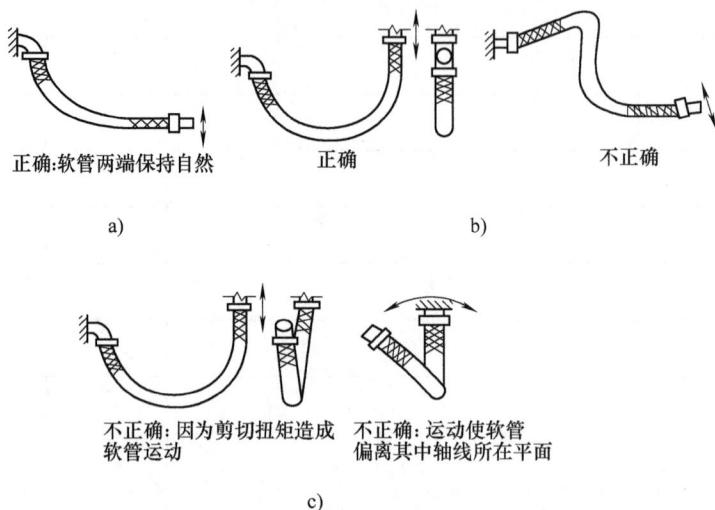

正确：软管两端保持自然　　　　　　正确　　　　　　不正确

a)　　　　　　　　　　　　　　　b)

不正确：因为剪切扭矩造成　　　不正确：运动使软管
软管运动　　　　　　　　　　偏离其中轴线所在平面

c)

图　1-27

13）软管弯曲时要保证有足够的弯曲半径，不能因弯曲半径太小而造成软管变形。应避免死弯，靠近接头部位须留有足够长的直线软管段。

14）与压缩机相连的软管安装方向应与压缩机振动方向一致，如图1-28a所示；否则压缩机振动会使软管扭曲，造成接头松开或软管损坏，如图1-28b所示。

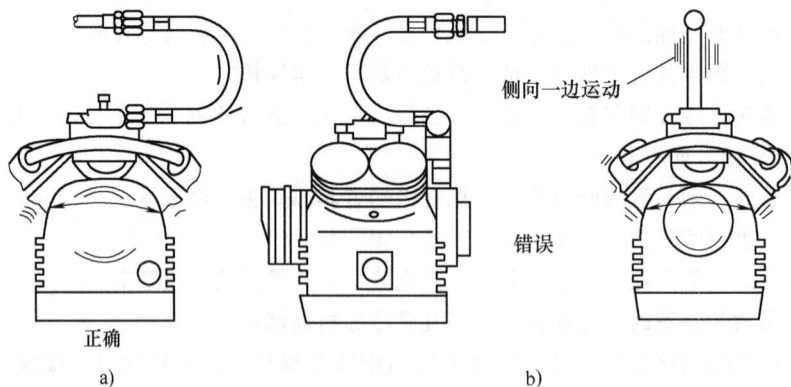

侧向一边运动

错误

正确

a)　　　　　　　　　　　　　　　b)

图　1-28

二、空调管路的紧固

汽车空调管路的连接有三种情况：硬管与硬管连接，软管与软管连接，软管与硬管连接。各管接头和螺母的旋紧力矩应符合表1-25的要求。

表 1-25　制冷系统管路的连接力矩

管路外径/mm	硬管与硬管连接		硬管与软管或软管与软管连接	
	钢管或铜管/（N·m）	铝管/（N·m）	钢管或铜管/（N·m）	铝管/（N·m）
6	10～20		10～20	
8	15～25	10～20	15～25	10～20
10	15～25	10～20	15～25	10～20
12	20～29	15～25	25～34	20～30
16	25～34	20～29	25～34	20～30
19	25～34	20～29		

考核评分

本任务的考核与评分见表 1-26。

表 1-26　考核与评分

考核内容	考核要求	评分标准	配分	得分	
				自评	互评
1. 作业环境检查	正确检查作业环境，填写作业环境检查表	错误一处扣 2 分	10 分		
2. 车辆基本检查	（1）正确放置车轮挡块 （2）正确安装座椅套、转向盘套、驻车制动杆套、变速杆手柄套、脚垫、翼子板布等 （3）正确检查仪器、设备、工量具数量 （4）检查线束连接不少于 5 处 （5）正确检查发动机机油液位 （6）正确检查冷却液液位 （7）正确检查蓄电池电压 （8）正确填写车辆基本检查作业记录表	错误一处扣 2 分	20 分		
3. 车辆基本信息检查	正确记录车辆基本信息	错误一处扣 5 分	10 分		
4. 空调维护	（1）正确检查与维护鼓风机 （2）正确检查与维护冷凝器与冷却风扇 （3）正确检查与维护蒸发器 （4）正确检查与维护电磁离合器 （5）正确检查与维护储液干燥器 （6）正确检查与维护膨胀阀 （7）正确检查与维护传动带 （8）正确检查与充注冷冻机油 （9）正确检查与维护安全装置 （10）正确检查与维护怠速提升装置 （11）正确检查与维护防振、绝热材料 （12）正确检查与维护加热系统	错误一处扣 5 分	50 分		

（续）

考核内容	考核要求	评分标准	配　分	得　分	
				自　评	互　评
5. 职业素养	（1）学习态度：积极主动参与学习 （2）团队合作：与小组成员一起分工合作，不影响学习进度 （3）现场管理：服从工位安排，执行实训室管理规定	不足之处扣 3 分	10 分		
6. 安全文明生产	自觉遵守安全文明生产规程	违反一项规定扣 5 分			
合计					
操作时间	开始时间：	结束时间：	实际用时：		

思考与练习

一、判断题

（　　）1. 汽车空调制冷系统主要由压缩机、制冷剂、冷凝器、蒸发器和液压调节器组成。

（　　）2. 自动空调控制系统的控制面板上也设有 A/C 开关。

（　　）3. 制冷压缩机的主要作用是对制冷剂进行蒸发和压缩。

（　　）4. 制冷压缩机的主要作用是将压缩后的高温、高压气态制冷剂排出。

（　　）5. 压缩机从蒸发器中吸入液态制冷剂。

（　　）6. 压缩机输出端连接高压管路、冷凝器、储液干燥器和液体管路，并构成高压侧。

（　　）7. 为使空调热交换更好，一般汽车空调的冷凝器安装在散热器的后面。

（　　）8. 冷凝器应安装在车上不易通风的地方，让制冷剂更容易液化。

（　　）9. 冷凝器不是热交换器，它的作用只是将气态制冷剂变成液体制冷剂。

（　　）10. 高压管路用于连接冷凝器和蒸发器。

（　　）11. 液体管路用于连接蒸发器和压缩机。

（　　）12. 干燥器只起干燥作用。

（　　）13. 空调不能作为汽车强制通风换气装置使用。

（　　）14. 冷凝器冷却不良时，可能会造成高压管路中压力过高。

（　　）15. 清洗冷凝器外面的污物时，用高压水枪更为有效。

（　　）16. 视液镜位于制冷系统的低压管路上。

（　　）17. 从汽车空调节流元件流出的制冷剂为低压气态。

（　　）18. 制冷剂的循环量等于压缩机吸入制冷剂的量。

（　　）19. 汽车空调制冷系统中干燥瓶和膨胀阀的作用是节流减压、过滤干燥。

（　　）20. 膨胀阀能控制调节制冷剂流量的大小。

（　　）21. 储液干燥器和储液器的外观几乎相同，虽然二者的功能在一定程度上是不同的，但可以互换使用。

（　　）22. 膨胀阀根据蒸发器温度可以自动调节膨胀阀的开度。

(　　) 23. 空调的节流阀起到节流降压的作用，以使制冷剂在蒸发器中冷凝。

(　　) 24. 蒸发器的作用是将经过节流元件节流升压后的制冷剂在蒸发器内沸腾汽化。

(　　) 25. 蒸发器的结构与冷凝器相似，因此可以互换使用。

(　　) 26. 汽车空调蒸发器传感器一般安装在空调冷凝器前方附近。

(　　) 27. 蒸发器上的负温度系数的热敏电阻，应安装在蒸发器的出风口中央。

(　　) 28. 有些蒸发器内装一个负温度系数的热敏电阻，其作用是防止蒸发器结冰。

(　　) 29. 鼓风机的作用是加速蒸发器周围的空气流动，将冷气吹入车内，达到降温的目的。

(　　) 30. 为了防止水分的凝结，需要对汽车风窗玻璃加热，因此采用风窗除霜装置。

(　　) 31. 装有空调的汽车上，A/C 开启时，可以有效地防止前挡风玻璃上结雾。

(　　) 32. 对车内空气加热使水充分蒸发，然后空气在产生冷气的蒸发器表面变成水滴从排水管排出，从而起到除湿作用。

(　　) 33. 若在高速超车时继续使用空调，会使车辆加速性能降低。

(　　) 34. 节流元件可将空调系统的高压侧和低压侧隔开，通过节流效应使制冷剂压力急剧下降而蒸发。

(　　) 35. 循环离合器的节流元件只能控制进入蒸发器内制冷剂流量，不能保证蒸发器不结冰。

(　　) 36. 观察视液镜，如视液镜清晰，肯定系统内制冷剂是够的。

(　　) 37. 干燥瓶上一般有安装箭头标记，在安装时箭头连进液管，箭尾连出液管。

(　　) 38. 空调制冷系统运行时，若储液干燥器出现结霜，则说明储液干燥器堵塞或损坏。

(　　) 39. 通过观察窗可以看到制冷剂的流动状态，从而判断制冷系统的工作状况。

(　　) 40. 安装汽车空调冷凝器时，从压缩机输出的气态制冷剂一定要从冷凝器下端入口进入。

(　　) 41. 压缩机用于提高制冷剂的压力，使之在系统中循环，并且压缩机将系统的低压侧和高压侧隔开。进入压缩机的制冷剂是低压稍有过热的气体，而离开压缩机则是高压和高过热的气体。

(　　) 42. 蒸发器的热负荷加大，将使制冷压缩机的吸气温度下降。

(　　) 43. 制冷剂进入冷凝器时几乎为 100% 的蒸气，离开时为 100% 的液态制冷剂。

(　　) 44. 从冷凝器来的制冷剂并非总是 100% 液体，因此可能有少量的制冷剂以气态留在冷凝器中，但不会影响整体制冷性能，因为下一个部件是一段长的液管或储液干燥器。

(　　) 45. 当相对湿度高时，蒸发器具有双重功能：降低空气的温度和空气湿度。由于空气中湿气冷凝的过程带走了蒸发器的大量热量，导致蒸发器可吸收空气热量的能力大大降低。

(　　) 46. 由于酒精能够降低水的凝点，因此可以向空调系统中加入少量酒精，以防止因水分冻结导致的故障。

二、单选题

1. 轿车空调总成具有制冷、采暖及 (　　) 三种功能。

A. 除湿 　　　　　　 B. 除尘 　　　　　　 C. 除霜 　　　　　　 D. 通风

2. 汽车空调控制面板中，(　　) 模式可将车外新鲜空气导入车内。

A. FRESH 　　　　　 B. RECIRC 　　　　　 C. NORM 　　　　　 D. DEFROST

3. 空调系统哪种模式可将车外环境空气不经冷却带入车内？（   ）

A. MAX   B. NORM   C. VENT   D. DEFROST

4. 汽车空调控制按钮"AUTO"表示（   ）。

A. 自动控制   B. 停止   C. 风速   D. 温度控制

5. 空调制冷系统中压缩机的作用是（   ）。

A. 控制制冷剂流量   B. 完成压缩过程

C. 将制冷剂携带的热量散发至大气中   D. 控制蒸发

6. 汽车空调压缩机由（   ）驱动。

A. 发动机   B. 发电机   C. 电动机   D. 起动机

7. 汽车空调压缩机吸入低温（   ）制冷剂蒸汽。

A. 高压   B. 中压   C. 低压   D. 大气压

8. 压缩机将压缩后的高温、高压（   ）制冷剂送到冷凝器并向外放热。

A. 液态   B. 气态   C. 固态   D. 气液混合

9. 汽车空调制冷压缩机一般来说排气管比吸气管的直径要（   ）。

A. 大些   B. 一样大   C. 小些   D. 大小不一定

10. 汽车空调制冷系统的冷凝器、蒸发器，统称为（   ）器。

A. 换能   B. 换热   C. 交换   D. 交流

11. 在汽车空调装置中，冷凝器安装在（   ）。

A. 发动机散热器前   B. 驾驶室内   C. 后行李箱内   D. 发动机散热器后

12. 在空调制冷装置中，冷凝器与蒸发器之间的连接部件是（   ）。

A. 空调压缩机   B. 压力开关   C. 恒温器   D. 节流元件

13. 空调系统中冷凝器的作用是（   ）。

A. 控制制冷剂流量   B. 吸收车厢中的热量   C. 散发制冷剂热量   D. 以上都不是

14. 空调系统中蒸发器的作用是（   ）。

A. 控制制冷剂流量   B. 吸收车厢中的热量   C. 散发制冷剂热量   D. 以上都不是

15. 空调制冷系统工作时，冷凝器进出管道应（   ）。

A. 进冷出热   B. 进热出冷   C. 进出一致   D. 以上都不是

16. 汽车空调干燥瓶安装在（   ）。

A. 低压管道上   B. 低压或高压管道上   C. 高压管道上   D. 以上都不是

17. 汽车空调系统中储液干燥器的作用有（   ）。

A. 储液   B. 吸湿   C. 过滤杂质   D. 以上都是

18. 汽车空调系统中储液干燥器安装在（   ）侧。

A. 微压   B. 低压   C. 中压   D. 高压

19. 冷凝器的传热面积与蒸发器的传热面积相比（   ）。

A. 大   B. 小   C. 相同   D. 不一定

20. 在汽车空调装置中，蒸发箱位于（   ）。

A. 发动机前   B. 发动机后   C. 驾驶室内   D. 后行李箱内

21. 汽车空调的布置，按（   ）方式可分为前送式、后送式、前后置式三种类型。

A. 节流   B. 节温   C. 送风   D. 供暖

22. 冷凝器将制冷剂热量散发到汽车外的空气中，使高温，高压的气态制冷剂冷凝成（　　）液体。

A. 高压　　　　　　B. 低压　　　　　　C. 中压　　　　　　D. 大气压

23. 汽车空调制冷循环四个工作过程的顺序是（　　）。

A. 压缩、冷凝、膨胀、蒸发　　　　　　B. 压缩、膨胀、蒸发、冷凝

C. 蒸发、冷凝、压缩、膨胀　　　　　　D. 蒸发、压缩、膨胀、冷凝

24. 在（　　）行程中，制冷剂（　　）被吸入压缩机。

A. 排气，蒸气　　　B. 排气，液态　　　C. 吸气，蒸气　　　D. 吸气，液态

25. 在制冷系统中，制冷剂 R12（　　）被压缩机吸入，压缩成高压、高温蒸气，然后再经排气管进入冷凝器。

A. 液体通过吸气管　　B. 液体通过排气管　　C. 气体通过吸气管　　D. 气体通过排气管

26. 制冷剂在蒸发器中的过程是（　　）。

A. 吸热汽化过程　　B. 降温冷凝过程　　C. 吸热冷凝过程　　D. 降温汽化过程

27. 在空调制冷装置中，冷凝器与蒸发器之间的连接部件是（　　）。

A. 空调压缩机　　　B. 压力开关　　　C. 恒温器　　　D. 节流元件

28. 在汽车空调工作时，视液镜上看到有气泡，且高、低压压力过低，则为制冷剂（　　）。

A. 过多　　　　　　B. 过少　　　　　　C. 适量　　　　　　D. 没有

29. 技师甲说"冷凝器通过散热将高压气态的制冷剂转换为高压液态的制冷剂"，技师乙说"节流元件将高压蒸气转换成低压蒸气"。你认为（　　）。

A. 甲正确　　　　　B. 乙正确　　　　　C. 两人都正确　　　D. 两人都不正确

30. 技师甲说"空调压缩机把低压气态的制冷剂转换为高压气态的制冷剂"，技师乙说"节流元件将高压气态的制冷剂转换为低压气态的制冷剂"。你认为（　　）。

A. 甲正确　　　　　B. 乙正确　　　　　C. 两人均正确　　　D. 两人都不正确

31. 由于蒸发器表面温度低，容易出现（　　）现象，影响制冷效果。

A. 结露　　　　　　B. 结冰　　　　　　C. 结霜　　　　　　D. 结水

32. 空调与暖风系统的暖气热量不足时，不应首先检查的项目有哪些？（　　）。

A. 暖水阀是否卡住　　　　　　B. 空气混合阀门是否卡住

C. 鼓风机转速是否过低　　　　D. 空调滤清器是否堵塞

33. 在汽车制冷循环系统中，经节流元件送往蒸发器管道中的制冷剂是（　　）状态。

A. 高温高压液体　　B. 低温低压液体　　C. 低温高压气体　　D. 高温低压液体

34. 汽车空调储液干燥器的功用是（　　）。

A. 防止系统中水分与制冷剂发生化学作用　　B. 防止节流元件处结冰和堵塞

C. 随时向系统补充制冷剂　　　　　　D. 本题其他答案全对

35. 如何更换孔管空调制冷系统中的干燥剂？（　　）

A. 更换储液干燥器　　　　　　B. 更换储液器

C. 视情更换储液干燥器或储液器　　D. 储液干燥器和储液器均不需要更换

36. 按照节流元件的不同，空调制冷系统可分两种基本构架。请问在配置有节流调节元件的空调系统中，以下哪个观点是正确的？（　　）

A. 在冷凝器与蒸发器管路之间，安装有储液干燥器

B. 在冷凝器与压缩机管路之间，安装有储液器

C. 在蒸发器与压缩机之间的管路中，安装有储液干燥器

D. 在冷凝器与蒸发器之间，安装有储液器

37. 膨胀阀的功能是将（　　）节流减压。

A. 高压制冷剂气体　　　　　　　　　　B. 高压制冷剂液体

C. 低压制冷剂气体　　　　　　　　　　D. 低压制冷剂液体

38. 在制冷系统中，被压缩机压缩、冷凝器液化后的 R134a 经（　　）减压节流后进入蒸发器蒸发制冷。

A. 集液器　　　　　B. 冷凝器　　　　　C. 膨胀阀　　　　　D. 干燥瓶

39. 膨胀阀的感温包紧贴在何处？（　　）

A. 蒸发器表面　　　　　　　　　　　　B. 蒸发器内部

C. 蒸发器入口管壁上　　　　　　　　　D. 蒸发器出口管壁上

40. 膨胀阀的感温包中填入的物质是（　　）。

A. 制冷剂　　　　　B. 空气　　　　　C. 水　　　　　D. 氧气

41. 平衡式膨胀阀中毛细管如果破裂，会造成（　　）后果。

A. 冷气过量　　　B. 制冷系统压力过高　　C. 制冷剂不循环　　　D. 蒸发器结霜

42. 在检修汽车空调时，技师甲说"如果发现有油渍，则有油渍处可能渗漏"，技师乙说"储液干燥罐进出管处温度一样，应该是堵塞了"。你认为（　　）。

A. 甲正确　　　　　B. 乙正确　　　　　C. 两人均正确　　　　　D. 两人都不正确

43. 汽车空调工作时，从视液镜上能看到条纹，则为（　　）过多。

A. 机油　　　　　B. 冷冻机油　　　　　C. 制冷剂　　　　　D. 水分

44. 汽车空调压缩机主要采用蒸气（　　）式压缩机。

A. 压力　　　　　B. 液化　　　　　C. 容积　　　　　D. 活塞

45. 在汽车空调的压缩、冷凝、膨胀、蒸发制冷循环中，冷凝过程是制冷剂（　　）。

A. 从气态变化液态　　B. 从液态变为气态　　C. 从气态变为固态　　D. 从固态变为液态

46. 在制冷循环蒸发过程的后期，制冷剂应呈（　　）态，被吸入压缩机。

A. 液　　　　　B. 气　　　　　C. 半液半气　　　　　D. 固

47. 制冷系统正常工作时，低压侧管道里流动的是（　　）。

A. 低压低温的气体　　B. 低压低温的液体　　C. 高压高温的气体　　D. 以上都不是

48. 制冷剂从节流元件进入蒸发器的瞬间是什么状态？技师甲说全部是蒸气，技师乙说几乎全是液体但含少量蒸气（闪气）。谁说的正确？（　　）

A. 甲正确　　　　　B. 乙正确　　　　　C. 两人都正确　　　　　D. 两人都不正确

49. 汽车低速行驶时，空调压缩机有较强的制冷能力，高速行驶时，要求低（　　）。

A. 油耗　　　　　B. 耗能　　　　　C. 损耗　　　　　D. 污染

50. 空调系统中冷凝器的安装要求之一是（　　）。

A. 上接出液管，下接进气管　　　　　　B. 上、下管可随便连接

C. 上接进气管，下接出液管　　　　　　D. 上接排气管，下接吸气管

51. 下面哪个观点是不正确的？（　　）

A. 储液干燥器可保证一定的制冷剂储量，并向节流元件提供连续不断的制冷剂

B. 储液器的功能是将蒸发器出来的制冷剂收集起来，并滤下制冷剂液滴，以保护压缩机

C. 储液干燥器用于将节流管作为节流元件的空调系统中，储液器则用于将膨胀阀作为节流元件的系统中

D. 储液干燥器和储液器都可通过内部的过滤器和干燥剂，保持制冷剂的清洗度和纯度

52. 以下说法错误的是：（　　　）。

A. CFC – 12 系统配置管带式或管片式冷凝器

B. CFC – 134a 系统配置平行流式冷凝器

C. CFC – 12 系统配置快速接头内螺纹形式的检修阀口

D. CFC – 134a 系统的管接头是公制的

三、多选题

1. 位于驾驶室外的空调制冷系统部件是（　　　）。

A. 蒸发器　　　　　　B. 冷凝器　　　　　　C. 储液干燥器　　　　　　D. 空调压缩机

2. 散热器的类型有以下哪几种？（　　　）

A. 上流式　　　　　　B. 下流式　　　　　　C. 横流式　　　　　　D. 纵流式

3. 下列说法哪些正确？（　　　）

A. 储液干燥器位于液相管路中　　　　　　B. 储液器位于吸气管路中

C. 蒸发器位于系统的低压侧　　　　　　D. 固定孔管是可以互换的

4. 来自通风系统的发霉气味可能由下列哪些原因引起？（　　　）

A. 壳体　　　　　　B. 霉菌　　　　　　C. 冷却液泄漏　　　　　　D. 制冷剂泄漏

5. 下列哪些不是膨胀阀的作用？（　　　）

A. 节流　　　　　　B. 膨胀　　　　　　C. 除湿、过滤　　　　　　D. 增压

6. 膨胀阀的形式主要有（　　　）。

A. 内平衡式　　　　　　B. 外平衡式　　　　　　C. C 型　　　　　　D. H 型

7. 外平衡式膨胀阀膜片下方的压力不会来自于（　　　）。

A. 压缩机进口　　　　　　B. 压缩机出口　　　　　　C. 蒸发器入口　　　　　　D. 蒸发器出口

8. 以下通过视液镜检查制冷剂数量的检查条件中，正确的是（　　　）。

A. 空调开关打开　　　　　　B. 温度选择为最凉

C. 完全打开所有车门　　　　　　D. 发动机转速为800r/min

9. 空调系统的 BI – LEVEL 挡不能将车内空气输送至哪些地方？（　　　）

A. 面板和下节气风门　　　　　　B. 面板和除霜节气风门

C. 除霜和下节气风门　　　　　　D. 面板、下风口和除霜节气风

10. CFC – 12 制冷系统的冷凝器可采用（　　　）。

A. 管带式　　　　　　B. 管片式　　　　　　C. 平行流式　　　　　　D. 前面三者均可

11. 散热器可以由下列哪些材料制成？（　　　）

A. 铜　　　　　　B. 铝　　　　　　C. 镁　　　　　　D. 塑料

12. 正常制冷情况下，储液器的观察窗不应见到以下哪些现象？（　　　）

A. 清澈透明　　　　　　B. 初时极少量气泡，之后没有气泡

C. 持续大量气泡　　　　　　D. 初时极少量气泡，之后气泡增多

项目二　汽车空调检测

项目描述

汽车空调工作性能好坏的评价指标有温度、湿度、风速和清洁度。

(1) 温度　人感到舒适的温度，夏季是 22~28℃，冬季是 16~18℃。当温度低于 14℃时，人会感觉到冷，并且温度越低，手脚动作就会越僵硬，驾驶人将不能灵活操作汽车。当温度超过 28℃时，人就会觉得燥热，精神集中不起来，思维迟钝，容易造成交通事故。超过 40℃的温度称为有害温度，会对人体的健康造成损害。当气温在 25℃时，人往往感到最舒适。另外，人体面部需求的温度比足部需求的温度略低，即要求"头凉足暖"，温差为2℃左右。

(2) 湿度　人觉得舒适的相对湿度，夏季是 40%~50%，冬季是 60%~70%。在这种湿度环境中，人会心情舒畅。当湿度过低时，皮肤会发痒。这是由于湿度太低时，皮肤表面和衣服都较干燥，它们之间因摩擦而产生静电。当湿度过高时，人会觉得闷。这是由于人体皮肤的水分蒸发不了，干扰了人体正常的代谢。

(3) 风速　即空气流速。人在流动的空气中比在静止的空气中感觉要舒适。这是因为流动的空气能促进人体内外散热。空气流速是汽车空调调节的重要功能之一。空气流速在 0.2m/s 以下为好，并且以小幅变动为佳。

(4) 清洁度　由于车内空间小，乘员密度大，全封闭空间内极易产生缺氧和二氧化碳浓度过高的现象；汽车发动机排出的一氧化碳和道路上的粉尘都易进入车厢，造成车厢内空气浑浊，严重影响驾乘人员的身体健康。因此，必须对车厢内空气进行净化处理。

为了满足人们对汽车空调性能的要求，结合汽车空调的工作过程，评价汽车空调系统的常用参数有风速、温度、压力和清洁度。

任务一　空调压缩机传动带松紧度的检测

学习目标

序　号	目　标　要　求
1	能独立检测汽车空调压缩机传动带的张紧力
2	能独立调整空调压缩机传动带的张紧力
3	能独立更换空调压缩机传动带

任务描述

一辆雪佛兰科鲁兹汽车进店进行手动空调的维护，在作业过程中维修人员需要检测汽车空调压缩机传动带的张紧力，以确定汽车空调驱动机构当前的工作状态，并根据检测情况进行调整传动带的张紧力或更换传动带，确保汽车空调的工作能力。

任务分析

空调压缩机是汽车空调制冷系统的动力源，而发动机是压缩机的动力源。发动机通过传动带驱动压缩机工作，所以传动带的使用状况和松紧程度会严重影响汽车空调的制冷性能。本任务以雪佛兰科鲁兹手动空调压缩机传动带张紧力检测为载体，掌握汽车空调传动带张紧力的检测与调整方法，以及传动带的更换方法。

知识准备

一、空调压缩机传动带的重要性

空调压缩机传动带是发动机的重要部件，它用于驱动发动机前端辅件，如发电机、转向助力泵、风扇、水泵、增压器以及空调压缩机等部件，如图 2-1 所示。随着发动机轻量化的要求越来越高，其宽度和高度在不断降低，而输出功率却在不断提高，这就要求传动带的数量不断减少，厚度不断降低，而能够传递的转矩却不断增大。在这种情况下，应经常检查空调压缩机传动带的使用状况与松紧程度。若传动带松弛应及时调整，若传动带损伤或老化应及时更换。新装的传动带一般使用 30 ~ 40h 后会出现松弛现象，此时应重新调整张紧力。不同车型空调压缩机传动带所要求的张紧力不同，可根据车型维修手册内空调压缩机传动带张紧力的要求调整张紧力。

图 2-1　空调压缩机传动带

二、空调压缩机传动带松紧度的检测与调整

1. 传动带松紧度的测量方法

传动带松紧度的测量方法有挠度测量法和传动带张紧力计测量法两种。

（1）挠度测量法　如图 2-2 所示，在空调压缩机与发电机之间的传动带中间施加 98N 的力（不同车型参照相应维修手册），同时测量传动带挠度。挠度值参考范围：旧传动带为 7.0 ~ 9.0mm，新传动带为 4.0 ~ 6.0mm。如果超出范围，则可能传动带磨损或损坏，应将其更换。

（2）传动带张紧力计测量法　图 2-3 所示为博世 6673 传动带张紧力计，主要由球体、刻度盘和挂钩组成，其使用方法如下：

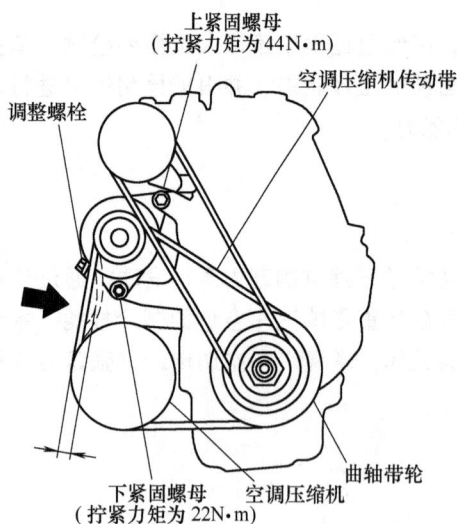

图 2-2 挠度测量法

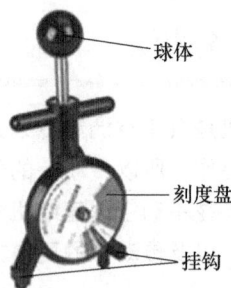

图 2-3 博世 6673 传动带张紧力计

1) 完全按下球体，使挂钩咬合到传动带上。

2) 传动带张紧力计必须与传动带呈垂直状态，待挂钩压到传动带边上后释放球体。

3) 读取指针刻度盘上的张紧力数值，如图 2-4 所示，确认传动带张紧力是否正常。

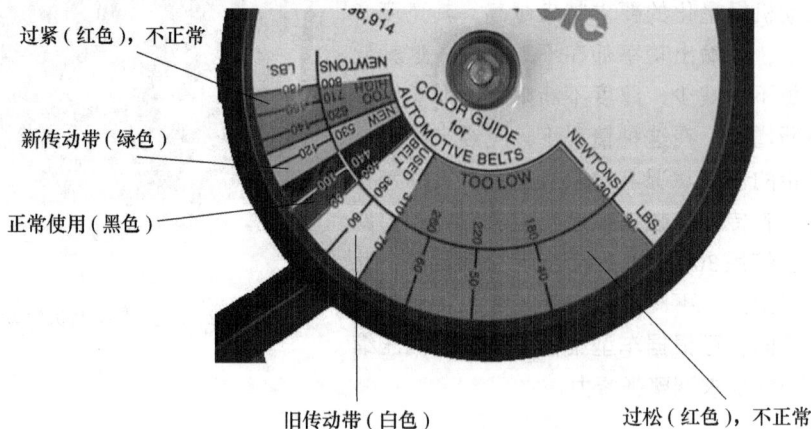

图 2-4 传动带张紧力计的读数

4) 测试完成后，按下球体，取下传动带张紧力计。

注意：在起动发动机前，切记取下传动带张紧力计。

2. 空调压缩机传动带松紧度的调节

如果测得的传动带挠度或张紧力不在规定的范围内，应进行调节，调节步骤如下：

1) 松开上紧固螺母及下紧固螺母。

2) 转动调整螺栓以获得合适的传动带挠度或传动带张紧力，再拧紧紧固螺母与调整螺栓。

3) 重新检查传动带挠度或张紧力。

三、空调压缩机传动带的拆装

1. 空调压缩机传动带的拆卸

1）用内六角扳手松开空调压缩机下方的两个连接螺栓，如图2-5中箭头B所示。

2）沿顺时针方向旋转传动带张紧调节螺栓直至传动带放松，如图2-5中箭头A所示。

3）用套筒扳手将传动带由带轮向汽车前进方向脱出。

2. 空调压缩机传动带的安装

1）将传动带套在带轮上，注意运转方向。

2）用套筒扳手沿逆时针方向旋转调节螺栓，直到传动带张紧。用拇指按压传动带中部，变形量为5~10mm即可。

3）用扭力扳手将空调压缩机下方两个连接螺栓拧紧，力矩为40N·m（不同车型参照相应维修手册）。

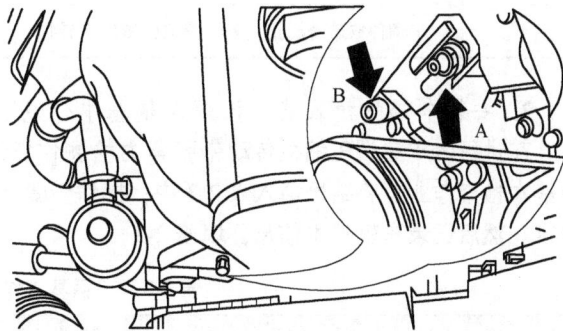

图 2-5　空调压缩机传动带的拆卸

注意：在拆装空调压缩机传动带之前，必须做好相应的记号；在拆装过程中，不能打开制冷剂循环，可以直接拆卸和安装压缩机支架及所属零部件；在安装压缩机传动带时，必须将传动带上的筋条完全卡进带轮的楔槽内。

制订计划

本任务的工作内容为雪佛兰科鲁兹汽车手动空调压缩机传动带张紧力的检测与调节，在学习了前面所述基本知识后，我们就可以进行空调压缩机传动带张紧力检测与调节作业，特制订如下工作计划：

1）进行作业环境检查。

2）安装车辆防护装置。

3）记录待检查车辆基本信息。

4）进行汽车空调压缩机传动带张紧力的检测与调节作业。

5）回收工量具，清洁场地，完成收尾工作。

任务实施

一、作业前的准备

1. 进行作业环境检查

为确保人身与财产安全，在开始作业之前，请检查作业场地条件，并填写表2-1，以保证作业的安全与规范。

表 2-1 作业环境检查

序　号	检查项目与内容	检查结果
1	作业场地是否通风良好	
2	作业场地有无明火	
3	作业场地有无必要的安全防护设施，如防护手套、防护眼镜、灭火器材等	
4	车辆停放是否周正，车辆停放区域内无异物	

2. 安装车辆防护装置，记录车辆基本信息

在进行汽车空调压缩机传动带张紧力检测作业之前，首先要安装必要的车辆防护装置并进行基本检查作业，将结果填入表 2-2 中，操作步骤参见项目一中"任务一　汽车空调使用"相关内容。然后记录车辆基本信息，填表 2-3。

表 2-2 车辆基本作业检查记录

序　号	项　　目	作业记录	序　号	项　　目	作业记录
1	车轮挡块放置状况		4	各线束连接状况	
2	座椅套、转向盘套、驻车制动杆套、变速器杆手柄套、脚垫、翼子板布安装状况		5	发动机机油液位	
			6	冷却液液位	
3	仪器、设备、工量具数量		7	蓄电池电压	

表 2-3 车辆基本信息

汽车型号		车 牌 号	
发动机型号		VIN 编号	

二、汽车空调压缩机传动带张紧力检测与调整

1）举升和顶起车辆。

2）拆下前舱防溅罩。

3）使用传动带张紧力计检测传动带张紧力。

检查结论：＿＿＿＿＿＿＿＿＿＿＿＿＿。

4）如果传动带未损坏，如图 2-6 所示，顺时针转动调整元件对张紧器施加张力，以张紧空调压缩机传动带，直至张紧力正常为止。

注意：如果传动带已损坏，则需更换新的传动带。

5）安装前舱防溅罩。

调整元件

图 2-6 张紧空调压缩机传动带

三、回收工量具、清洁场地，完成收尾工作（略）

知识拓展

一、汽车空调布置的重要性

汽车空调性能的好坏，不仅与空调装置的类型、风道的设计和本身的密封性能有关，还与制冷装置与加热装置的布置有关。汽车空调装置的制冷原理和装置的配置与固定式空调基本相同，但汽车空调应用的场所特殊，表现为：车厢容积小；车窗占车辆表面比例大；太阳的辐射、直射的热负荷大；车厢内人员密度大，散热、散湿量大；车厢由于重量限制，隔热措施差，遮阳困难；车内座位、操纵机构等处的凹凸不平，使整个车厢内风速很难分布均匀；装置的工况随汽车行驶速度的变化很大；因路状的原因存在不同程度的振动，对管道的连接和装置的质量都提出了较高和特殊要求；车内热交换器的冷却采用风冷型，这使得其换热性能直接受空气清洁度影响。

综上原因，汽车空调如何布置，对整车负荷、车厢美观、管道长短、阻力损失、功率稳定、气流组织、配气、车厢内的噪声大小和舒适与否产生极大的影响。一般轿车空调多采用直接方式驱动压缩机。客车空调由于空间较大，所以布置较复杂，压缩机驱动方式既有直联式驱动，又有独立式驱动，一般以后者为主。

二、轿车空调的布置形式

轿车空调通常采用直联方式驱动压缩机，如图 2-7 所示。空调系统在轿车上布置时要遵循以下原则：

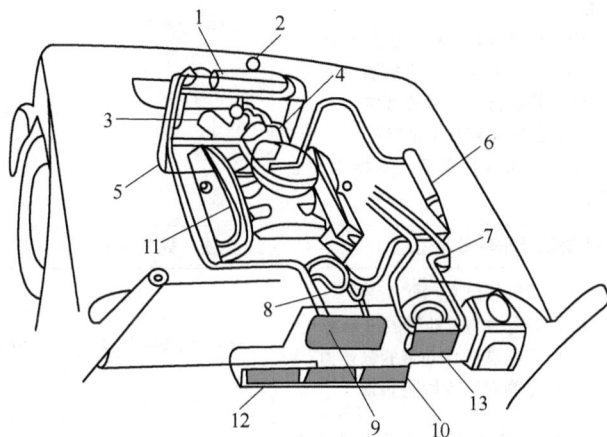

图 2-7　轿车空调布置形式

1—散热器　2—散热器盖　3—冷凝器风扇　4—压缩机　5—冷凝器　6—储液干燥过滤器　7—热水阀
8—膨胀阀　9—蒸发器　10—驾驶室　11—发动机　12—中央面部出风口　13—加热器芯

1）压缩机支架要能保证主机与离合器带轮的两个带槽在同一平面；要能便于调节传动带张紧力、更换传动带及拆装压缩机；支架要有足够的强度和刚性；支架与发动机有相同的振动频率。

2）空调器与发动机要有良好匹配；要保证不会出现因开空调而造成发动机熄火、散热器开锅等现象；必要时应配置相应的怠速控制系统和超速脱离装置。

3）冷凝器应有良好的冷却条件，包括良好的通风条件、合理的导风措施、合适的间隙尺寸

（冷凝器与散热器、冷凝器与风扇等）、是否需要增加冷却风扇等。

4）送风歧管内表面要光滑，要尽量减少气流阻力。

5）要考虑电平衡，必要时加大发电功率和蓄电池容量。

6）由于使用空调增加了发动机负荷，也增加了散热器热负荷，必要时要强化发动机冷却能力。

7）根据车型等级考虑空调控制方式（半自动、自动或计算机智能控制）。

8）考虑车内空气循环方式是内循环还是内外混合循环。

考核评分

本任务的考核与评分见表2-4。

表 2-4 考核与评分

考核内容	考核要求	评分标准	配分	得分	
				自评	互评
1. 作业环境检查	正确检查作业环境，填写作业环境检查表	错误一处扣2分	10分		
2. 车辆基本检查	（1）正确放置车轮挡块 （2）正确安装座椅套、转向盘套、驻车制动杆套、变速杆手柄套、脚垫、翼子板布等 （3）正确检查仪器、设备、工量具数量 （4）检查线束连接不少于5处 （5）正确检查发动机机油液位 （6）正确检查冷却液液位 （7）正确检查蓄电池电压 （8）正确填写车辆基本检查作业记录表	错误一处扣5分	20分		
3. 车辆基本信息检查	正确记录车辆基本信息	错误一处扣5分	10分		
4. 空调压缩机传动带张紧力检测与调整	（1）正确拆卸前舱防溅罩 （2）正确检测传动带的张紧力 （3）正确调整传动带的张紧力 （4）正确安装前舱防溅罩	错误一处扣10分	50分		
5. 职业素养	（1）学习态度：积极主动参与学习 （2）团队合作：与小组成员一起分工合作，不影响学习进度 （3）现场管理：服从工位安排，执行实训室管理规定	不足之处扣3分	10分		
6. 安全文明生产	自觉遵守安全文明生产规程	违反一项规定扣5分			
合计					
操作时间	开始时间：	结束时间：		实际用时：	

任务二　汽车空调制冷系统温度与湿度的检测

学习目标

序　号	目 标 要 求
1	能正确描述物质的三种基本状态和热量的传递方式
2	能正确描述温度与湿度的概念
3	能正确描述汽车空调制冷系统热交换原理
4	能正确使用干湿计测量汽车空调制冷系统的温度和湿度

任务描述

　　一辆雪佛兰科鲁兹汽车手动空调出现了制冷效能下降的故障，需要进行制冷系统温度检测，以初步判断汽车空调制冷系统的故障部位。

任务分析

　　温度是汽车空调工作的最主要性能指标。测量汽车空调制冷系统工作时各个部件的温度，是汽车维修人员分析制冷系统工作状况的主要依据与技术手段。本任务以雪佛兰科鲁兹汽车手动空调制冷系统温度检测为载体，主要学习物质的形态变化、热量的传递方式、汽车制冷系统的工作原理、热交换器的结构，掌握汽车制冷系统温度检测的方法与部位，并能通过温度检测初步判断汽车空调制冷系统的故障部位。

知识准备

一、物质的三种基本状态

　　地球上所有的物质都是以三种状态之一种存在的，即固体、液体和气体。固体具有一定的形状与体积，液体具有一定的体积但无一定的形状，气体则既无一定的体积也无一定的形状。物质存在的这三种状态在一定的条件下是可以转变的，当其热量发生足够的变化时，物质会从一种状态转变为另一种状态，如图2-8所示。

　　由固体转变成液体的现象称为熔化；由液体转变成气体的现象称为汽化或蒸发；由气体转变为液体的现象称为液化或凝结；由液体转变成固体的现象称为凝固；由气体转变成固体的现象称为凝华；由固体直接转变成气体而不经过液体过程的现象称为升华。

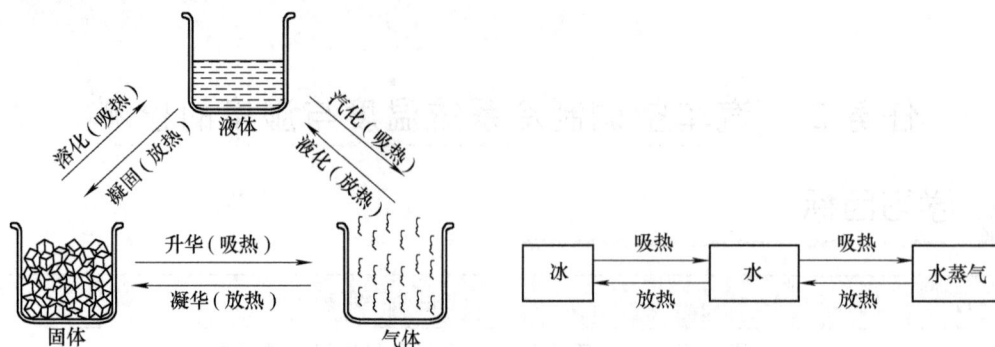

图 2-8　物质三种基本状态变化

二、热量

衡量物体吸收或释放热的多少的物理量称为热量，单位为焦耳（J），简称焦。

1. 热量的传递方式

温度不同的物体接触时，热量会从温度较高的物体传递给温度较低的物体，或者从同一物体内温度较高的部分传递到温度较低的部分，直到温度趋于平衡为止。热的传递有传导、对流和辐射三种形式。

（1）传导　当物体两点之间有温度差时，热量将通过物体内部从高温度点向低温度点移动，这种现象就是热的传导。一般来说，金属是良好的热导体，而一些非金属，如木头、石棉等导热能力极差，称为绝热材料，如图 2-9 所示。

（2）对流　气体或液体中较热部分和较冷部分之间通过流体循环流动使温度趋于均匀的过程称为对流，如图 2-10 所示。冷凝器就是利用空气对流进行散热的。

（3）辐射　辐射是指发热源直接向其周围的空间散发热量，通过辐射波将热量传递给其他物体的过程，如图 2-11 所示。热辐射和电波的传播类似，其特点是热量由热源表面以电磁波的形式连续发射，以光速传播，可以不依靠其他介质。

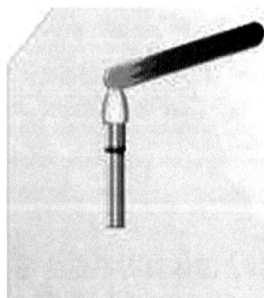

图 2-9　热传导

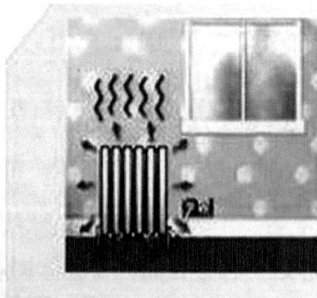

图 2-10　对流

图 2-11　辐射

2. 显热和潜热

（1）显热　在物质加热的过程中，仅改变物质的温度而不改变物质状态的热称为显热。显热可以用温度计来度量或在一定范围内用皮肤来感觉。例如水在达到 100℃ 以前，加热会使其温度上升，此时所加的热即为显热。

（2）潜热　在物质加热的过程中，仅改变了物质的状态，而不改变物质温度的热称为潜热。潜热不能使用温度计来度量，也无法感觉出来。例如水在达到 100℃以后，再进行加热其温度也不再升高，但可以从液体变成气体，这种所加的热即为潜热。物体的显热与潜热如图 2-12 所示。潜热按物质状态变化不同，可分为以下几种：

1）液化热。在某温度时，物质从气体变成相同温度液体时放出的热。

2）凝固热。在某温度时，物质从液体变成相同温度固体时放出的热。

3）熔化热。在某温度时，物质从固体变成相同温度液体时放出的热。

4）汽化热。在某温度时，物质从液体变成相同温度气体时放出的热。

5）升华热。在某温度时，物质从固体变成相同温度气体时放出的热。

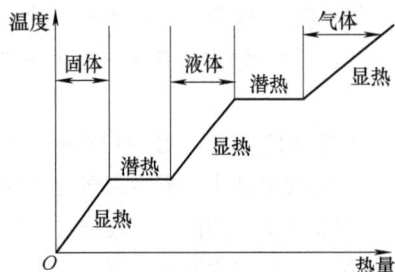

图 2-12　显热与潜热

三、温度与湿度

1. 温度

温度是用来度量物体冷热程度的物理量，常用 T 或 t 表示。温度越高，物体就越热。常用的温度表示单位是摄氏度，用符号℃表示。

温度还可以用华氏温度、绝对温度来表示，符号分别为℉和 K。它们之间的换算关系为

$$1℃ = \frac{5}{9} \times （1℉ - 32）$$

$$1℉ = \frac{9}{5} \times （1℃ + 32）$$

$$1K = 1℃ + 273.15$$

（1）与温度相关的一些概念

1）干球温度。通常是指使用温度计所测量的空气温度。

2）湿球温度。由于湿纱布上的水蒸气蒸发吸收相应的汽化潜热，湿球温度计上的读数比干球温度计上的计数要小一些，此时的温度称为湿球温度。

3）干、湿球温度差。湿球温度低于干球温度的差值。

4）露点温度。当空气湿度达到 100%，干、湿球温度相同时，空气中的水汽便成饱和状态，其中一部分凝结成露水，此时的温度称为露点温度。

5）冷凝温度。制冷剂在一定压力下，由气态转变成液态的温度。

6）蒸发温度。制冷剂在低压下，由液态汽化成气态的温度。

（2）过冷度　在制冷技术中，"过冷"是对于液体而言的。将冷凝后的液体制冷剂在压力不变的情况下继续冷却，其温度就会比冷凝时的饱和温度更低。当压力不变时，使液体的温度低于该压力相对应的饱和温度的热力过程称为过冷。这时的液体称为过冷液体，其温度称为过冷温度。饱和温度（既冷凝温度）与过冷温度之差称为过冷度。

（3）过热度　在制冷技术中，"过热"是对于气体而言的。使蒸发器中的干饱和蒸汽继续定

压吸热的热力过程称为过热。其结果使干饱和蒸汽成为过热蒸汽。过热蒸汽的温度称为过热温度，其比干饱和蒸汽的饱和温度更高，两者之间的温度差称为过热度。在蒸汽压缩式制冷系统中，压缩机吸入和排出的蒸气都是过热蒸汽。

2. 湿度

湿度表示空气里含有水蒸气的量，有绝对湿度与相对湿度之分。

（1）绝对湿度　在某一温度下单位体积空气中所含水蒸气的质量称为绝对湿度，其单位为 kg/m^3。

（2）相对湿度　在单位体积空气中水蒸气质量与同温度时饱和水蒸气质量之比称为相对湿度。相对湿度越小，表示空气越干燥，吸收水蒸气的能力就越强；相对湿度越大，表示空气越潮湿，吸收水蒸气的能力就越弱；当相对湿度为零时则为干空气；当相对湿度等于100%时，则为饱和空气。空气吸收水分的能力与压力的大小成反比，即空气压力越大，其吸收水分的能力就越小。

在日常生活中所指的空气湿度就是指空气的相对湿度。人体感觉舒适的湿度在夏季为40% ~ 50%，冬季为60% ~70%。

四、汽车空调制冷装置的工作过程

1. 制冷循环

汽车空调制冷系统是利用液态制冷剂汽化吸热的原理进行制冷的，为了将车辆内部的热量传递到外部大气中，制冷剂环绕制冷系统循环。在系统内，制冷剂经历两种温度和压力模式，在每一种温度和压力模式下，制冷剂状态改变，在状态改变的过程中最大限度地吸收与释放热量。如图2-13所示，空调压缩机把低温低压气态制冷剂压缩成高温高压气态后进入冷凝器，使其在冷凝器内将热量释放给车外的空气，失去热量的气态制冷剂在冷凝器内冷凝成中温高压的液态制冷剂，通过节流装置后，又转变成低温低压的液态制冷剂，然后进入到蒸发器中并在低压下汽化。由于制冷剂在蒸发器内汽化的温度低于蒸发器外空气的温度，因此能吸收被强制送往车厢内的空气中的热量，使进入车厢内的空气温度降低，从而产生制冷效果。从蒸发器中出来的制冷剂又变成低温低压的气体，再次进入压缩机中重新工作。制冷剂在制冷系统中的循环可分为四个基本过程。

（1）压缩过程　压缩机吸入蒸发器出口处的低温低压制冷剂气体，把它压缩成高温高压的气体排出压缩机。

（2）放热过程　高温高压的制冷剂气体进入冷凝器，由于压力及温度的降低，制冷剂冷凝成液体，并放出大量的热量。

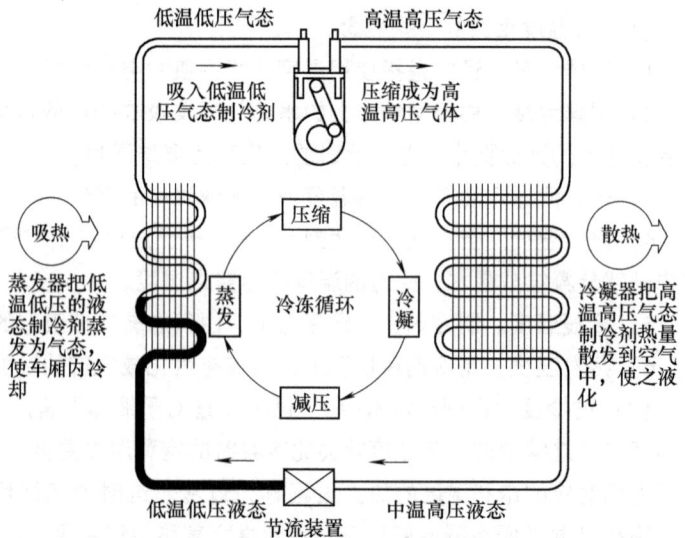

图2-13　制冷循环原理

（3）节流过程 温度和压力较高的制冷剂液体通过节流装置后体积变大，压力和温度急剧下降，以雾状（细小液滴）排出节流装置。

（4）吸热过程 雾状制冷剂液体进入蒸发器，蒸发成气体。在蒸发过程中，大量吸收周围的热量，而后低温低压的制冷剂蒸气又进入压缩机。

2. 汽车空调制冷系统热交换器

汽车空调制冷系统的冷凝器和蒸发器统称为热交换器，制冷系统通过它们和外界进行热量交换，以达到制冷目的。

（1）冷凝器 冷凝器是由管子和散热片组成一体的热交换器，其作用是把压缩机排出的高温高压制冷剂气体中的热量传递给周围的空气，使之成为中温高压的制冷剂液体。轿车的冷凝器一般安装在发动机冷却系统散热器之前，利用发动机冷却风扇抽来的新鲜空气和行驶中迎面吹来的空气流进行冷却。大、中型客车则把冷凝器安装在车厢两侧、后侧或顶部。冷凝器的结构形式多样，而汽车空调系统经常采用的结构有管片式、管带式和平行流式，如图 2-14 所示。其中，平行流式冷凝器具有传热系数高、质量小、结构紧凑、制冷剂充注量少

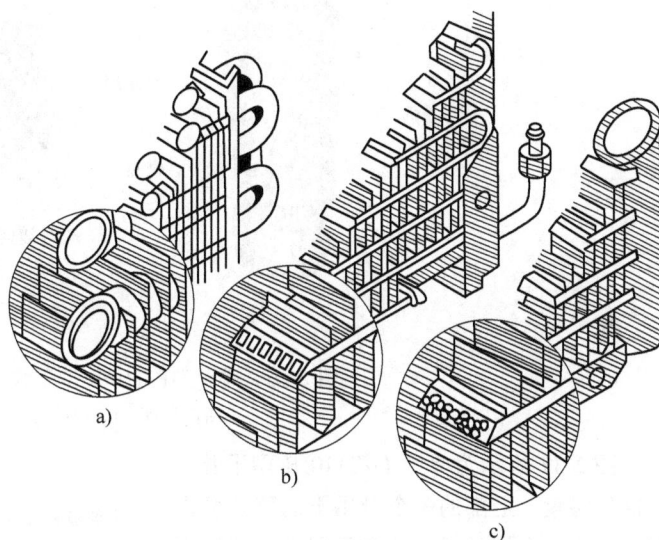

图 2-14　冷凝器的结构形式
a）管片式　b）管带式　c）平行流式

等特点，更适合采用 R134a 制冷剂的空调系统。

（2）蒸发器 汽车空调蒸发器通常置于车内，它利用低温低压的液态制冷剂蒸发时需要吸收大量热量的原理，把通过它周围的空气中的热量带走，周围的空气变成冷空气后由鼓风机吹往车厢内，从而达到车内降温的目的。汽车空调制冷系统常采用的蒸发器有管片式、管带式和板翅式三种结构，采用 R134a 制冷剂的汽车空调多采用层叠式蒸发器，如图 2-15 所示。

图 2-15　层叠式蒸发器

五、干湿计

用以测量温度的仪表称为温度计，而用以测量湿度的仪表称为湿度计，下面介绍在汽车空调检修领域上广泛使用的博世 TIF3110IR 型干湿计的使用方法。

博世 TIF3110IR 型干湿计的外形如图 2-16 所示，主要由显示屏、键盘、环境温度和湿度传感器、热电偶等组成，其用途为：①测量环境温度和湿度（用环境温度和湿度传感器测量）；②测量部件温度（用热电偶测量）；③测量物体表面温度（用红外线测量）。

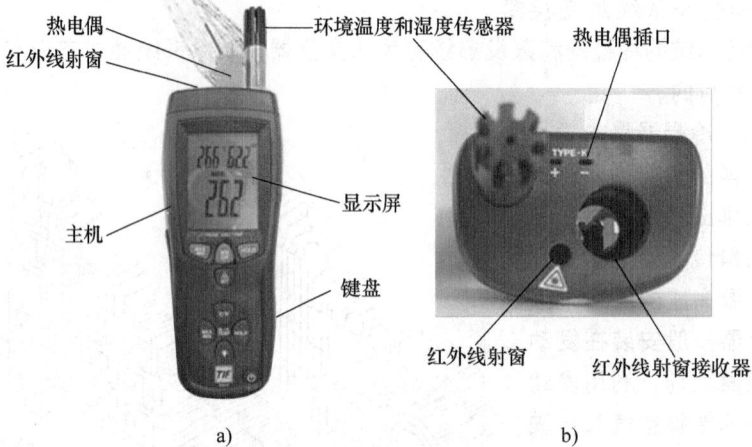

图 2-16　博世 TIF3110IR 型干湿计的外形

a）正面　b）顶部

图 2-17 所示为博世 TIF3110IR 型干湿计的操作键盘。上部的 3 个键用于调整环境温度和湿度的数据显示，即显示屏上部的数据显示调整；中部的 IRT 键用于激活红外线温度显示；下部的 3 个键用于调整热电偶传感器的数据显示；温度单位键可同时改变上、下两个区的温度单位，可选择摄氏温度单位（℃）、华氏温度单位（℉）和绝对温度单位（K）。

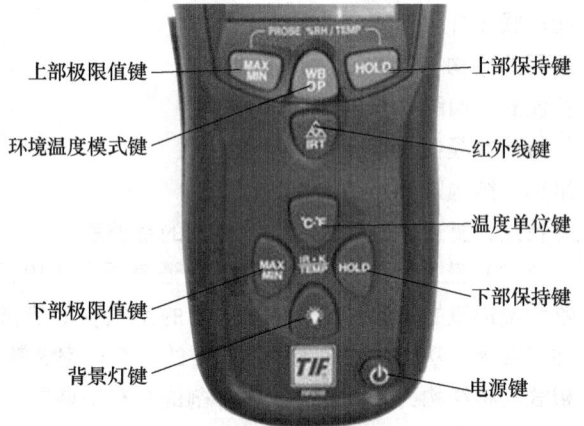

图 2-17　博世 TIF3110IR 型干湿计的操作键盘

制订计划

本任务工作内容为雪佛兰科鲁兹汽车手动空调制冷系统温度检测，在学习了前面所述的基本知识之后，我们就可以进行温度与湿度检测，特制订如下工作计划：

1）检查作业环境，安装车辆防护装置。

2）记录待检查车辆基本信息。

3）起动并预热发动机。

4）测量环境温度与湿度。

5）测量汽车空调制冷系统温度与湿度。

6）回收工量具，清洁场地，完成收尾工作。

任务实施

一、作业前的准备

1. 进行作业环境检查

在进行汽车空调制冷系统温度与湿度检测作业前，需要起动发动机，所以在开始作业之前，请检查作业场地条件，并填写表2-5，以保证作业的安全与规范。

表2-5 作业环境检查

序 号	检查项目与内容	检查结果
1	作业场地是否通风良好	
2	作业场地有无明火	
3	作业场地有无必要的安全防护设施，如防护手套、防护眼镜、灭火器材等	
4	车辆停放是否周正，车辆停放区域内无异物	

2. 安装车辆防护装置，记录车辆基本信息

在进行汽车空调制冷系统温度与湿度检测作业之前，首先要安装必要的车辆防护装置并进行基本检查作业，将结果填入表2-6中，操作步骤参见项目一中"任务一 汽车空调使用"相关内容。然后记录车辆基本信息，填写表2-7。

表2-6 车辆基本检查作业记录

序 号	项 目	作业记录	序 号	项 目	作业记录
1	车轮挡块放置状况		4	各线束连接状况	
2	座椅套、转向盘套、驻车制动杆套、变速器杆手柄套、脚垫、翼子板布等安装状况		5	发动机机油液位	
			6	冷却液位	
3	仪器、设备、工量具数量		7	蓄电池电压	

表2-7 车辆基本信息

汽车型号		车牌号	
发动机型号		VIN 编号	

3. 起动并预热发动机

起动并预热发动机（不开启空调），使发动机冷却液温度达到80℃后熄火。

二、测量温度与湿度

1. 测量环境温度与湿度

取博世 TIF3110IR 型干湿计，在离发动机至少2m的距离按下电源键开机，按下温度单位键，设置温度单位为℃，按下环境温度模式键（图2-17），测量环境温度与湿度，并记录数值，如图2-18所示。

图2-18 测量的环境温度与湿度值

环境温度值为：＿＿＿＿＿＿＿＿℃，环境湿度值为：＿＿＿＿＿＿＿％。

2. 测量制冷系统温度和湿度

1）打开所有车窗、车门，起动发动机。

2）打开所有空调出风口，并将其调节到全开。

3）将温度调节旋钮调至最大制冷位置，风速调整为最大，送风模式设置为面部送风，将进气模式调整为外循环。按下空调开关，观察空调压缩机工作正常后，等待空调工作5min。

4）将发动机转速控制在1500～2000r/min，使用干湿计红外线测试功能测量各部件表面温度，并将测量数值填入表2-8中。

表2-8　汽车空调制冷系统温度和湿度测量

序　　号	检测部位	实测温度/℃	参考温度/℃	检查结论
1	压缩机入口		2～8	
2	压缩机出口		70～80	
3	冷凝器入口		70～80	
4	冷凝器出口		50～70	
5	干燥器		50～70	
6	膨胀阀入口		50～70	
7	膨胀阀出口		-4～0	
8	蒸发器入口		-4～0	
9	蒸发器出口		2～8	
10	出风口温度		—	
11	出风口湿度		—	

3. 温度数值分析

汽车空调制冷系统在正常工作后，在环境温度为30～35℃时，各部件表面温度参考值见表2-8，除此之外，还应符合以下基本原则：

1）若压缩机出口温度过低，说明汽车空调压缩机损坏。

2）若膨胀阀入口温度正常，出口温度过高，说明膨胀阀损坏。

3）冷凝器入口温度和出口温差应为15～30℃，若温差过大，则表明管路存在堵塞的情况；若温差小，则表明冷凝器效率低。

4）蒸发器的入口温度和出口温度最大温差为4℃。若温差过大，则说明制冷剂加注量太少，不能吸收大量的热；若温差过小，则说明冷凝器效率低。

4. 回收工量具，清洁、整理场地（略）

知识拓展

温度分析是汽车故障诊断中一个十分重要的物理量分析，它采用对汽车各个部分的温度直接测量的方式进行检测，然后根据测得的实际温度以及温度的变化规律进行故障分析。它不仅可以对汽车空调制冷系统工作情况进行分析，也可以对发动机进行燃烧情况（各缸排气温度）分析，还可以对冷却系统的散热效率进行分析，以及对传动部分进行温度分析（如变速器油温）

等。温度分析可以帮助汽车维修技术人员深入了解汽车各个部分的工作状况，以便针对汽车故障从温度的角度做出分析判断。

一、温度测量的方法

在汽车故障诊断中，常采用接触式测量和非接触式测量两种方法。接触式测量是采用汽车万用表所具有的温度插座，通过热电偶探头直接接触被测物体的方法进行的温度测量。非接触式测量是采用红外测温仪在一定的距离范围内对被测物体进行的温度测量，测量方法参见前述内容。

二、温度分析方法

温度分析方法主要有单点单值温度分析、单点多值温度分析、双点单值温度分析及多点单值温度分析。

1. 单点单值温度分析

单点单值温度分析是指对汽车某一点的一次温度测量值的分析，如发动机某一时刻冷却液或机油温度的测量、空调出风口温度的测量、行驶中制动鼓（盘）的温度测量等。单点单值温度分析是在某一特定工况下对汽车某一点的温度进行的经验分析，一般情况下，某一点的温度在一定的工作条件下应该处于一定的范围内，超出正常数据范围时就要按照故障信息来对待。

2. 单点多值温度分析

单点多值温度分析是指对汽车某一点的多次温度值的分析，如发动机冷却液温度的变化过程（冷却风扇开启和关闭时的两点冷却液温度）、某一气缸排气歧管在发动机冷机和热机时的两点温度。单点多值温度分析是汽车某一点的温度随时间或工况变化时对多次温度测量值之间关系的分析，它反映出某一点温度的变化过程。通过对温度变化的过程分析，可以判断出对应的物理变化过程，进而判断是否存在故障。

3. 双点单值温度分析

双点单值温度分析通常是针对某一个系统或装置进、出口的温度差所做的分析，如散热器进出口温差、催化转化器进出口温差、空调压缩机高低压口温差等。双点单值温度分析是对某一系统或装置的效率或工作状况进行的温度差值分析，通过对温差的分析可以进一步判断出该系统或装置的工作效率和工作状况。例如，在相同工况下发动机冷却系统散热器进口和出口的温差，可以表征散热器的冷却效率；节温器从冷机到热机的过程中上下两端的温差说明了节温器的工作状况，也进一步表明冷却系统大小循环的工作状况。

4. 多点单值温度分析

多点单值温度分析是指对多个并行系统或装置的相同点进行的单次温度测量，然后对各点的温度值进行的相互比较分析，如对各缸排气歧管、火花塞底部，以及各制动盘（鼓）的温度进行的对比温度分析。多点单值温度分析可以反映出相同系统的温度对比，并从中发现异常问题。

考核评分

本任务的考核与评分见表2-9。

表 2-9　考核与评分

考核内容	考核要求	评分标准	配　分	得　分	
				自　评	互　评
1. 作业环境检查	正确检查作业环境，填写作业环境检查表	错误一处扣 2 分	10 分		
2. 车辆基本检查	（1）正确放置车轮挡块 （2）正确安装座椅套、转向盘套、驻车制动杆套、变速杆手柄套、脚垫、翼子板布等 （3）检查仪器、设备、工量具数量 （4）检查线束连接不少于 5 处 （5）正确检查发动机机油液位 （6）正确检查冷却液液位 （7）正确检查蓄电池电压 （8）正确检查空调压缩机传动带松紧度 （9）正确填写车辆基本检查作业记录表 （10）正确记录车辆基本信息	错误一处扣 3 分	20 分		
3. 起动并预热发动机	（1）正确操纵点火开关 （2）起动发动机并达到预热温度	错误一处扣 5 分	10 分		
4. 空调系统基本检查	（1）正确检查各出风口是否出风 （2）按温度测量条件设定汽车空调	错一处扣 5 分	10 分		
5. 制冷系统温度测量	（1）正确使用干湿计 （2）正确选择部件测量位置 （3）正确读取温度、湿度数值 （4）正确填写汽车空调制冷系统部件表面温度测量表 （5）正确回收工具	错误一处扣 5 分	40 分		
6. 职业素养	（1）学习态度：积极主动参与学习 （2）团队合作：与小组成员一起分工合作，不影响学习进度 （3）现场管理：服从工位安排，执行实训室管理规定	不足之处扣 3 分	10 分		
7. 安全文明生产	自觉遵守安全文明生产规程	违反一项规定扣 5 分			
合计					
操作时间	开始时间：　　　　　　　结束时间：　　　　　　　实际用时：				

任务三　汽车空调制冷系统压力的检测

学习目标

序　　号	目 标 要 求
1	能正确换算各压力单位
2	能正确描述汽车空调压缩机与节流装置的工作原理
3	能正确使用歧管压力表检测汽车制冷系统压力
4	能根据制冷系统压力初步判断制冷系统的故障部位

任务描述

　　一辆雪佛兰科鲁兹汽车手动空调出现了制冷不正常的故障，需要进行制冷系统压力检测，以初步判定汽车空调制冷系统的故障部位。

任务分析

　　压力检测与分析是汽车空调制冷系统故障诊断的主要方法之一，本任务以雪佛兰科鲁兹汽车手动空调压力检测为载体，主要学习汽车制冷系统的工作原理、压缩机和膨胀阀的结构与原理，掌握汽车空调压力检测的方法，并能通过压力检测初步判断汽车空调制冷系统的故障原因。

知识准备

一、压力与节流

1. 压力的基本概念与单位

　　单位面积上所受的作用力称为压强，工程上称为压力，常用 p 表示，本书采用压力这一名称。

　　压力的国标单位是帕斯卡，简称帕，用 Pa 表示，其换算关系式为

$$1\text{Pa} = 1\text{N/m}^2$$

　　大气作用于地球表面的压力相当于 101325Pa，所以 Pa 是一个很小的单位。因此，常用 1000Pa 作为一个单位，用符号 kPa 表示，称为"千帕"。如果用 1000000Pa 作为一个单位，称为"兆帕"，用符号 MPa 表示。这样，一个大气压力也可以表示为 101.325kPa 或 0.1013MPa。

　　2. 压力的表示方法

　　压力通常有三种表示方法，即绝对压力、表压力和真空度，它们之间的关系如图 2-19

所示。

（1）绝对压力　绝对压力表示的是实际的压力值，以完全真空状态作为零状态。

（2）表压力　表压力是指通过压力表上指示读出的压力值。它是将标准大气压作为零值，在此基础上进行压力计算的结果。

（3）真空度　真空度是低于标准大气压力的数值。

3. 节流

在液体流动的管路通道中，若通道截面积突然变小，则流动液体流速加快，压力下降，由于压力下降，部分液体在此时汽化，则总体积将增大。这种变化只是状态的变化，与外界不产生热和功的交换，因此液体的热量不变，这种状态的变化称为节流，如图 2-20 所示。

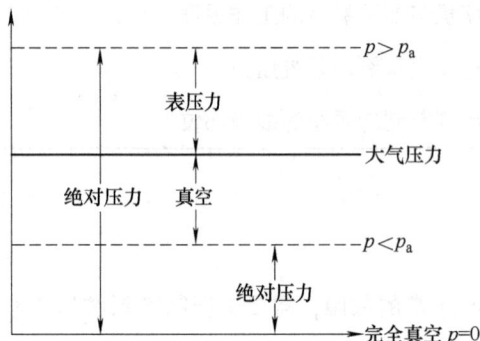

图 2-19　绝对压力、表压力和真空度的关系　　　　图 2-20　节流

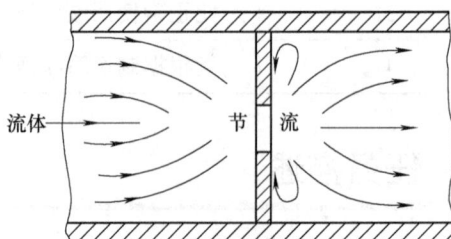

在空调制冷系统中，制冷剂在膨胀阀中的状态变化就是节流过程。制冷剂被膨胀阀节流后，如果压力下降得比饱和压力还低，部分液体将变成蒸气，体积急剧增大。这时的蒸发热是由液体本身供给的，所以液体温度下降较大。

二、汽车空调压力调节部件

在制冷系统中，压缩机的功能是在系统内产生压差，将已在车厢内吸热而蒸发的低温低压的制冷剂蒸气通过压缩机做功变成高温高压蒸气，输送至冷凝器，以向周围环境传递热量，它是整个系统的"心脏"。膨胀阀的功能是通过节流作用降低制冷剂压力，使其成为低温低压的饱和液体，在蒸发器内沸腾蒸发，吸收热量，降低车内温度。同时它还具有调节流量和控制流量、防止"液击"和异常过热的作用，它是系统高低的分界线。压缩机和膨胀阀的功能如图 2-21 所示。

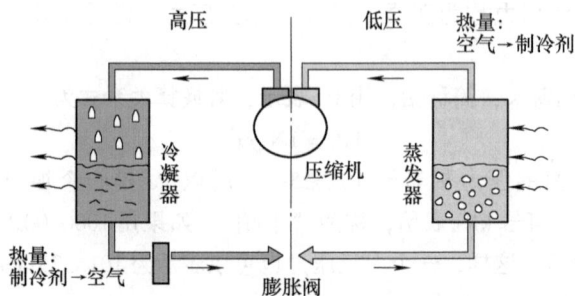

图 2-21　压缩机和膨胀阀的功能

1. 压缩机

汽车空调压缩机俗称空调泵，起着压缩、抽吸和推动制冷剂在制冷装置中循环的作用。汽车空调压缩机一般都是容积式结构，除部分由辅助发动机直接带动外，大多靠电磁离合器由发动机通过传动带带动。汽车空调压缩机的种类有很多，受空间、质量等因素的限制，目前轿车上广泛采用旋转斜盘式压缩机，如图 2-22 所示。

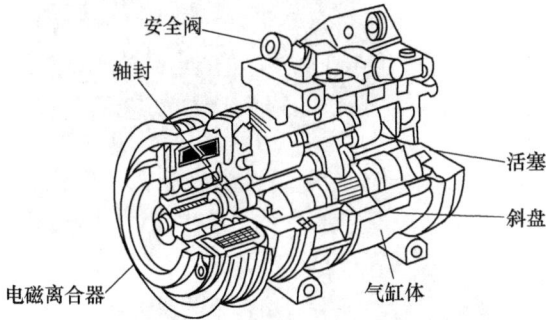

图 2-22　旋转斜盘式压缩机

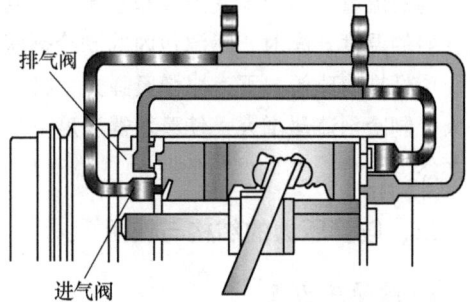

图 2-23　旋转斜盘式压缩机工作过程

压缩机通常在机体圆周方向上布置 6 或 10 个气缸，每个气缸中安装一个双向活塞，每个气缸两头都有进气阀和排气阀。压缩机旋转时，轴上的斜盘同时驱动所有的活塞运动，部分活塞向左，部分活塞向右。如图 2-23 所示，活塞向左运动，左侧的空间缩小，制冷剂被压缩，压力升高，打开排气阀，向外排出；与此同时，活塞右侧空间加大，压力减小，进气阀开启，制冷剂进入气缸。由于进、排气阀为单向阀结构，所以能够保证制冷剂不会倒流。

2. 膨胀阀

膨胀阀又称为节流阀，安装在蒸发器入口管路上，它的作用是控制制冷剂进入蒸发器的流量，确保蒸发器内的液态制冷剂得到完全蒸发，以达到最佳制冷效果。汽车空调采用的膨胀阀分为 F 型和 H 型膨胀阀两种，其外形如图 2-24 所示。

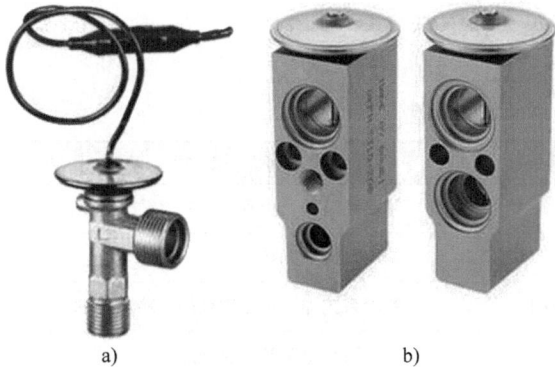

图 2-24　膨胀阀

a）F 型膨胀阀　b）H 型膨胀阀

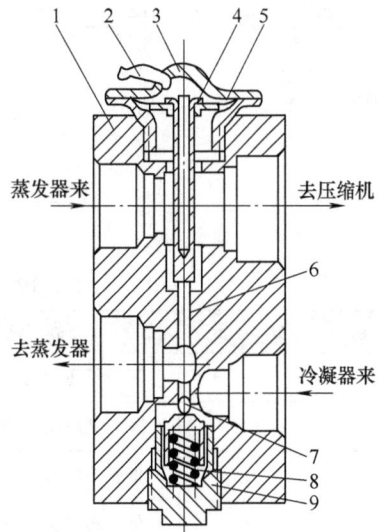

图 2-25　H 型膨胀阀的结构

1—阀体　2—灌气管　3—动力头　4—顶杆（兼感温包）
5—膜片　6—传动杆　7—球阀　8—弹簧　9—弹簧座

雪佛兰科鲁兹汽车空调采用的就是 H 型膨胀阀，其结构如图 2-25 所示。它有 4 个接口，分别与储液干燥器出口、蒸发器入口、蒸发器出口和压缩机入口相连。在连接储液干燥器出口、蒸发器入口之间有一个球阀控制节流孔，球阀上端与传动杆、感温包相连，球阀下端与弹簧相抵。感温包内装有密封的制冷剂，整个膨胀阀被固定在蒸发器上。

工作原理：球阀控制节流孔的开度，也就是制冷剂的流量，而球阀受弹簧和感温包控制。当蒸发器的温度升高时，感温包内的制冷剂压力升高，顶杆推动球阀向下克服弹簧弹力，将节流孔开大，制冷剂流量增大，使蒸发器温度下降，反之亦然。

三、歧管压力的结构与使用

1. 歧管压力表

歧管压力表组件是汽车空调系统维护与检修的重要工具，用来检测空调制冷系统的高、低压侧的压力，以确定空调系统的工作状况，判断制冷系统故障产生的可能原因。其结构如图 2-26 所示，低压表既用于显示压力也用于显示真空度，高压表仅用于显示压力。通过两个手动阀门和三根软管的组合作用，歧管压力表具有四种功能，如图 2-27 所示。具体说明见表 2-10。

图 2-26 歧管压力表的结构

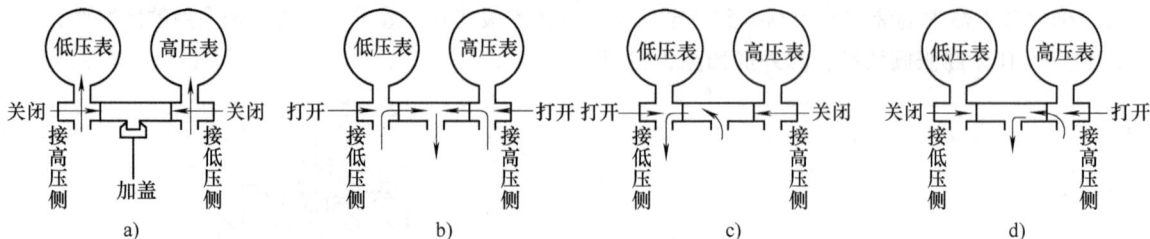

图 2-27 歧管压力表的功能图示

表 2-10 歧管压力表的功能说明

序 号	图 示	高、低压阀门状态	功能说明
1	a	高、低压阀门同时关闭	制冷系统压力检测
2	b	高、低压阀门同时打开	制冷系统抽真空
3	c	低压阀门打开、高压阀门关闭	制冷系统加注制冷剂或加注冷冻机油
4	d	低压阀门关闭、高压阀门打开	制冷系统检漏和快速加注

注：高、低压阀门打开，是指高、低压表分别与制冷系统及中间管接头相通；高、低压阀门关闭，是指高、低压表与中间管接头不通，但分别与制冷系统相通。

2. 使用歧管压力表检测制冷系统压力的意义

汽车空调制冷系统低压侧的压力代表经过计量的、通过蒸发器并回到压缩机的制冷剂量；高压侧的压力代表系统的负荷，反映了需要通过冷凝器散发掉的热量。所以制冷系统压力不仅能用于判断制冷剂的相对加注量和空气、水分是否存在，而且能反映空调压缩机、膨胀阀等部件的工作状况，是汽车空调故障诊断的重要参数。

3. 使用注意事项

1）歧管压力表是精密仪表，必须细心维护，不得损坏，且要保持清洁。

2）不使用时，要防止水或脏物进入软管；使用时要把管中的空气排出。

3）压力表接头与软管连接时，只能用手拧紧，不能用工具拧紧。

4）高、低压软管不能混用，低压软管一定不能接入高压系统中。

制订计划

本任务的工作内容为雪佛兰科鲁兹汽车手动空调制冷系统压力检测，在学习了前面所述的基本知识之后，我们就可以进行压力检测，特制订如下工作计划：

1）检查作业环境，安装车辆防护装置。

2）记录待检测车辆基本信息。

3）起动并预热发动机。

4）检测汽车空调制冷系统高、低压侧压力。

5）回收工量具，清洁场地，完成收尾工作。

任务实施

一、作业前的准备

1. 进行作业环境检查

汽车空调在压力检测时，需要起动发动机，所以在开始作业之前，请检查作业场地条件，并填写表2-11，以保证作业的安全与规范。

表2-11　作业环境检查

序　　号	检查项目与内容	检查结果
1	作业场地是否通风良好	
2	作业场地有无明火	
3	作业场地有无必要的安全防护设施，如防护手套、防护眼镜、灭火器材等	
4	车辆停放是否周正，车辆停放区域内无异物	

2. 安装车辆防护装置，记录车辆基本信息

在进行作业之前，首先要安装必要的车辆防护装置并进行基本作业检查，将结果填入表2-12中，操作步骤参见项目一的"任务一　汽车空调使用"相关内容。然后记录车辆基本信息，填写表2-13。

表2-12　车辆基本检查作业记录

序　号	项　目	作业记录	序　号	项　目	作业记录
1	车轮挡块放置状况		4	各线束连接状况	
2	座椅套、转向盘套、驻车制动杆套、变速器杆手柄套、脚垫、翼子板布等安装状况		5	发动机机油液位	
			6	冷却液液位	
3	仪器、设备、工量具数量		7	蓄电池电压	

表2-13　车辆基本信息

汽车型号		车牌号	
发动机型号		VIN编号	

3. 起动并预热发动机

起动并预热发动机（不开启空调），待发动机冷却液温度达到80℃后熄火。

二、检测空调制冷系统压力

1. 安装压力表组

1）清洁并拧下汽车空调制冷系统高、低压检修阀防尘帽，放置在工具车上。

2）取歧管压力表，分别检查手动高、低压阀和高、低压快换接头是否处于关闭状态。

3）连接高、低压管路快换接头，红色软管连接高压端、蓝色软管连接低压端，确认连接可靠。

2. 记录平衡压力

打开高、低压管路快换接头，观察并记录高、低压压力表数值。

高压表读数：＿＿＿＿＿＿＿＿＿＿＿＿，低压表读数：＿＿＿＿＿＿＿＿＿＿＿＿。

3. 记录汽车空调制冷系统压力数值

1）打开所有车窗、车门，起动发动机。

2）打开所有空调出风口，并将其调节到全开。

3）将温度旋钮调至最大制冷位置，风速调整为最大，送风模式设置为吹面部，将进气模式调整为外循环。按下空调开关，此时压缩机运行，低压压力表数值开始下降，高压压力表数值开始上升。

4）将发动机转速控制在1500～2000r/min，待压力表指针稳定后观察并记录高、低压压力表计数。

高压表读数：＿＿＿＿＿＿＿＿＿＿＿＿，低压表读数：＿＿＿＿＿＿＿＿＿＿＿＿。

5）关闭点火开关，发动机熄火。

注意：在不同环境温度和不同发动机转速下，汽车空调高压、低压侧压力是不同的，表2-14为汽车空调功能正常情况下，将发动机转速设定为1250r/min时，在不同环境温度下的高、低压侧测试压力值。

表 2-14　汽车空调系统工作时系统测试压力值

环境温度（车外空气）/℃	高压侧压力/MPa	低压侧压力/MPa
15. 5	0. 84 ~ 1. 19	0. 09 ~ 0. 12
21. 1	1. 05 ~ 1. 75	0. 09 ~ 0. 14
26. 6	1. 26 ~ 1. 93	0. 09 ~ 0. 17
32. 2	1. 40 ~ 2. 18	0. 12 ~ 0. 21
37. 7	1. 61 ~ 2. 30	0. 15 ~ 0. 24
43. 3	1. 89 ~ 2. 53	0. 19 ~ 0. 26

4. 检查结果分析

汽车空调维修实践中，经常使用歧管压力表读取汽车空调工作时制冷系统高、低压侧压力，并与正常值进行比较，一般分为压缩机停止和运转两种状态。

在压缩机停止运转 1h 后，压缩机的高、低侧压力应力为同一数值（即平衡压力），如果高、低压侧压力表所显示的数值不相等，说明系统内部有堵塞。R134a 制冷循环系统平衡压力与环境温度的关系见表 2-15。

表 2-15　R134a 制冷循环系统平衡压力与环境温度的关系

环境温度/℃	压力/kPa	环境温度/℃	压力/kPa	环境温度/℃	压力/kPa
-9	106	16	392	47	1114
-8	115	18	438	48	1149
-7	124	21	487	49	1185
-6	134	24	540	50	1222
-4	144	27	609	51	1260
-3	155	30	655	52	1298
-2	166	32	718	53	1337
-1	177	35	786	54	1377
0	188	38	857	57	1481
1	200	39	887	60	1590
2	212	40	917	63	1704
3	225	41	948	66	1823
4	238	42	980	68	1948
7	272	43	1012	71	2079
10	310	44	1045	74	2215
13	350	46	1079	77	2358

当压缩机处于运转状态时，在环境温度为30℃的情况下，如果压力表指示与正常值不符，则按照表2-16进行故障分析。

表2-16　汽车空调制冷系统压力异常故障原因分析

状态（歧管压力表显示）	故障现象	原因分析
	低压侧压力：0.15~0.25MPa 高压侧压力：1.37~1.57MPa	系统正常
	（1）高、低压侧压力都很低 （2）中央出风口由凉变暖 （3）膨胀阀两端温差小 （4）蒸发器入口温度比出口温度低	（1）制冷剂不足 （2）冷冻机油加注过多
	（1）高、低压侧压力都很高 （2）中央出风口由凉变暖 （3）膨胀阀两端温差小 （4）蒸发器入口温度比出口温度高	（1）制冷剂过多 （2）制冷系统混入了不同种类的制冷剂 （3）冷凝器散热不良
	（1）高、低压侧压力都很高 （2）中央出风口一直暖 （3）低压管路感觉不暖 （4）停机后高压侧压力迅速降低	制冷系统内混入了空气
	（1）高、低压侧压力都很高 （2）中央出风口一直暖 （3）低压管路结霜或结露	膨胀阀开度过大

（续）

状态（歧管压力表显示）	故障现象	原因分析
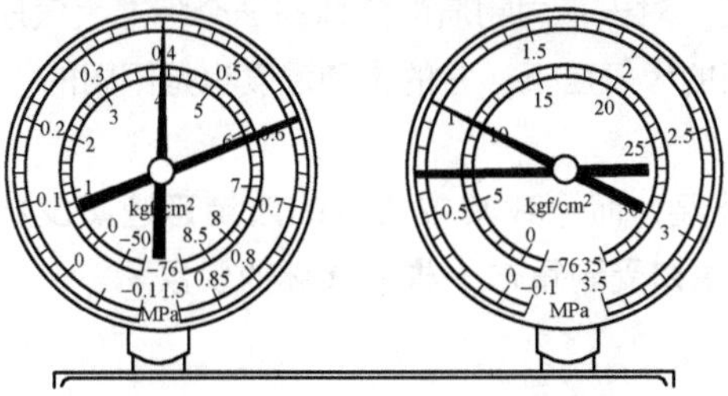	（1）高压侧压力过低，低压侧压力过高 （2）中央出风口由凉变暖 （3）压缩机进、出口温差小，停机后两侧压力立即趋于平衡	（1）压缩机损坏 （2）压缩机传动带打滑
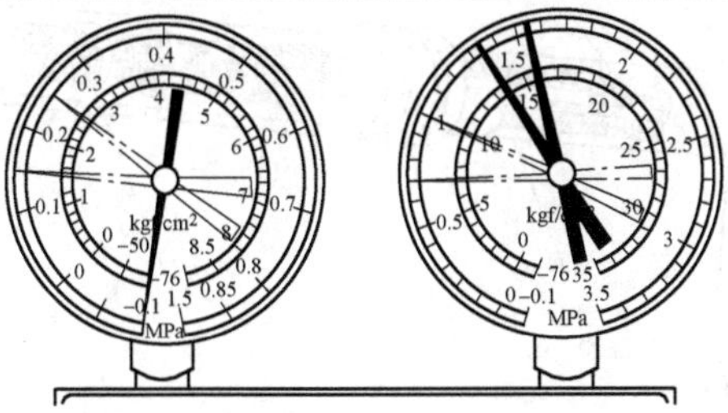	（1）低压侧压力有时为负值，有时正常；高压侧压力有时过低，有时正常，且压力变化与低压侧同步 （2）系统间歇制冷	系统内水分过多，出现冰堵
	（1）高、低压侧压力都偏低 （2）中央出风口由凉变暖 （3）通过膨胀阀或节流管的温降明显 （4）离合器工作时，低压侧压力下降很快，并可能变成真空	膨胀阀或节流管堵塞，或膨胀阀的开度太小，造成制冷剂循环不良
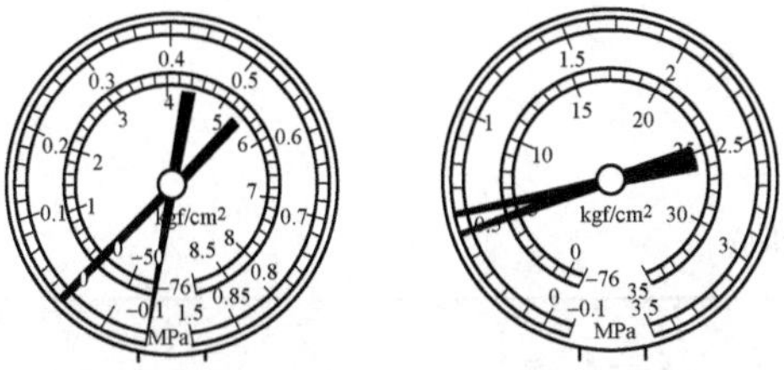	（1）高压侧压力极低，低压侧压力为负值 （2）干燥过滤器上部热、下部凉，甚至结霜	干燥过滤器严重堵塞
	（1）高压侧压力极低，低压侧压力为负值 （2）膨胀阀出口处开始结霜，并逐渐向蒸发器蔓延	膨胀阀严重堵塞

检查结论：_____。

三、回收工具，恢复车辆，清洁场地，完成收尾工作（略）

知识拓展

一、汽车空调制冷系统常用的其他术语

1. 饱和温度与饱和压力

对制冷剂加热的过程中，液体制冷剂中的一部分会蒸发汽化变为蒸汽；反之，气体制冷剂在放热的过程中，一部分蒸汽又会变成液体（温度不变）。在这种制冷剂液体与蒸汽处于共存的状

态下，液体和蒸汽是可以相互转换的。处于这种状态下制冷剂的蒸汽和液体称为饱和蒸汽和饱和液体。饱和蒸汽的温度称为饱和温度，饱和蒸汽的压力称为饱和压力。

通常所指的沸点就是液体在一个大气压下的饱和温度。对于不同物质的液体在一个标准大气压下，它的饱和温度是不同的；对于同一物质的液体在不同的大气压下，它的饱和温度也是不同的。

2. 液击

所谓"液击"就是过饱和气体在压缩机中因压缩升温，而导致其中所含的液滴迅速蒸发膨胀，使气缸中压力骤增，活塞受到的阻力突然加大，活塞如受到重击一样而损坏的现象。

二、膨胀节流管的结构与工作原理

汽车空调除采用膨胀阀进行节流外，还采用膨胀节流管。膨胀节流管是一根细小的铜管3，安放在一根塑料套管内，在塑料套管上套有一根或两根O形圈5，铜管的外面是滤网2、4，其结构如图2-28所示。由于O形圈的隔离作用，来自冷凝器的制冷剂只能从细小的铜管中通过，进入蒸发器。由于它没有运动件，所以结构简单、不易损坏，不过滤网很容易发生堵塞，这时只需拆下来，换上一个新件即可。

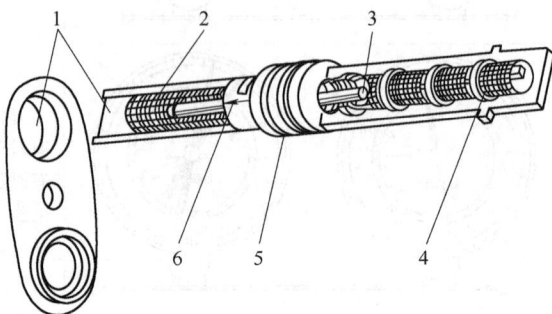

图2-28 节流管的结构
1—通向蒸发器 2—出口滤网 3—铜管
4—进口滤网 5—O形圈 6—安装标记

膨胀节流管制冷系统的最大特点是：用节流管取代了复杂的膨胀阀，用储液器替代了储液干燥器。因而其结构非常简单。

考核评分

本任务的考核与评分见表2-17。

表2-17 考核与评分

考核内容	考核要求	评分标准	配 分	得 分 自 评	互 评
1. 作业环境检查	正确检查作业环境，填写作业环境检查表	错误一处扣2分	10分		
2. 车辆基本检查	(1) 正确放置车轮挡块 (2) 正确安装座椅套、转向盘套、驻车制动杆套、变速杆手柄套、脚垫、翼子板布等 (3) 检查仪器、设备、工量具数量 (4) 检查线束连接不少于5处 (5) 正确检查发动机机油液位 (6) 正确检查冷却液液位 (7) 正确检查蓄电池电压 (8) 正确检查空调传动带松紧度 (9) 正确填写车辆基本检查作业记录表 (10) 正确记录车辆基本信息	错误一处扣3分	20分		

（续）

考核内容	考核要求	评分标准	配　分	得　分 自评	得　分 互评
3. 起动并预热发动机	（1）正确操纵点火开关 （2）达到预热温度	错误一处扣5分	10分		
4. 空调系统基本检查	（1）正确检查各出风口是否出风 （2）按压力测量条件设定汽车空调	错误一处扣5分	10分		
5. 制冷系统压力测量	（1）正确安装歧管压力表组 （2）正确连接汽车空调制冷系统高、低压检修阀 （3）正确读取高、低压表数值 （4）正确填写高、低压侧压力值记录表 （5）正确回收歧管压力表组	错误一处扣5分	40分		
6. 职业素养	（1）学习态度：积极主动参与学习 （2）团队合作：与小组成员一起分工合作，不影响学习进度 （3）现场管理：服从工位安排，执行实训室管理规定	不足之处扣3分	10分		
7. 安全文明生产	自觉遵守安全文明生产规程	违反一项规定扣5分			
合计					
操作时间	开始时间：　　　　　　结束时间：　　　　　　实际用时：				

任务四　汽车空调系统风速的检测

学习目标

序　号	目标要求
1	能正确描述汽车通风系统的类型
2	能正确描述汽车通风系统的工作原理
3	能在车辆上正确指出汽车空调各出风口位置
4	能正确使用风速计独立检测出风口风速。

任务描述

　　一辆雪佛兰科鲁兹汽车手动空调出现了送风不正常的故障，需要检测出风口风速，以初步判断汽车空调系统的故障部位。

任务分析

人在流动的空气中比在静止的空气中感觉要舒适，这是因为流动的空气能促进人身体内的热量向外界散发，因此空气流速即风速，是汽车空调调节的重要内容之一。本任务以雪佛兰科鲁兹汽车手动空调风速检测为载体，主要学习汽车空调通风系统的工作过程与工作原理，掌握汽车空调风速的检测方法，以初步判断汽车空调送风系统的故障部位。

知识准备

一、汽车空调通风系统的作用

汽车车厢内的空间很小，但乘员密度大，乘员排出的二氧化碳、蒸发的汗液、吸烟产生的烟雾以及从车外进入的灰尘等很容易导致车厢内空气污浊，对人体健康造成伤害。即使车厢内的温度和湿度合适，也不能消除污浊空气带来的不适感。因此，应对车内的空气进行更换，保持车内空气的新鲜。

汽车空调通风系统的作用就是根据需要输出不同方向、不同风量的清洁空气。通过送风和净化装置净化车厢内的空气，调节车内的温度和湿度，同时也可以防止风窗玻璃凝雾而影响驾驶人的视线。汽车空调一般装备有两种通风装置：自然通风装置和强制通风装置。

自然通风装置的作用是利用车辆运动所产生的空气压力使车厢外部的空气进入车厢内部。车辆行驶时，某些部位产生正压力，另一些部位产生负压力，这样就会形成压力差，使外部空气进入车内。因此，进气口一般安装在产生正压力的部位，而排气口则安装在产生负压力的部位，如图2-29所示。

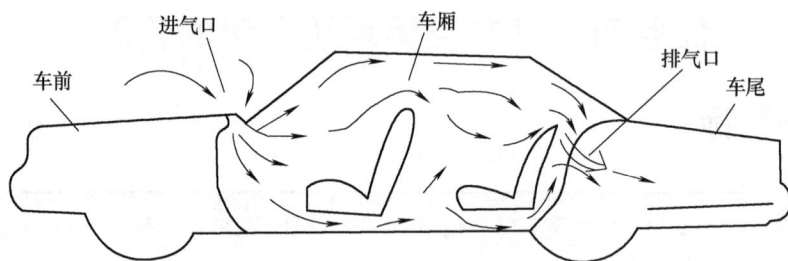

图2-29 进气口和排气口布置

强制通风装置的作用是利用风扇装置迫使空气进入车厢内部。进气口和排气口的安装位置与自然通风位置相同。强制通风装置一般与汽车供暖系统或制冷装置一起装备和使用。

二、汽车空调出风口分布

为了把经过空调处理的空气送向所需要的位置，在仪表板的左右及中部、后排乘员和侧面、乘员脚下等部位设有出风口，如图2-30所示。为了除去玻璃上的霜雾，在风窗玻璃处也设有多个除霜器喷嘴。

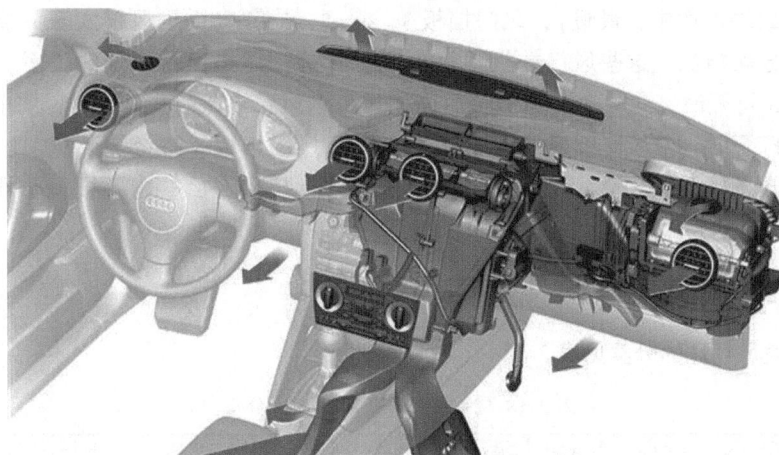

图 2-30　汽车空调出风口分布

三、汽车空调通风系统的工作原理

汽车空调通风系统一般由三部分组成。第一部分为空气进入段，主要由气源门（风门 1）和伺服电动机（鼓风机）组成，用来控制新鲜空气和车内再循环空气的进入。第二部分为空气混合段，主要由蒸发器、热交换器和调温门（由空气混合挡板 2 控制）组成，用来调节所需空气的温度。第三部分为空气分配段，主要由各种风门和风道组成，用来控制空气的流向，如图 2-31所示。

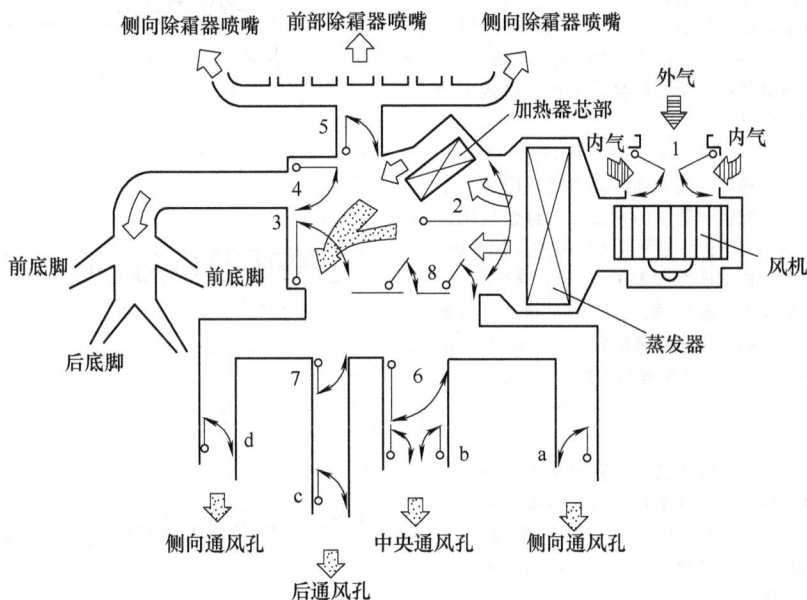

图 2-31　汽车空调的通风路径

1—风门　2—空气混合挡板　3、4、5、6、7、8—风门挡板　a、b、c、d—辅助风门挡板

鼓风机将车外或车内的空气吹向蒸发器，风门 1（由进气模式控制开关控制）控制外气（车外空气）与内气（车内空气）的转换，空气混合挡板 2（由温度控制开关控制）控制车内

空气的温度（最冷、适中、最暖），风门挡板 3、4、5、6、7（由送风模式开关控制）控制车内空气的流动分配情况。这些风门挡板不是分别工作的，而是保持一定的关系，进行联动工作的。当风门 3 打开时，向中央、旁侧及后面通风口送风；当风门 4 打开时，向前后座脚下送风；当风门 5 打开时，向风窗玻璃及门窗吹风除霜；风门挡板 8 在炎热天气、驻车状态需要急速冷却时打开，以增加风量。此外，a~d 挡板是乘员按照自己的需要可手动开关的辅助风门挡板。

四、汽车空调通风循环的分类

汽车空调通风循环的分类见表 2-18。

表 2-18 汽车空调通风循环的分类

种 类	工 作 原 理	构 成
冷风、暖风独立式	在夏季，车内空气在鼓风机作用下，通过蒸发器冷却后吹入车厢内，降低车内温度 在冬季，车内空气与车外空气混合，在鼓风机的作用下，通过加热器升温，从中、下风门输送到车内，或经上风口吹向风窗玻璃进行除霜	
冷风、暖风转换式	当选择制冷功能时，混合空气经蒸发器冷却后吹出 当选择制热功能时，混合空气经加热器升温后由地板出风口吹出，当选择除霜功能时，热风由除霜风口吹向风窗玻璃 当加热器和蒸发器全关闭时，送入车内的为自然风	
半空调式	车内循环空气和新鲜空气经风门调节混合后，先经过蒸发器冷却，后经鼓风机送入风门调节，一部分或大部分进入加热器，冷气出口不再进行调节，已经被除湿 如果不开蒸发器，送出的是暖风；若不开加热器，则送出来的是冷风；若两者都不开，则送出来的是自然风	
全空调式	也称空气混合式，即新鲜空气和车内循环空气经风门调节后，由风机吹向蒸发器进行降温除湿，再经风门进入加热器加热，出来的冷气和热气混合后，按功能要求送入车内	

注：⬭外指车外空气吸入；⬭内指车内空气吸入；◈指风机；▱指风门；ⒸC指蒸发器；Ⓗ H指暖气热风交换机。

五、风速计

用来测量出风口风速的设备称为风速计，下面介绍在汽车空调检修领域广泛使用的博世 TIF3220R 型风速计。

1. 风速计的功用与组成

图 2-32 所示为博世 TIF3220R 型风速计的结构和各部件的名称，其作用有三个：测量空调出风口的风速/风量（使用风扇测量）；测量风扇处的温度（用风扇内部温度传感器测量）；测量物体表面温度（用红外线测量）。

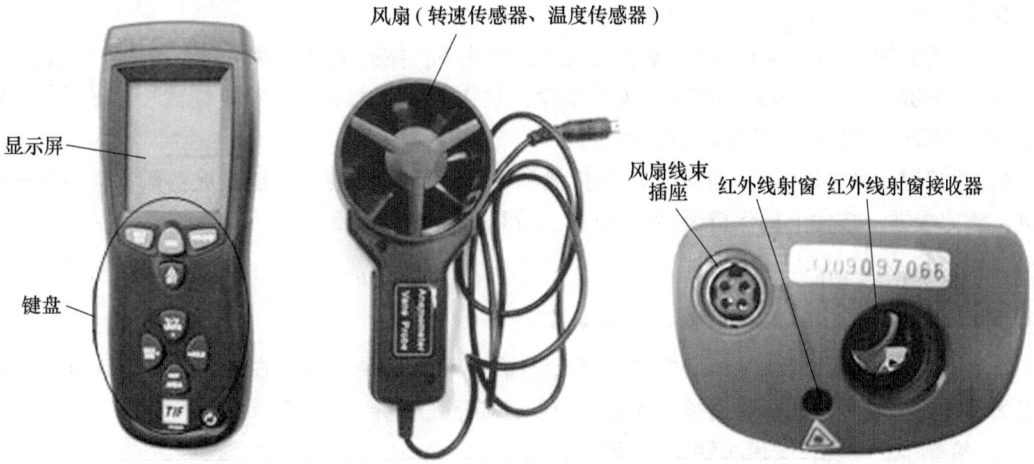

图 2-32 博世 TIF3220R 型风速计

2. 各按键的功用

图 2-33 所示为博世 TIF3220R 型风速计的操作键盘。各按键作用如下：

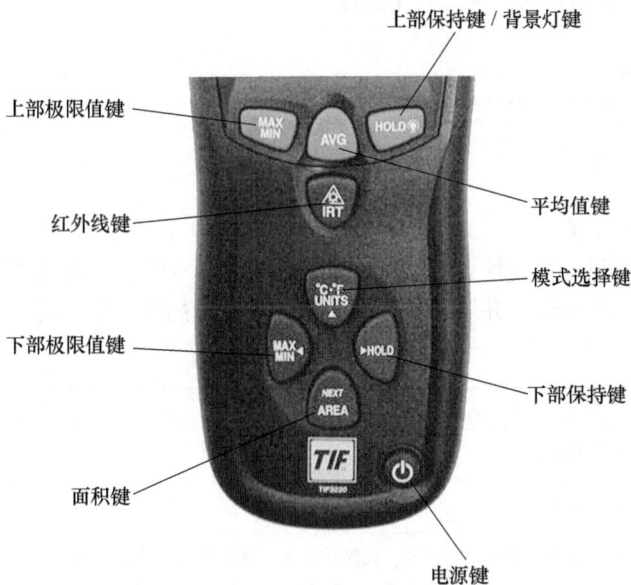

图 2-33 博世 TIF3220R 型风速计操作键盘

1）电源键。开机/关机。

2）红外线键（IRT 键）。按下可启用红外线温度测试功能。

3）上部极限值键（上部 MAX/MIN 键）。按此键记录、储存测量点（风扇）温度最高值、最低值。

4）下部极限值键（下部 MAX/MIN 键）。按此键可记录、储存风速或流量值的最高值、最低值、持续移动平均值。在面积（AREA）模式下，该键具有左翻页功能。

5）模式选择键（UNITS 键）。用于选择操作模式。在流量（FLOW）模式下，按此键仪器显示出风流量；在速度（VEL）模式下，按此键仪器显示风速；在面积（AREA）模式下，该键具有上翻页功能。

6）平均值键（AVG 键）。在流量模式或风速模式下，按此键可获得各测量点的平均值。

7）面积键（AREA 键）。按下并保持该键，进入 AREA 模式或 CMM 模式。当记录 MAX/MIN/AVG 值时，按该键可清除以前的数值。

8）保持键（HOLD 键）。包括上部保持键和下部保持键。按下该键，冻结数据；再按一下该键，解冻数据。按住上部保持键/背景灯键，背景灯点亮。

制订计划

本任务工作内容为雪佛兰科鲁兹汽车手动空调出风口风速检测，在学习了前面所述的基本知识之后，我们就可以进行风速检查作业，特制订如下工作计划：

1）检查作业环境，安装车辆防护装置。

2）记录待检测车辆基本信息。

3）起动并预热发动机。

4）测量汽车空调出风口风速。

5）回收工量具，清洁场地，完成收尾工作。

任务实施

一、作业前的准备

1. 进行作业环境检查

在进行汽车空调出风口风速检查时，为避免引起蓄电池亏电，需要起动发动机，所以在开始作业前，请检查作业场地条件，并填写表 2-19，以保证作业的安全与规范。

表 2-19 作业环境检查

序　号	检查项目与内容	检查结果
1	作业场地是否通风良好	
2	作业场地有无明火	
3	作业场地有无必要的安全防护设施，如防护手套、防护眼镜、灭火器材等	
4	车辆停放是否周正，车辆停放区域内无异物	

2. 安装车辆防护装置，记录车辆基本信息

在进行汽车空调作业之前，首先要安装必要的车辆防护装置并进行基本作业检查，将结果填入表2-20中，操作步骤参见项目一的"任务一 汽车空调使用"相关内容。然后记录车辆基本信息，填表2-21。

表2-20 车辆基本检查作业记录

序号	项目	作业记录	序号	项目	作业记录
1	车轮挡块放置状况		4	各线束连接状况	
2	座椅套、转向盘套、驻车制动杆套、变速器杆手柄套、脚垫、翼子板布等安装状况		5	发动机机油液位	
			6	冷却液液位	
3	仪器、设备、工量具数量		7	蓄电池电压	

表2-21 车辆基本信息

汽车型号		车牌号	
发动机型号		VIN编号	

二、检测汽车空调出风口风速

1）取博世TIF3220R型风速计，连接风速计风扇插头，注意插头上箭头的位置应与风速计主机对应，如图2-34所示。

2）按电源键，开机。

3）在显示屏中部显示的是上次使用的测量模式。温度值显示在显示屏的左上角部位。

4）按模式选择键，选择风速模式（VEL），选择单位为m/s。

5）起动发动机，将送风模式调节为面部送风模式，将风速开关依次设置为1、2、3、4、5、6档，将风扇放置在空调面部出风口处，读取数值，并将所读得数值记录在表2-22中。

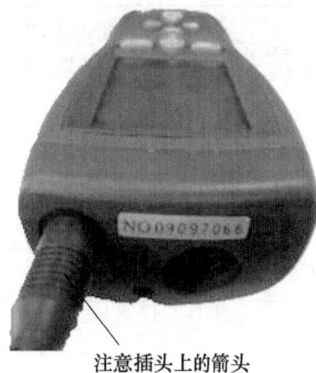

注意插头上的箭头

图2-34 连接风速计风扇插头

注意：不起动发动机也可以进行本项目测试，但容易造成蓄电池亏电。

表2-22 雪佛兰科鲁兹手动空调面部送风时出风口风速

鼓风机档位	驾驶人左侧出风口风速/（m/s）	中央左侧出风口风速/（m/s）	中央右侧出风口风速/（m/s）	副驾驶人右侧出风口风速/（m/s）
1				
2				
3				
4				
5				
6				

6）将送风模式调节为前风窗除霜模式，将风速开关依次设置为1、2、3、4、5、6档，将风扇放置在前风窗出风口处，读取数值，并将所读得数值记录在表2-23中。

表2-23　雪佛兰科鲁兹手动空调前风窗出风口风速

鼓风机档位	左侧出风口风速/（m/s）	中央风口风速/（m/s）	右侧出风口风速/（m/s）
1			
2			
3			
4			
5			
6			

7）将送风模式调节为脚部送风模式，将风速开关依次设置为1、2、3、4、5、6档，将风扇放置在空调面部出风口处，读取数值，并将所读得数值记录在表2-24中。

表2-24　雪佛兰科鲁兹手动空调脚部出风口风速

鼓风机档位	驾驶人脚部出风口风速/（m/s）	副驾驶人脚部出风口风速/（m/s）	驾驶人后方脚部出风口风速/（m/s）	副驾驶人后方脚部出风口风速/（m/s）
1				
2				
3				
4				
5				
6				

三、回收工量具，清洁、整理场地（略）

注意：各汽车制造厂家并未提供所生产汽车的空调出风口风速的标准值，在实际的维修作业中，维修人员可对新生产汽车进行风速测量后作为本车型的参考风速标准值。

知识拓展

汽车空调通风系统工作时，在不同的通风模式下可向不同的方向送风。在汽车空调中，常见的送风模式有面部送风模式、面部＋脚部送风模式、脚部送风模式、除霜模式和脚部送风＋除霜模式，各模式气流分配如下。

1. 面部送风模式气流分配

面部送风模式气流分配如图2-35所示。

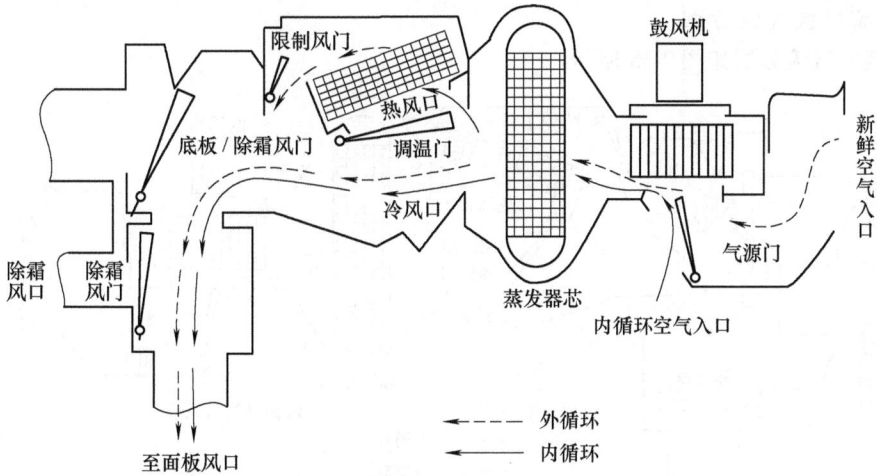

图 2-35 面部送风模式气流分配

2. 面部 + 脚部送风模式气流分配

面部 + 脚部送风模式气流分配如图 2-36 所示。

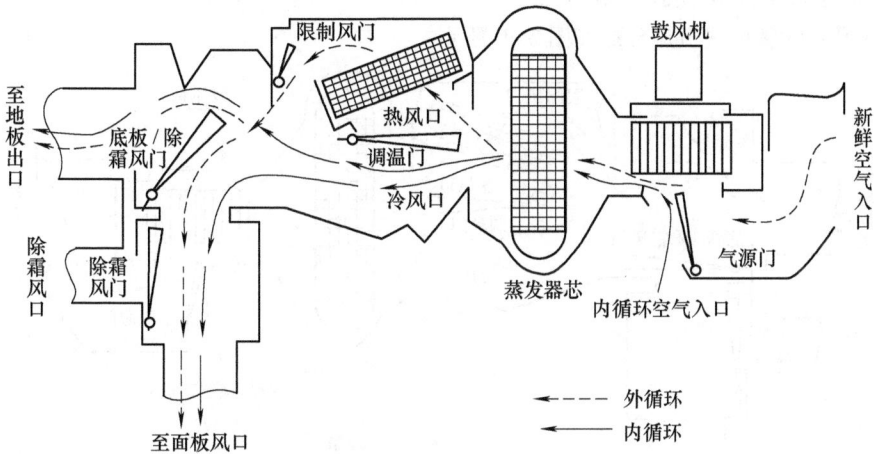

图 2-36 面部 + 脚部送风模式气流分配

3. 脚部送风模式气流分配

脚部送风模式气流分配如图 2-37 所示。

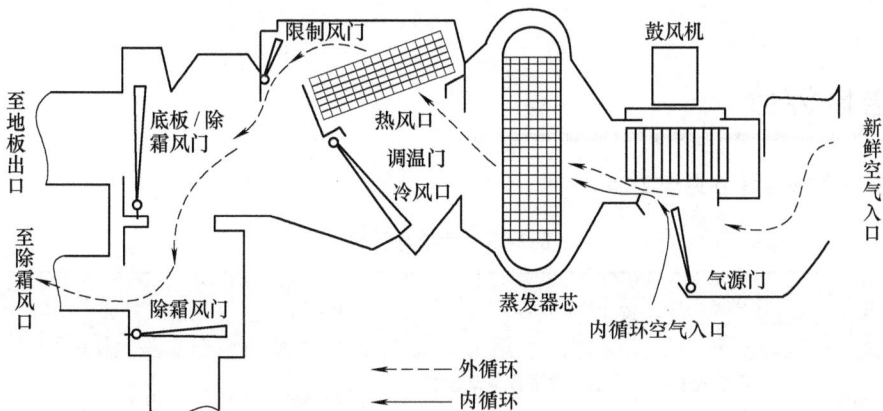

图 2-37 脚部送风模式气流分配

4. 除霜模式气流分配

除霜模式气流分配如图 2-38 所示。

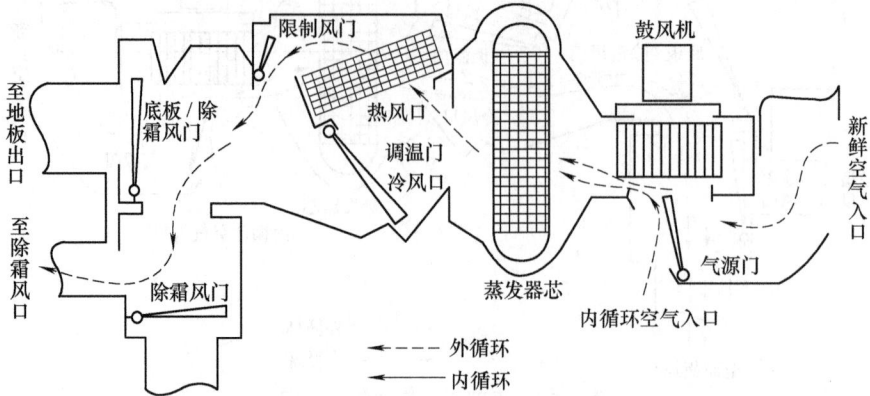

图 2-38　除霜模式气流分配

5. 脚部送风 + 除霜模式气流分配

脚部送风 + 除霜模式气流分配如图 2-39 所示。

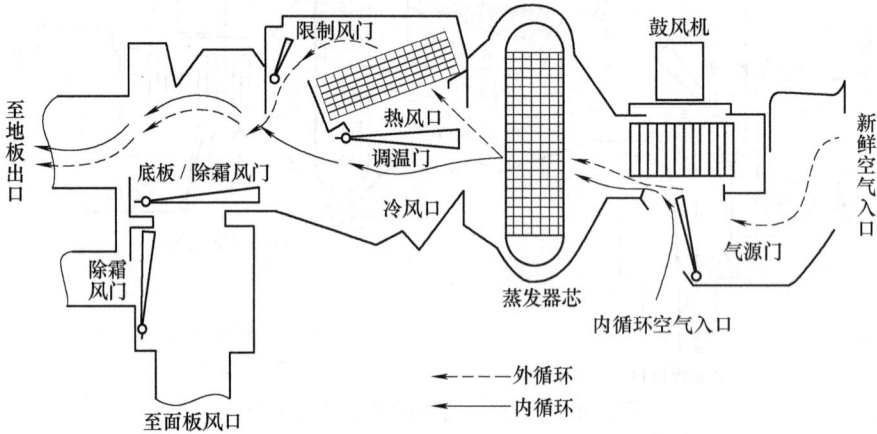

图 2-39　脚部送风 + 除霜模式气流分配

考核评分

本任务的考核与评分见表 2-25。

表 **2-25**　考核与评分

考核内容	考核要求	评分标准	配　分	得　分	
				自　评	互　评
1. 作业环境检查	正确检查作业环境，填写作业环境检查表	错误一处扣 2 分	10 分		

（续）

考核内容	考核要求	评分标准	配 分	得 分	
				自 评	互 评
2. 车辆基本检查	(1) 正确放置车轮挡块 (2) 正确安装座椅套、转向盘套、驻车制动杆套、变速杆手柄套、脚垫、翼子板布等 (3) 检查仪器、设备、工量具数量 (4) 检查线束连接不少于 5 处 (5) 正确检查发动机机油液位 (6) 正确检查冷却液位 (7) 正确检查蓄电池电压 (8) 正确检查空调传动带松紧度 (9) 正确填写车辆基本检查作业记录表 (10) 正确记录车辆基本信息	错误一处扣 3 分	20 分		
3. 空调系统操作	(1) 正确操作鼓风机风速调整开关 (2) 正确操作送风模式开关	错一处扣 5 分	10 分		
4. 风速测量	(1) 正确使用风速计 (2) 正确选择出风口 (3) 正确读取数值 (4) 正确填写出风口风速记录表 (5) 正确回收工具	错误一处扣 5 分	50 分		
5. 职业素养	(1) 学习态度：积极主动参与学习 (2) 团队合作：与小组成员一起分工合作，不影响学习进度 (3) 现场管理：服从工位安排，执行实训室管理规定	不足之处扣 3 分	10 分		
6. 安全文明生产	自觉遵守安全文明生产规程	违反一项规定扣 5 分			
合计					
操作时间	开始时间：	结束时间：		实际用时：	

思考与练习

一、判断题

（　　）1. 汽车空调的三个重要指标分别是温度、湿度和空气清洁度。

（　　）2. 制冷系统工作时，压缩机进、出口应无明显温差。

（　　）3. 蒸发器表面的温度越低越好。

（　　）4. 汽化过程有两种形式：蒸发和沸腾。

（　　）5. 在制冷工程中，表明制冷剂状态参数的压力是指绝对压力。

(　　) 6. 提高压力，可使液体更容易蒸发。

(　　) 7. 绝对压力是指用压力表测出的压力。

(　　) 8. 检查制冷剂量时，歧管压力表的压力正常，则系统内的制冷剂正常。

(　　) 9. 歧管压力表组是汽车空调系统维修中必不可少的设备。

(　　) 10. 在把软管接到压力表时，必须用工具拧紧，防止漏气。

(　　) 11. 空调系统正常工作时，低压侧的压力在 0.2MPa 左右属正常现象。

(　　) 12. 汽车空调高压侧正常值是 1.5MPa，也相当于 1500kPa。

(　　) 13. 中央出风口的风速在 0.2~0.4m/s 为正常。

(　　) 14. 热传导是靠温差传递能量的，如果物体间没有温差就不存在热传导。

(　　) 15. 在 0℃ 以下，不同温度的物质间不产生热辐射现象。

(　　) 16. 被测物体表面的发射率不会对红外线测温仪的读数造成影响。

(　　) 17. 显热可用温度计测出变化，潜热是不能用温度计测出变化的。

(　　) 18. 实际制冷循环中的压缩过程不是一个等熵过程，而是个多变过程。

(　　) 19. 制冷剂蒸发时的潜热越大，需要的制冷剂循环量就越大。

(　　) 20. 制冷剂从气体变成等温液体时放出的热称为液化潜热。

(　　) 21. 在理想工况下，制冷剂在刚进入蒸发器时应蒸发完毕，此点制冷剂处于饱和状态，它吸取了所有的潜热以从液态转变为气态而不发生温度变化。

(　　) 22. 制冷系统中含有过量空气，会使排气温度、冷凝压力升高，可提高制冷量。

(　　) 23. 用于制冷剂 R12 或 R134a 的空调压力表一旦使用，是不可互换使用的，原因是这两种制冷剂和冷冻机油不能混用，否则会对空调制冷系统造成严重伤害。

(　　) 24. 空调在运行中，如果低压表指示过高，高压表指示过低，说明压缩机有故障。

(　　) 25. 接上压力表时，空调系统高压侧压力与低压侧压力一样都为 500kPa，说明空调系统制冷剂过多，致使高低压间损坏相互串通。

二、单选题

1. 不是压力的单位为（　　）。

A. N/m² 　　　　　B. Pa 　　　　　C. kg 　　　　　D. kPa

2. 当温度升高到临界点时，其温度称为（　　）。

A. 临界温度 　　　B. 饱和温度 　　　C. 过热温度 　　　D. 过冷温度

3. 汽车通风系统一般为（　　）。

A. 自然通风 　　　B. 强制通风 　　　C. 自然通风和强制通风 　　D. 行车通风

4. 一般来说人体适宜的温度为（　　），湿度为 60%~70%。

A. 20~28℃ 　　　B. 18~20℃ 　　　C. 12~18℃ 　　　D. 5~12℃

5. 歧管压力表组的组成不包括（　　）。

A. 低压表 　　　　B. 注入阀 　　　　C. 软管 　　　　D. 高压手动阀

6. 歧管压力表的低压表还包括一个（　　）。

A. 低压表 　　　　B. 真空表 　　　　C. 高压表 　　　　D. 低压手动阀

7. 歧管压力表组的蓝色软管与（　　）连接。

A. 低压检修阀 　　B. 高压检修阀 　　C. 真空泵 　　　　D. 加液制冷剂容器

8. 用歧管压力表对空调系统进行抽真空时，应将高、低压侧的手动阀都打开；检测系统压力时，高、低压力侧的手动阀应分别是（   ）。

A. 关闭和打开   B. 打开和打开   C. 打开和关闭   D. 关闭和关闭

9. 制冷系统中，由压缩机排气口到冷凝器入口这一段管路，温度可达（   ）。

A. 40 ~ 50℃   B. 70 ~ 80℃   C. 5 ~ 10℃   D. 0 ~ 3℃

10. 维修汽车空调制冷系统，当手动高、低压阀均关闭时，可检测（   ）侧的压力。

A. 高压   B. 高、低压   C. 低压   D. 不到两

11. 在把软管接在压力表上时，下列说法正确的是（   ）。

A. 红、蓝、黄管分别接在低压、高压和中间接头上

B. 红、蓝、黄管分别接在中间、高压和低压接头上

C. 红、蓝、黄管分别接在高压、低压和中间接头上

D. 红、蓝、黄管分别接在低压、中间和高压接头上

12. 制冷系统高、低侧工作压力都偏低，下述可能的原因是（   ）。

A. 制冷剂过多   B. 制冷剂过少   C. 散热不良   D. 以上都不是

13. 制冷系统高压侧工作压力偏低，而低压侧的偏高，可能的原因是（   ）。

A. 制冷剂过多   B. 压缩机不良   C. 散热不良   D. 制冷剂过少

14. 用歧管压力表诊断制冷系统，低压侧压力负值的原因是（   ）。

A. 干燥瓶堵塞   B. 冷凝管散热不良   C. 制冷剂过少   D. 膨胀阀结冰

15. 用歧管压力表诊断制冷系统，高压侧压力偏高的因素有（   ）。

A. 干燥瓶堵塞   B. 冷凝器散热不良   C. 膨胀阀工作不良   D. 以上都有可能

16. 用压力表检测系统压力时，发现低压表指示接近零或负值、高压表指示正常或高一点，且又吹出气不冷，可能的故障原因是（   ）。

A. 制冷剂过多   B. 系统内有水分，膨胀阀发生冰塞

C. 制冷剂过少   D. 高压管路堵塞

17. 对于标准大气压，以下说法正确的是（   ）。

A. 1 个标准大气压约等于 101kPa   B. 1 个标准大气压可用 1bar 来表示

C. 1 个标准大气压约等于 14.7psi   D. 本题其他答案都正确

18. 在压力表的单位中，与 101kPa 相等的数据是（   ）。

A. 1kgf/cm²   B. 10 kgf/cm²   C. 10bar   D. 1MPa

19. 在环境温度相同的情况下，空气的相对湿度越大，测量到的空调管路内部的制冷剂压力（   ）。

A. 越大   B. 不变

C. 越小   D. 本题其他答案都不对

20. 空调系统工作时，若蒸发器内制冷剂不足，离开蒸发器的制冷剂会是处于（   ）状态。

A. 高于正常压力，温度较低的气态   B. 低于正常压力，温度较低的液态

C. 低于正常压力，温度较高的气态   D. 高于正常压力，温度较高的液态

21. 对于装有电子空气过滤器的汽车空调系统，在讨论外界空气通风门关闭的原因时，甲说，是由于空气清洁度传感器污染所致；乙说，当车内的一氧化碳浓度高时，此门关闭是正常现

象。谁正确?（　　　）

　　A. 甲正确　　　　　　　B. 乙正确　　　　　　C. 两人均正确　　　D. 两人均不正确

22. 液体制冷剂在蒸发器中吸收被冷却对象的热量而（　　　）。

　　A. 液化　　　　　　　　B. 固化　　　　　　　C. 汽化　　　　　　D. 升华

23. 热量将通过物体从高温点向低温点移动，这种现象就是热的（　　　）。

　　A. 传导　　　　　　　　B. 对流　　　　　　　C. 辐射　　　　　　D. 漂移

24. 气体和液体以它本身的流动使热量转移，这种热的传递方式称为（　　　）。

　　A. 传导　　　　　　　　B. 对流　　　　　　　C. 辐射　　　　　　D. 传递

25. 发热源直接向其周围的空间散发热量，这种热的传递方式称为（　　　）。

　　A. 传导　　　　　　　　B. 对流　　　　　　　C. 辐射　　　　　　D. 传递

26. 从固体变成气体时放出的热是（　　　）。

　　A. 蒸发潜热　　　　　　B. 凝固潜热　　　　　C. 升华潜热　　　　D. 溶解潜热

27. 物质的升华是由（　　　）。

　　A. 气态直接变为固态　　　　　　　　　　　B. 固态直接变为气态

　　C. 固态直接变为液态　　　　　　　　　　　D. 液态直接变为气态

28. 沸腾是（　　　）的表现形式。

　　A. 过热状态　　　　　　B. 临界状态　　　　　C. 升华状态　　　　D. 饱和状态

29. 温度单位可以用华氏（℉）和摄氏（℃）表示，计算公式为 $1℉ = \frac{9}{5} \times 1℃ + 32$。100℃ 等于（　　　）。

　　A. 112 ℉　　　　　　　　　　　　　　　　B. 212 ℉

　　C. 202 ℉　　　　　　　　　　　　　　　　D. 前面 3 个值都不对

30. 技师 A 说，蒸发器入口与出口之间的温差称为过热；技师 B 说，蒸发器出口与压缩机入口之间的温差称为过热。谁说的对?（　　　）

　　A. 仅技师 A 对　　　　　　　　　　　　　B. 仅技师 B 对

　　C. 技师 A 和 B 都对　　　　　　　　　　　D. 技师 A 和 B 都不对

31. 下列汽车空调部件中，不是热交换器的是（　　　）。

　　A. 供暖水箱　　　　　　B. 冷凝器　　　　　　C. 蒸发器　　　　　D. 鼓风机

32. 空气中的（　　　），就会导致空调的潜热负荷加大。

　　A. 温度增高　　　　　　B. 湿度增大　　　　　C. 压力上升　　　　D. 比容减少

33. 蜡从固体直接变成液体所吸收的热是（　　　）。

　　A. 液化潜热　　　　　　B. 蒸发潜热　　　　　C. 升华潜热　　　　D. 溶解潜热

34. 相对湿度是空气中水蒸气压与同温度下（　　　）之比。

　　A. 大气压　　　　　　　B. 饱和蒸汽压　　　　C. 水蒸气浓度　　　D. 空气密度

35. 对于同一个干湿球温度计周围的空气，干湿球温差越小，空气的湿度越（　　　）。

　　A. 大　　　　　　　　　B. 小　　　　　　　　C. 没有变化　　　　D. 不一定

36. 使用温度测试仪测量空调出风温度，应将温度探头装在（　　　）。

　　A. 左侧除霜出风口　　　B. 左侧脚部出风口　　C. 左侧中央出风口　D. 右侧脚部出风口

37. 汽车空调检测合格出风口温度范应为（　　　）℃。

A. 0 ~ 4   B. 4 ~ 10   C. 10 ~ 15   D. 15 ~ 20

38. 一般情况下，开启空调后，车厢内外应保持的（　　）℃温差。

A. 7 ~ 8   B. 10 ~ 20   C. 1 ~ 2   D. 2 ~ 3

39. 测量空调系统压力时，如果低压侧压力偏低，高压侧压力正常。甲说，表明制冷剂充注不足；乙说，表示高压侧有堵塞现象。谁正确？（　　）

A. 甲正确   B. 乙正确   C. 两人均正确   D. 两人均不正确

40. 空气经过加热处理，温度升高，含湿量（　　）。

A. 增加   B. 下降   C. 不变   D. 为零

41. 制冷系统正常工作时，压缩机排气管的温度一般是（　　）。

A. 70 ~ 80℃   B. – 5 ~ 30℃   C. 50 ~ 70℃   D. 以上都不是

42. 空调制冷系统工作时，膨胀阀前后管道应（　　）。

A. 前冷后热   B. 前热后冷   C. 前后一致   D. 以上都不是

43. 制冷系统正常工作时，干燥瓶进出管的温度是（　　）。

A. 基本一致   B. 进高出低   C. 进低出高   D. 温差明显

44. 蒸发器表面温度不应低于（　　），以防蒸发器结霜和结冰。

A. 2.2℃   B. 1.1℃   C. 0℃   D. – 1.1℃

45. 汽车空调正常工作时，冷凝器下部的温度应为（　　）℃。

A. 30   B. 50   C. 70   D. 80

46. 技师 A 说，车内湿度是通过调节冷空气和热空气的混合比例实现的；技师 B 说，一旦车内温度保持合适，湿度并不重要。谁说得对？（　　）

A. 仅技师 A 对   B. 仅技师 B 对
C. 技师 A 和 B 都对   D. 技师 A 和 B 都不对

47. 在进行空调制冷系统故障检测时，下面能够作为正确参考数据的是（　　）。

A. 低压表平均读数应在 209 ~ 310kPa，高压表读数根据环境温度应在 1103 ~ 1517kPa
B. 出风口排出温度应 4.4 ~ 10℃
C. R12 制冷系统 0℃时，R134a 制冷系统 1.4℃时，其蒸发压力均为 207kPa
D. 以上答案都正确

48. 在环境温度为 32℃、怠速工况的条件下，R134a 制冷系统的低压侧压力为 83kPa、高压侧压力为 1434kPa，可能是什么原因导致的？（　　）

A. 系统中残留有空气   B. 系统中残留有水气
C. 节流元件堵塞或温度调节功能不正确   D. B 和 C 两种情况都有可能

49. 在环境温度为 32℃、怠速工况的条件下，R134a 制冷系统的低压侧压力为 296kPa 或更高、高压侧压力为 1034kPa 或更低，那么最不可能的故障原因是（　　）。

A. 压缩机损坏   B. 电气类故障
C. 节流元件阻塞   D. 压缩机离合器磨损

50. 在环境温度为 32℃、怠速工况的条件下，R134a 制冷系统的低压侧压力为 262 kPa 或更高些、高压侧压力为 1269 kPa，最有可能的故障原因是（　　）。

A. 节流元件失效或调节不良   B. 节流管堵塞
C. 风扇散热不良   D. 制冷剂过多

51. 在环境温度为32℃、怠速工况的条件下，R134a 制冷系统的低压侧压力为 138kPa、高压侧压力达到 1937kPa 甚至更高，最有可能的故障原因是（   ）。

    A. 冷冻机油型号不对   B. 高压侧管路有阻塞

    C. 压缩机过度磨损   D. 制冷剂过多

52. 在环境温度为32℃、怠速工况的条件下，R134a 制冷系统的低压侧压力为 255kPa 或更高些、高压侧压力达到 1813kPa 甚至极高，可能的故障原因是（   ）。

    A. 系统中有空气   B. 过量的制冷剂或冷冻机油

    C. 系统散热不良   D. 前 3 种都有可能性

53. 感温式热力膨胀阀的感温头应安装在离蒸发器出口（   ）远的管道上，并用绝热材料包扎好。

    A. 5cm   B. 10cm   C. 20cm   D. 很难确定

三、多选题

1. 低压检修阀可能位于下列哪些位置?（   ）

    A. 在蒸发器出口处   B. 在压缩机入口处   C. 在储液器上   D. 在储液干燥器上

2. 液体汽化的方法有（   ）。

    A. 减压   B. 增压   C. 升温   D. 降温

3. 在空调运行中，如果低压表指示过高，高压表指示过低，说明故障不在（   ）。

    A. 压缩机   B. 膨胀阀   C. 蒸发器   D. 鼓风机

4. 对于 R34a 制冷系统，下列压力哪些不在正确压力值范围内?（   ）

    A. 低压 0.2MPa   B. 低压 0.28MPa   C. 高压 1.45MPa   D. 高压 1.98MPa

5. 以下哪些说法是正确的?（   ）

    A. 表压力 = 绝对压力 – 大气压力   B. 绝对压力 = 大气压力 – 真空压力

    C. 表压力 = 绝对压力 + 大气压力   D. 绝对压力 = 大气压力 + 真空压力

6. 空调系统高压侧压力高于正常值，可能原因是（   ）。

    A. 制冷剂加注过量   B. 压缩机有故障   C. 冷却系统不良   D. 冷凝器受阻

7. 将空调压力表上两个手动阀关闭后（   ）。

    A. 两表均不显示系统压力   B. 高压表显示高压侧压力

    C. 低压表显示低压侧压力   D. 两表均显示大气压力

8. 空调系统高压部分压力过高，可能原因是（   ）。

    A. 制冷剂过量   B. 系统内有空气   C. 膨胀阀开度太大   D. 压缩机不良

9. 下列哪些不是空调系统高压开关的正常状态?（   ）

    A. 常开、在 2965kPa 时关闭   B. 常开、在 2344kPa 时关闭

    C. 常闭、在 2965kPa 时打开   D. 常闭、在 2344kPa 时打开

10. 某空调系统高压侧压力偏低，而低压侧压力偏高，可能原因是（   ）。

    A. 系统的高压侧有堵塞   B. 膨胀阀被卡在打开位置

    C. 压缩机簧片阀损坏   D. 压缩机磨损

11. 某空调系统高压侧和低压侧压力均偏高，可能原因是（   ）。

    A. 冷凝器外表脏污   B. 系统内有空气   C. 膨胀阀开度过小   D. 制冷剂过量

12. 下述说法哪些是正确的？（   ）

A. 蒸发速度与相对湿度无关
B. 蒸发速度取决于空气流动
C. 冷空气会加快蒸发速度
D. 冷空气会加快对流速度

13. 以下出风口温度检查条件正确的是（   ）。

A. 选择内循环方式
B. 温度选择器为最凉
C. 完全打开所有车门
D. 发动机转速为 1500 ~2000r/min

14. 空调系统在环境温度为 26.5℃ 时，高压侧压力值是 1700kPa，低压侧压力值为 300kPa，表明（   ）。

A. 制冷剂过量
B. 制冷剂不足
C. 蒸发器的压力调节器损坏
D. 系统正常

项目三 制冷剂回收、净化与加注

项目描述

汽车空调制冷剂是具有一定危害的化工制品，直接排放到大气会造成大气污染，危害人类健康。为规范汽车制冷剂的回收、净化与加注作业，交通部于 2010 年特别制订了《汽车空调制冷剂回收、净化、加注工艺规范》（JT/T 774—2010）。该标准规定了汽车空调制冷剂回收、净化和加注作业的基本条件、工艺过程及流程、工艺要求，以及制冷剂的储存和处理。

1. 设备、仪器、工具及材料

1）汽车空调制冷剂回收/净化/加注设备。应符合相关标准并通过质量合格评定，称重装置应在检定有效期内。

2）制冷剂鉴别设备。应具备检测制冷剂类型、纯度、非凝性气体以及其他杂质的功能。

3）制冷剂检漏设备。应与制冷剂的类型以及所采用的检漏方法相适应。

4）温度计（数字温度计或水银温度计）。应在检定有效期内。

5）普通干湿球温度计。应在检定有效期内。

6）制冷剂。应经过鉴别确认，为符合制冷装置规定的制冷剂类型。

7）冷冻机油。应符合制冷装置的规定。

HFC-134a 系统：聚烃基乙二醇（PAG）、聚酯类油（POE）、多羟基化合物（ND11，用于混合动力电驱动压缩机）。

CFC-12 系统：矿物基类。

8）检漏指示剂。干燥的氦气或氮气、荧光剂等。

9）工具。汽车空调系统维修专用工具、加压设备。

2. 人员条件

汽车空调制冷剂的回收、净化和加注作业应由经过相关专业培训，并持有上岗证书的维修人员进行操作。

3. 环境条件

1）作业场地应通风良好。

2）作业场地禁止明火。

3）作业时，维修人员应配备必要的安全防护设施，如防护手套和防护眼镜等，避免接触或吸入制冷剂和冷冻机油的蒸汽及气雾。

任务一 制冷剂的回收

学习目标

序 号	目 标 要 求
1	能描述汽车空调制冷剂的性能
2	能描述汽车空调制冷剂的使用注意事项
3	能正确描述汽车空调制冷剂回收作业的规范与流程
4	能独立操作制冷剂回收加注机回收汽车空调制冷剂

任务描述

一辆雪佛兰科鲁兹汽车手动空调需要更换储液干燥器，更换之前要回收制冷剂，以重新加注制冷剂。

任务分析

本任务以雪佛兰科鲁兹汽车手动空调制冷剂回收作业为载体，主要学习汽车空调制冷剂的性能特点、类型、使用注意事项和回收工艺，以完成汽车空调制冷剂的回收作业。

知识准备

一、制冷剂

制冷剂是空调系统的"热载体"，俗称"冷媒"，它可根据空调系统的要求变化状态，实现制冷循环。

1. 制冷剂的性能特点

1）制冷剂必须易于汽化或蒸发，以便于制冷。

2）制冷剂蒸发时要有较高的蒸发潜热，以缩小制冷剂体积。

3）制冷剂应不易燃烧、不易爆炸。

4）制冷剂应对人体没有伤害。

5）制冷剂应具有较高的稳定性，应能反复使用，对金属、橡胶和冷冻机油应无明显的腐蚀现象。

6）制冷剂的蒸发压力应比大气压力高，以免空气进入制冷系统。

2. 汽车空调常用制冷剂

（1）R12 制冷剂 R12 化学名称为二氯二氟甲烷，分子式是 CCl_2F_2。R12 在常温、常压下是无味无色气体，在标准大气压下，蒸发温度为 $-29.8℃$，凝固温度为 $-158℃$。R12 化学性能稳

定，不易燃烧，与空气混合时不易爆炸，对人体无害。但 R12 对臭氧层有破坏作用，现已被列为首批禁用的制冷剂。

（2）R134a 制冷剂　R134a 化学名称为四氟乙烷，分子式是 $C_2H_2F_4$。R134a 在正常大气压力下，蒸发温度为 $-26.5℃$，凝固温度为 $-101℃$，其许多特性与 R12 相同但不会对臭氧构成威胁。R134a 安全性高，不易燃，不爆炸，2000 年以后取代 R12 成为汽车空调系统使用的新型制冷剂。R134a 与 R12 的特性比较见表 3-1。

表 3-1　R134a 与 R12 的特性比较

项　目	R12（CCl_2F_2）	R134a（$C_2H_2F_4$）	项　目	R12（CCl_2F_2）	R134a（$C_2H_2F_4$）
沸点（标准大气压下）/℃	-29.8	-26.5	临界密度/（kg/m³）	558	511
汽化热/[kJ/(kg·℃)]	152	198	大气中最长存留寿命/年	95~150	8~11
临界温度/℃	111.80	101.14	ODP 值（臭氧破坏系数）	1.0	0
临界压力/MPa	4.125	4.065	GWP 值（温室效应系数）	1.0	0.11

3. R134a 和 R12 不能混合使用

R134a 制冷剂与 R12 制冷剂不相溶，两种制冷剂不可混合，否则会导致空调系统严重损坏，具体原因如下：

1）R134a 能够溶解 R12 的密封材料（硝丁二烯），导致系统泄漏。

2）R134a 的极性接近水的极性，使得其同水一起被硅胶吸收，从而吸水能力大幅度下降，最终由于水分在膨胀阀等狭小部位冻结，影响制冷效能。

3）在空调循环过程中产生腐蚀作用。

4）高温下 R134a 的压力和负荷比 R12 大。

混合制冷剂，即使量非常小，也会造成异常的高压，这种高压能对系统元件（如蒸发器和软管等）造成损坏。一种不合适的制冷剂也会由于润滑剂和干燥剂的不兼容而破坏系统。每种制冷剂必须使用合适的设备（如高歧管压力、回收系统和充装站等）。

4. 制冷剂使用时的注意事项

1）制冷剂应避免触及皮肤，更不能触及眼睛。

2）发现制冷剂有大量渗漏时，必须通风换气，否则会引起人的窒息。

3）当存在制冷剂蒸汽的情况下，若使用明火则会产生有毒的光气，为了安全，使用卤素灯是在已经使用其他方法检漏无果后最后采用的方法。

二、制冷剂回收作业的工艺要求

制冷剂回收（Refrigerant Recovery），是指用专用设备将制冷装置中的制冷剂收集到特定外部容器中的过程。在《汽车空调制冷剂回收、净化、加注工艺规范》（JT/T 774—2010）标准中，规定了制冷剂回收作业中五个工艺过程，即回收作业准备、制冷剂回收原则判定、制冷剂检测、制冷剂回收操作、完成回收作业，如图 3-1 所示。

1. 制冷剂回收原则

在汽车维修过程中，凡涉及制冷剂循环系统的作业，在维修前，均应对制冷装置中的制冷剂进行回收。

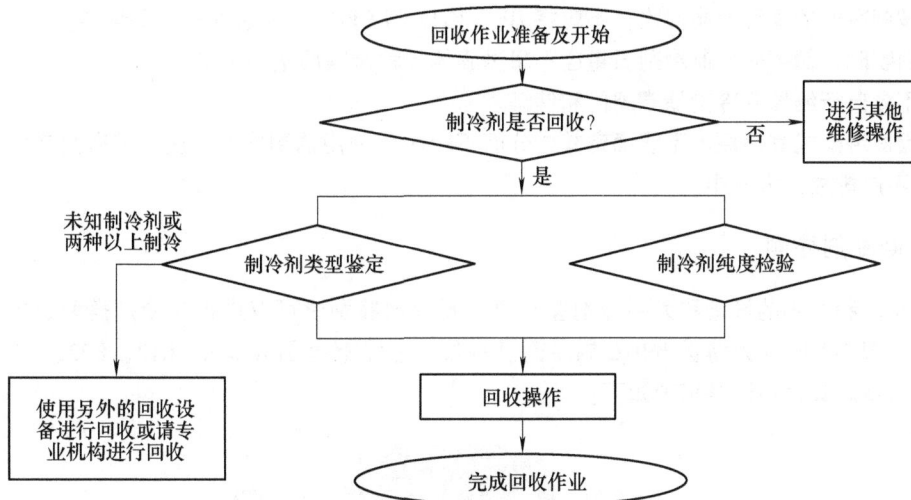

图 3-1 制冷剂回收作业流程

2. 制冷剂检测

制冷剂回收、净化、加注设备与制冷装置连接前，应进行制冷剂类型的鉴别和纯度的检测。

（1）类型鉴别 制冷剂类型鉴别可采用以下方法：

1）查阅《车辆使用手册》，确认制冷装置规定的制冷剂类型（HFC – 134a 或 CFC – 12）。

2）检查汽车发动机舱内的空调系统标识、标牌或标签，查看压缩机、膨胀阀等部件上的标牌或标识，确认制冷装置规定的制冷剂类型（HFC – 134a 或 CFC – 12）。

3）按以上第一步或第二步做初步判别后，还应采用制冷剂鉴别设备检测制冷装置中制冷剂的类型，确认是否与其规定的制冷剂类型一致。

（2）纯度检测 采用制冷剂鉴别设备对制冷装置中制冷剂的纯度进行检测。

（3）检测结果 根据制冷剂的检测结果确定作业方式：

1）制冷装置中存在一种制冷剂（HFC – 134a 或 CFC – 12），且与制冷装置规定的制冷剂类型相符，应进行回收。纯度低于 96% 时，应按要求进行净化。

2）制冷装置中存在一种制冷剂（HFC – 134a 或 CFC – 12），但与制冷装置规定的制冷剂类型不符，应进行回收。纯度低于 96% 时，应按要求进行净化。

3）制冷装置中存在"未知制冷剂"或两种以上类型的制冷剂，表明制冷装置中是多种制冷剂的混合物。这种情况下，不应使用正常作业用的回收、净化、加注设备进行操作，应采用另外的制冷剂回收设备进行回收或请专业机构进行回收和处理。

3. 回收操作

1）起动制冷装置运行 3 ~ 5min。

2）采用回收、净化、加注设备进行制冷剂回收，按设备使用手册进行管路连接及操作。回收前，应将软管中的空气排尽。

3）按设备的操作提示结束回收操作。

4. 回收作业操作要点（注意事项）

1）回收、净化、加注设备的适用介质应与所回收的制冷剂类型一致。

2）不应采用单系统的回收、净化、加注设备对两种或两种以上类型的制冷剂进行回收。

3）按制冷剂的类型分类回收，不应将 HFC-134a 与 CFC-12 混装在一个储罐中。

4）回收时，储罐内的制冷剂质量应不超过罐体标称装罐质量的 80%。

5）不应自行维修制冷剂储罐阀门和储罐。

6）因被污染或其他原因不能确定其成分而不能净化利用的制冷剂，应用带有文字标识的储罐储存，不应排放到大气中。

三、制冷剂检测

用以检测制冷剂的设备称为制冷剂鉴别仪，制冷剂鉴别仪可以进行制冷剂类型的鉴别和纯度的检测，图 3-2 所示为博世 16910 制冷剂鉴别仪，它能够鉴别 R134a、R12、R22、HC、AIR 5 种成分的含量。其使用注意事项如下：

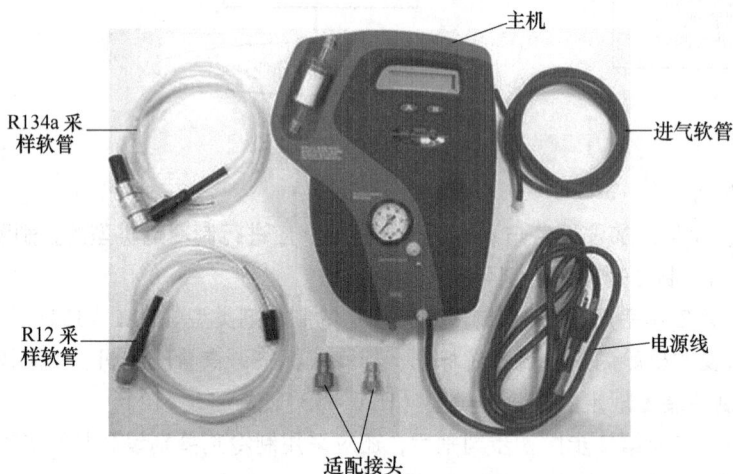

图 3-2 博世 16910 制冷剂鉴别仪

1. 操作前要进行检查

1）检查过滤器的白色滤芯上是否有红点，如图 3-3 所示。任何红点的出现都说明过滤器需要更换，以避免仪器失效。

2）根据需要选择 R12 或 R134a 采样管。检查采样管是否有裂纹、磨损痕迹、脏堵或污染。绝对不可以使用任何有磨损的采样管。把采样管安装到仪器的样品入口处。

3）检查仪器头部的进空气口，再检查仪器中部边缘的样品出口，以确保它们没有堵塞。

4）检查空调系统或制冷剂罐上的样品出口处，确保出口处样品为气态，出口不允许有液态样品或油流出来。

2. 操作结束后要进行清理

1）从仪器样品入口处拆下采样软管。观察软管是否有磨损、裂纹、堵塞或污染，若有应及时更换。擦净管子的外表面，将管子卷起放回原处。

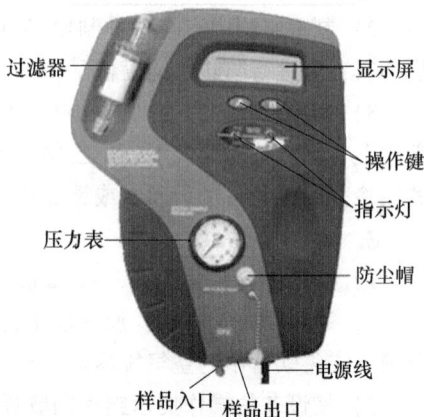

图 3-3 检查过滤器白色滤芯

2）检查样品过滤器是否有红点出现。如果发现有任何红点，根据产品作用说明书中的维护步骤更换过滤器。

3）用湿布清理仪器外表面。不要使用溶剂或水直接清理仪器。

四、制冷剂回收

回收汽车空调内的制冷剂必须要使用制冷剂回收加注机。制冷剂回收加注机具有制冷剂的回收、净化、抽真空和加注功能，图 3-4 所示为博世 AC350C 型制冷剂回收加注机的外形。

1. 制冷剂回收加注机的操作说明

博世 AC350C 制冷剂回收加注机能够完成车辆空调制冷剂的回收、净化、充注和检漏操作，具有强大的功能。该设备还有一个强大的数据库，覆盖了市场上绝大多数车型的所有服务信息。博世 AC350C 制冷剂回收加注机用于对 R134a 或者 R12 其中一种制冷剂的回收、再生和加注，一旦选用了 R134a 或者 R12，系统就只能使用这一种制冷剂。图 3-5 所示为博世 AC350 制冷剂回收加注机的操作面板，各部分功能见表 3-2。

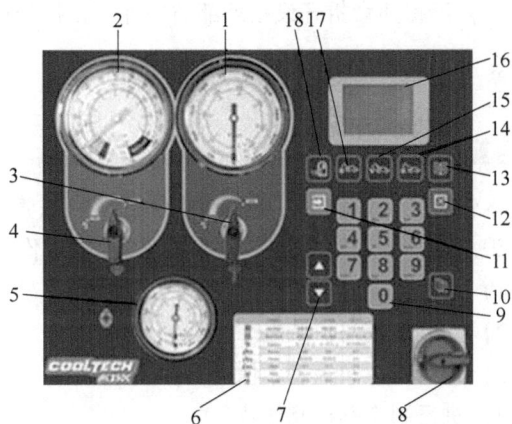

图 3-4 博世 AC350 型制冷剂回收加注机   图 3-5 博世 AC350 制冷剂回收加注机的操作面板

表 3-2 博世 AC350 制冷剂回收加注机操作面板功能

序 号	功 能 键	作 用	序 号	功 能 键	作 用
1	高压表	显示空调系统高压端压力	10	数据库	进入数据库的快捷键
2	低压表	显示空调系统低压端压力	11	开始/确认	开始/确认程序的进行
3	高压阀	控制空调系统高压端与设备的通断	12	停止/取消	停止/取消程序的进行
4	低压阀	控制空调系统低压端与设备的通断	13	菜单	进入菜单程序的快捷键
5	工作罐压力表	显示工作罐的压力	14	充注	向空调系统充注制冷剂
6	多语言对照表	多种语言表达对照表	15	抽真空	将空调系统进行抽真空
7	上下键	上下选择键	16	显示屏	显示操作信息
8	电源开关	开机或关机	17	回收	回收空调系统的制冷剂
9	键盘	输入数据键	18	排气	运行排气功能的快捷键

2. AC350C 制冷剂回收加注机使用注意事项

1）当确定使用了一种制冷剂后就不能使用另外的制冷剂，否则会严重损坏设备和汽车空调。

2）使用前必须认真检查真空泵油的液位，如低于最低位时应及时添加。

3）不可随意增加连接线缆，否则容易导致设备过热或着火。

4）起动设备前检查是否有冷冻机油，若无请加入适量的冷冻机油。

5）设备只能在 10 ~ 50℃ 环境下使用，如果温度超过 40℃ 要在两次回收之间等待 10min。

6）在真空状态下不能超时使用压缩机，否则会损坏压缩机。

7）在使用设备时要佩戴护眼罩。

8）在内置储罐内充注过多制冷剂过多可能导致爆炸或严重人身伤害，或导致死亡。

9）在抽真空前必须检查压力表，只有低压小于 0kPa 时才可进行操作。

10）R134a 与 R12 有特殊的接头，不可混用。

11）对进行抽真空操作的空调系统要补充必要的冷冻机油。

12）不得随意拆开设备外部防护件，在打开设备外盖时必须断电。

制订计划

本任务的工作内容已确定为雪佛兰科鲁兹汽车空调制冷剂的回收，在学习了前面所述的基本知识之后，我们就可以进行制冷剂的回收操作，特制订如下工作计划：

1）进行作业环境检查。

2）安装车辆防护装置。

3）记录作业车辆基本信息。

4）进行制冷剂检测作业。

5）回收制冷剂。

6）清洁场地，完成收尾工作。

任务实施

一、作业前的准备

1. 进行作业环境检查

在开始作业之前，请检查作业场地条件，并填写表 3-3，以保证作业的安全与规范。

表 3-3　作业环境检查

序　号	检查项目与内容	检查结果
1	作业场地是否通风良好	
2	作业场地有无明火	
3	作业场地有无必要的安全防护设施，如防护手套、防护眼镜、灭火器材等	
4	车辆停放是否周正，车辆停放区域内无异物	

2. 安装车辆防护装置，记录车辆基本信息

在进行汽车空调作业之前，首先要安装必要的车辆防护装置并进行基本作业检查，将结果填入表3-4中，操作步骤参见项目一中的"任务一 汽车空调使用"相关内容。然后记录车辆基本信息，填写表3-5。

表3-4 车辆基本检查作业记录

序　号	项　目	作业记录	序　号	项　目	作业记录
1	车轮挡块放置状况		4	各线束连接状况	
2	座椅套、转向盘套、驻车制动杆套、变速器杆手柄套、脚垫、翼子板布等安装状况		5	发动机机油液位	
			6	冷却液液位	
3	仪器、设备、工量具数量		7	蓄电池电压	

表3-5 车辆基本信息

汽车型号		车牌号	
发动机型号		VIN编号	

二、制冷剂检测

1）将制冷剂鉴别仪挂在发动机舱盖上。

2）进行仪器使用前检查（见知识准备部分内容）。

3）将制冷剂鉴别仪连接220V电源，仪器自动开机。

4）两手指同时按A、B键后，使用A和B键来调节海拔高度的设置（图3-6），直到显示的读数高于但最接近当地的海拔值后松手，保持仪器处于待机状态约20s，设置会自动保存到仪器的内存中。

注意：① 如果通电后不立即按A、B键，则会采用上次设置的海拔高度。

②每按一下A键读数增加30m（100ft），每按一下B键读数减少30m（100ft）。海拔高度在0～2730m（0～9000ft）之间都是可调的。

③仪器可以在海拔高度变化为152m（500ft）的范围内自动调节，正常的气压变化不会影响仪器的运行。

④如果没有输入海拔高度，仪器在预热过程中会显示"USAGE ELEVATION NOTSET"。

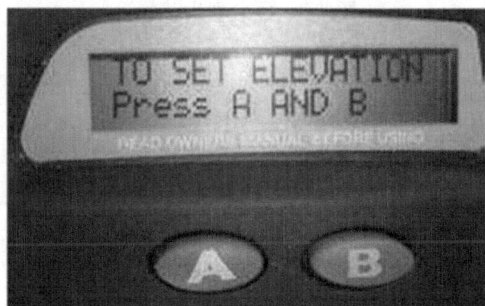

图3-6 设定海拔高度

⑤当选择好正确的海拔高度后，不要再按A和B键。

⑥错误的海拔高度输入将导致仪器的检测错误。

5）进入系统自检，等待系统标定，如图3-7所示。仪器通过进气口吸入环境空气约1min。环境空气用于校正测试元件并排出残余的制冷剂气体。

6）取下科鲁兹汽车手动空调低压检修阀防尘帽，连接R134a采样软管至制冷剂鉴别仪，待

鉴别仪系统自检完成，如图 3-8 所示。

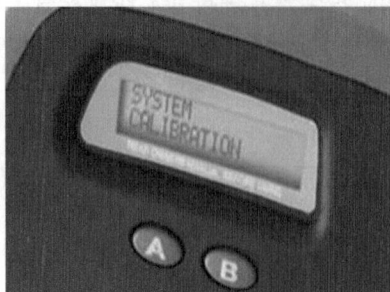

图 3-7 系统自检中

图 3-8 鉴别仪系统自检完成

7）将低压快换接头连接至科鲁兹汽车手动空调低压检修阀上，观察压力表指针应在 5 ~ 25psi[⊖] 之间（图 3-9），按 A 键，等待 20s 左右，鉴别仪进行制冷剂检测，如图 3-10 所示。

图 3-9 压力表指针数

图 3-10 鉴别仪制冷剂检测

8）记录检测数据。R12：_____%，R134a：_____%，R22：_____%，HC：_____%，AIR _____%。

9）记录分析结果。_____。

分析的结果在仪器的显示屏上以下列符号显示出来：

PASS：说明样品的纯度达到 98% 或更高。制冷剂的种类和空气的污染程度也会同时在显示屏上显示出来。

FAIL：说明样品被测定为 R12 或 R134a 的混合物，无论是 R12 还是 R134a 的纯度都没有达到 98%，或者混合物太多。同时还显示 R12、R134a 和空气（AIR）的百分比含量。

FAIL CONTAMINATED：说明测定的样品有未知制冷剂，如 R22 或碳氢类在混合物中的含量占 4% 或更多。在这种模式下，不能显示制冷剂或空气混合物的含量。

NO REFRIGERANT – CHK HOSE CONN：说明测定的样品中空气含量达到 90% 或更高。通常

⊖ 1psi = 6.895kPa。

情况下是因为 R134a 采样软管的接头没有打开，采样软管没有与样品来源接通，或样品来源中没有制冷剂。

10）制冷剂回收原则判定。_____。

三、制冷剂回收

1）开机准备。将博世 AC350C 制冷剂回收加注机的电源插头接在 220V 电源上，转动电源开关，操作界面显示主菜单，包括储罐质量和储罐内部的制冷剂质量，如图 3-11 所示。

记录回收前储罐初始质量为_____kg。

2）排气。按下排气键，设备进行排气，2s 后完成，按下确认键。

3）回收制冷剂。

① 按下回收键，然后按界面提示接好管路及接头。

② 设定制冷剂的回收量。利用数字键输入制冷剂质量，按下确认键。察看发动机舱标注制冷剂加注量的铭牌，雪佛兰科鲁兹汽车制冷剂回收量应为_____g。

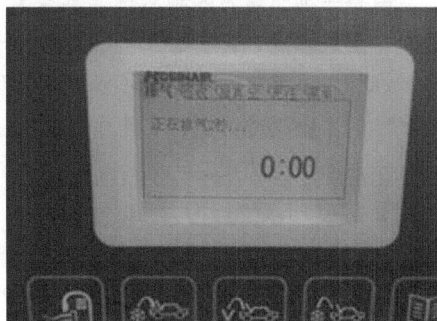

图 3-11 显示质量

③ 界面显示"清理管路 1 分钟"。设备开始自动进行清理，然后进行回收，如图 3-12 所示。

4）完成回收作业，如图 3-13 所示。

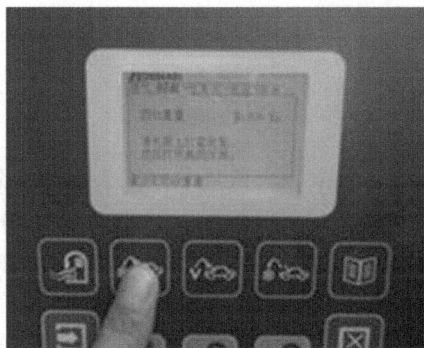

图 3-12 自动进行清理

图 3-13 完成回收作业

5）根据界面提示，按下确认键，进行排油。计算排油瓶排出油量 = 排油后排油瓶油量（_____ mL）− 排油前排油瓶油量（_____ mL）= _____ mL。

6）按下取消键，返回主界面，回收制冷剂操作完成。记录回收后储罐制冷剂质量为____ kg。计算制冷剂实际回收量 = 回收后储罐制冷剂质量（____ kg）− 储罐初始质量（____ kg）= ____ kg。

四、回收工量具，清洁、整理场地（略）

知识拓展

一、其他常用制冷剂

1. 氨

氨是一种非常好的制冷剂，沸点为 -33.4℃，对普通制冷范围的空调和冷藏的制冷效果相当理想，且成本低。但它最大的缺点是毒性太强，即使含量不高也会使人窒息而亡，还能引起燃烧、爆炸，再者其汽化热也不够高等，因此不采用它作为汽车空调制冷剂。然而，在大型冷库和大容量的工业制冷方面，它至今仍是应用最广泛的首选制冷剂，制冷行业在氨制冷技术方面已具有一百多年的历史。

2. 二氧化碳（CO_2）

CO_2 作为制冷剂已有一百多年历史，早期曾是远洋船舶冷藏系统的最佳选择。但它的沸点仅为 -78.3℃。由于其沸点太低，对系统冷凝压力要求高，而相应的冷凝温度却不高，常温冷却介质难以满足冷却要求，循环制冷量损失较大，导致经济性差，压缩机功耗大，因而逐渐被 R12 类制冷剂所替代。

与 R12 制冷剂相比，CO_2 制冷剂的优点是对地球环境破坏很小，汽化热较大，且无毒、不可燃、不爆炸、成本低、来源广泛。

近年来，环境保护受到广泛关注与重视，R12 由于对地球大气层中臭氧有破坏作用，已逐渐被淘汰。从长远看，R134a 也将被淘汰。在这种情况下，非人工合成的 CO_2 制冷剂又引起了人们的兴趣。目前，各发达国家都在积极开展对 CO_2 汽车空调系统的研究。综合分析各方面的情况，有理由相信 CO_2 是理想的空调制冷剂。

二、汽车空调与环境保护

1. 大气层与臭氧层

地球被一层稀薄的气体完全地包裹着，这层气体称为大气层，大气层从地球表面向上延伸数百公里。由地面向上 11km 左右是大气层的最低层，称为对流层。对流层以上（11 ~ 48km）称为电离层。对流层是大气中振动最强烈的气流层，各种气体在该层云集，形成云、雨、风和雷电等气候变化。

大气层中的臭氧约有 90% 存在于平流层中，主要分布在大气层高度 15 ~ 35km 之间，臭氧层像一个巨大的过滤网罩住了地球，它吸收了太阳中的紫外线，使人、动物、植物免受其害。

2. R12 污染大气的原理

制冷剂 R12，因其化学稳定性好，在对流层不易分解而进入平流层。到达平流层的氯氟烃受到短波紫外线的照射，分解出 Cl 自由基，Cl 自由基可以从臭氧分子中夺取一个氧原子，使 O_3 变成普通的氧分子；而形成的一氧化氯很不稳定，与另一个氧原子结合，使 Cl 原子再次游离出来，又可以重复上述反应。反应过程中释放的 Cl 可以在平流层中存在好几年，因此一个 Cl 自由基能够消耗 10 万个臭氧分子就不足为怪了。一般情况下氯氟烃放出一个氯离子，但是剩下的基团可以通过与氧气等的后续反应，使氯氟烃中的全部氯都以破坏臭氧层的活动形态放出。汽车工业是排放氯氟烃最大的行业，所有排入大气层的氯氟烃有 30% 来自汽车空调系统。

考核评分

本任务的考核与评分见表3-6。

表3-6 考核与评分

考核内容	考核要求	评分标准	配 分	得 分	
				自评	互评
1. 作业环境检查	正确检查作业环境，填写作业环境检查表	错误一处扣2分	10分		
2. 车辆基本检查	（1）正确放置车辆挡块 （2）正确安装座椅套、转向盘套、驻车制动杆套、变速杆手柄套、脚垫、翼子板布等 （3）检查仪器、设备、工量具数量 （4）检查线束连接不少于5处 （5）正确检查发动机机油液位 （6）正确检查冷却液液位 （7）正确检查蓄电池电压 （8）正确检查空调传动带松紧度 （9）正确填写车辆基本检查作业记录表 （10）正确记录车辆基本信息	错误一处扣3分	20分		
3. 制冷剂检测	（1）正确进行制冷剂鉴别仪初始检查 （2）正确设置海拔高度 （3）正确选择采样软管 （4）正确检测制冷剂 （5）正确记录制冷剂检测结果 （6）正确回收制冷剂鉴别仪	错一处扣5分	30分		
4. 制冷剂回收	（1）正确进行制冷剂回收加注机初始检查 （2）正确进行排气 （3）正确设置制冷剂回收质量 （4）正确计算制冷剂回收量 （5）正确回收制冷剂回收加注机	错误一处扣5分	30分		
5. 职业素养	（1）学习态度：积极主动参与学习 （2）团队合作：与小组成员一起分工合作，不影响学习进度 （3）现场管理：服从工位安排，执行实训室管理规定	不足之处扣3分	10分		
6. 安全文明生产	自觉遵守安全文明生产规程	违反一项规定扣5分			
合计					
操作时间	开始时间： 结束时间： 实际用时：				

任务二 制冷剂的净化与储存

学习目标

序 号	目 标 要 求
1	能描述制冷剂净化的工艺要求
2	能准确描述制冷剂储存的注意事项
3	能独立正确更换储液干燥器
4	能独立正确使用博世 AC350C 制冷剂回收加注机净化制冷剂

任务描述

一辆雪佛兰科鲁兹汽车手动空调出现制冷效能不足故障，在回收制冷剂后需要进行净化操作，以重新加注制冷剂。

任务分析

本任务以雪佛兰科鲁兹汽车手动空调制冷剂净化为载体，主要学习汽车空调制冷制冷剂净化工艺要求、储液干燥器的结构和制冷剂的储存要求，以完成汽车空调制冷剂的净化作业。

知识准备

一、制冷剂净化的工艺要求

制冷剂净化（Refrigerant Purification）是指用专用设备对回收的制冷剂进行循环过滤，去除其中的非凝性气体、油、水、酸和其他杂质，并重新利用的过程。《汽车空调制冷剂回收、净化、加注工艺规范》（JT/T 774—2010）标准规定制冷剂净化工艺要求如图3-14 所示。

1. 纯度指标检测

根据制冷剂检测结果，当制冷剂纯度低于 96% 时，在完成回收操作后，应再次采用制冷剂鉴别设备检测已回收到储罐中的制冷剂纯度。当纯度仍低于 96% 时，应按要求进行净化操作；当纯度不低于 96% 时，

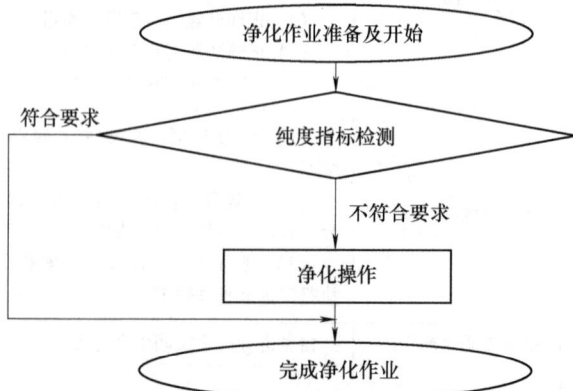

图 3-14 制冷剂净化工艺要求

可不执行净化操作过程。

2. 净化操作

1）采用回收、净化、加注设备进行制冷剂的净化时，具体操作参见设备使用手册。

2）如设备功能允许，制冷剂净化操作可与抽真空操作同步进行。

3）当制冷剂纯度不低于96%时，可结束净化过程。

4）完成制冷剂净化操作后，应将分离出来的冷冻机油排入排油壶中，并进行计量。在自动模式下工作的设备，会自动完成排冷冻机油过程，对半自动或手动型设备则需要人工干预操作。

3. 操作要点

1）如制冷剂的回收与净化是连续的操作，在回收操作完成后，应尽快进行纯度指标检测，以保证检测结果的准确性。

2）制冷剂的净化操作过程应最大限度地排出上述物质。

3）制冷剂的净化在回收过程中已完成一次净化循环，为提高净化效果，在制冷剂回收过程全部结束后，如纯度仍低于96%时，应再次对回收的制冷剂进行净化循环，并符合纯度要求。

4）制冷剂净化过程所需时间的长短，取决于回收的制冷剂中水分等杂质的含量及净化装置的吸收（干燥）能力，因此应按设备养护要求，定期更换干燥过滤器等相关部件。

5）按照环境保护的相关法规处理被分离的废冷冻机油。

二、汽车空调制冷剂的车上净化元件——储液干燥器

水能促进冷冻机油与制冷剂的反应，如果制冷系统存在水分，制冷剂会分解产生酸性物质，引起破坏性腐蚀；水容易在膨胀阀口结冰，从而影响制冷剂流动；水还会促进淤渣的形成，从而堵塞节流元件；若在R134a系统中存在水分，将有可能造成铜管卡上的铜分子沉积到钢零件表面，造成"镀铜"现象，从而使压缩机运动部件卡死。

储液干燥器的作用是临时性地储存从冷凝器流出的液态制冷剂，以便制冷负荷变化和系统有泄漏时能及时补充和调整供给节流元件的液态制冷剂量，并对系统中的水分和杂质进行干燥和过滤，保证制冷剂流动的连续性和稳定性。

1. 储液干燥器的结构

储液干燥器安装在汽车空调系统高压侧的冷凝器出口与蒸发器入口之间，是一个圆柱形金属罐，外部有两个管接头，在大多数情况下，还有一个玻璃观察窗，又称为视窗、视液镜或观察窗。如图3-15所示，储液干燥器主要由储液罐、干燥器、出液管、滤清材料、观察窗和易熔塞等几部分组成。

（1）储液罐　储液罐是钢质或铝质压力容器，它能以一定的流量向膨胀阀输送液态制冷剂。储液罐的容量一般约为系统体积的1/3。

（2）干燥器　干燥器实际上就是干燥剂包，内装化学干燥剂（如硅胶、分子筛等），能吸收少量的水分。

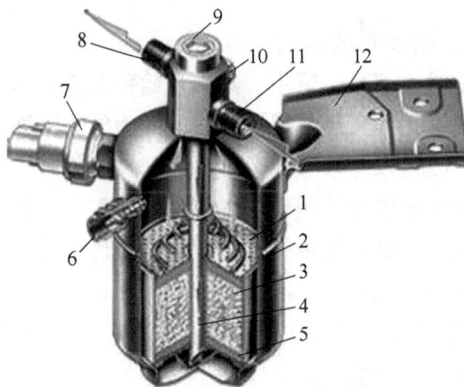

图3-15　储液干燥器的结构

1—多孔盖板　2—储液罐　3—干燥器　4—出液管
5—滤清材料　6—制冷剂流注阀　7—高低压开关　8—出口
9—观察窗　10—易熔塞　11—进口　12—支架

（3）滤清材料　滤清材料可防止干燥器尘污或其他杂物随制冷剂在汽车空调系统内循环，有些干燥剂前后各有一层滤清材料，制冷剂必须通过两层滤清材料和一层干燥剂，然后才能离开储液罐。有些干燥器内没有滤清材料，只有金属丝滤网，金属丝滤网的作用与滤清材料相同。

（4）出液管　出液管的功能是保证进入节流元件的制冷剂全部是液体。进入储液罐的制冷剂是气、液混合物，气体在上、液体在下，出液管的下管口深入罐底，因此从中通过的只有液体，流往节流元件的制冷剂也必然是液态。

（5）观察窗（视液镜）　观察窗用来指示系统中制冷剂的循环流动情况（通过观察气泡来判断制冷剂的液量）。当发生缺液或含有水分时，观察窗的观察玻璃显示出不同的颜色和气泡，同时还能从视液镜观察管路中冷冻机油的流动情况。(详见项目一之"任务二　汽车空调外观检查"相关内容)

（6）易熔塞　易熔塞是一种安全保护装置，一般安装在储液干燥器的头部，用螺塞拧入，螺塞中间是一种铅锡易熔合金，当制冷剂温度升到 95~105℃ 时，易熔合金熔化，制冷剂溢出，可避免系统中其他部件损坏。

2. 储液干燥器的安装与维护

（1）储液干燥器的安装　安装立式储液干燥器时，其与垂直面的倾斜角不得大于 15°，进口应和冷凝器出口连通。储液干燥器进口处通常设有标记，安装时一定要记住，制冷剂是从储液干燥器下部注入膨胀阀进口的，接反了会导致系统制冷剂不足。储液干燥器是接入系统的最后一个部件，应防止湿气进入系统和储液干燥器。

（2）储液干燥器的维护

1）储液干燥器内干燥剂失效时，湿气会集聚在节流元件孔口，结成冰块，系统发生堵塞，必须更换。

2）如出液管残破，液体管路内会有不正常的气体产生，应更换旧储液干燥器。

3）排湿时，必须彻底抽真空，要选用可靠的真空泵。为了防止杂质在系统内循环，膨胀阀进口、压缩机进口和储液干燥器内部均装有滤网，要是滤网堵塞，必须更换储液干燥器。

三、制冷剂的储存

1. 制冷剂的储存

制冷剂储存于罐中。其中，储存 R12 的容器是白色的，储存 R134a 的容器是绿色或蓝色的。罐装制冷剂的特点是罐正立时上面为气态下面为液态，可以气态流出，倒立时可以液态流出，如图 3-16 所示。

专业维修多使用储存罐储存制冷剂，如图 3-17 所示。储存罐使用方便，既可用于充注又可用于回收，但使用中一定注意不能超过标准压力。

2. 制冷剂储存的注意事项

1）制冷剂储罐应竖立向上放置，不应倾斜或倒置。装制冷剂的储存罐必须经过检验，以确保能承受规定的压力。

2）制冷剂储存罐应分类分区储存，标识明显清晰，存放场地应保持阴凉、干燥、通风。

3）储存罐上的控制阀常用帽盖或铁罩加以保护，使用后须注意把卸下的帽盖或铁罩重新装上，以防搬运过程中受到撞击而损坏。

4）当储存罐中制冷剂用完时，应立即关闭控制阀，以免混入空气和水分。

5）液态制冷剂溅入眼睛能致盲；同时，如果液态制冷剂与皮肤接触，很容易造成冻伤。

6）制冷剂储存容器不能暴露在高于50℃的热环境下，不应与明火或任何类型的加热设备接触，同时它也不应在直射阳光中放置，因为容器内部压力过度增加容易造成容器爆炸。

7）如果制冷剂与明火或热金属接触，则会生成一种有毒气体，对人体造成伤害。制冷剂应只由受过适当培训和有经验的汽车检修技术人员来处理。

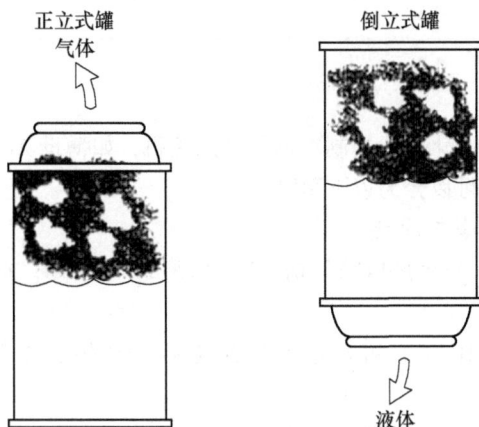

图3-16 罐正立可以气态流出，倒立时可以液态流出

图3-17 钢制制冷剂储存罐

制订计划

本任务的工作内容已确定为雪佛兰科鲁兹汽车空调制冷剂的净化，在学习了前面所述的基本知识之后，我们就可以进行制冷剂的净化操作，特制订如下工作计划：

1）进行作业环境检查。

2）制冷剂检测作业。

3）制冷剂净化作业。

4）清洁场地，完成收尾工作。

任务实施

一、作业前的准备

在开始作业之前，请检查作业场地条件，并填写表3-7，以保证作业的安全与规范。

表3-7 作业环境检查

序　号	检查项目与内容	检 查 结 果
1	作业场地是否通风良好	
2	作业场地有无明火	
3	作业场地有无必要的安全防护设施，如防护手套、防护眼镜、灭火器材等	
4	车辆停放是否周正，车辆停放区域内无异物	

二、制冷剂检测

操作步骤参见"任务一 制冷剂回收"相关内容。

1）记录检测数据。R12：_____ %；R134a：_____ %；R22：_____ %；HC：_____ %；AIR：_____ %。

2）按制冷剂净化原则判定：_____。

三、制冷剂的外部净化

在制冷系统外部净化制冷剂时需使用带有净化功能的制冷剂回收加注机，如博世 AC35OC 型制冷剂回收加注机。制冷剂的外部净化方式又可以分为以下两种：

1. 利用"制冷剂自循环"功能进行制冷剂净化

1）如图 3-18 所示，按菜单键，选择"1. 制冷剂自循环功能"，如图 3-19 所示。操作数字键，设置制冷剂自循环时间，如图 3-20 所示。

注意：程序默认的制冷剂自循环时间是 10min，可根据储存罐内制冷剂重量更换自循环时间。

2）按照屏幕上的提示操作，打开高、低压阀，如图 3-21 所示。

3）按确认键。当系统按照设置的时间运行后，系统会自动停止自循环功能，完成净化操作。

图 3-18 按菜单键

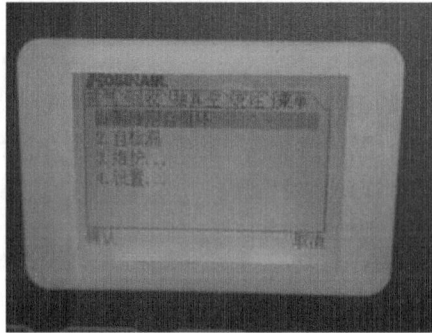

图 3-19 选择"1. 制冷剂自循环功能"

图 3-20 设置制冷剂自循环时间

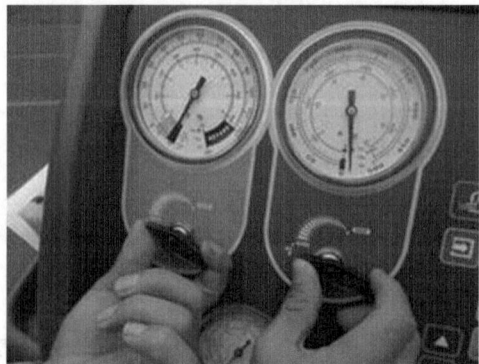

图 3-21 打开高、低压阀

2. 在抽真空时进行制冷剂净化

1）按菜单键，选择"4. 设置"，进入设置操作界面，如图3-22所示。

2）选择"6. 抽真空时是否制冷剂自循环"，进入设置是否制冷剂自循环界面，如图3-23所示。

3）按上下箭头操作键，选择"是"，按确认键，返回系统初始界面。

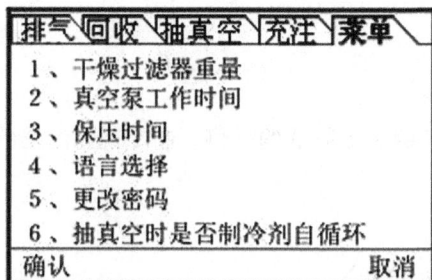

图3-22 设置操作界面

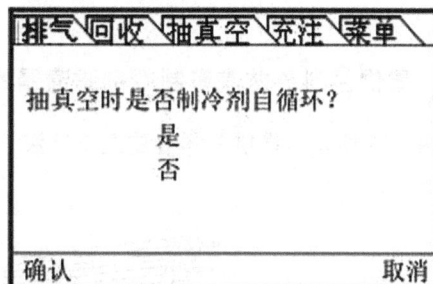

图3-23 设置是否制冷剂自循环

四、回收工量具，清洁、整理场地（略）

知识拓展

一、积累器

1. 积累器的功用

积累器也称气液分离器、集液器，其结构与储液干燥器类似，但是它安装在系统低压侧压缩机的入口处，通常应用于膨胀节流管式的汽车空调系统中。

积累器的功用是留下液态冷制剂，使其在低压区缓慢蒸发，出去的是气态制冷剂，从而起到了气液分离，防止液态制冷剂"液击"压缩机，其结构如图3-24所示。

2. 积累器的工作原理

制冷系统工作时，制冷剂从顶部进入积累器，其中液态制冷剂深入积累器底部，而位于顶部的气态制冷剂则被引向压缩机。在积累器底部的U形出气管上有一个小孔，允许少量冷冻机油流回压缩机，以保证压缩机工作时的润滑需要。此小孔也允

图3-24 积累器的结构

1—干燥剂 2—测试孔口 3—出气管
4—泄油口 5—滤网

许少量液态制冷剂注入，随同冷冻机油和气态制冷剂流向通往压缩机的管路。由于在到达压缩机之前，这些液态制冷剂必将在管路中被汽化，所以不会引起"液击"现象的发生。

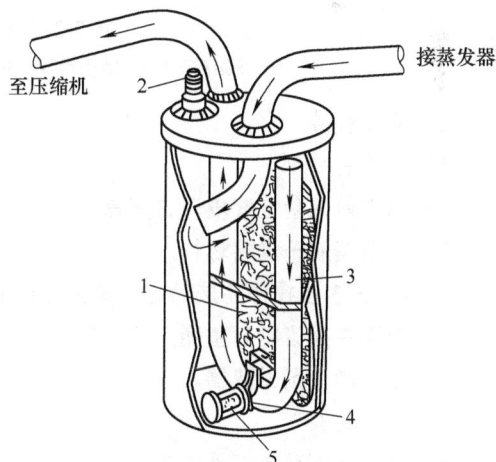

3. 积累器与储液干燥器的区别

1）安装位置不同。积累器安装在制冷系统的低压区，而储液干燥器安装在系统的高压区。

2）虽然积累器和储液干燥器存储的都是液态制冷剂，但积累器存储的这些液态制冷剂在低压区会慢慢地自然蒸发，离开积累器的只是气态制冷剂，因而起到气液分离的作用。储液干燥器留下的是多余的液态制冷剂，用以调节汽车空调运行的需要。

3）积累器中主要是气体，所以容积要求大，其尺寸一般比较大，而储液干燥器的尺寸一般比较小。

二、雪佛兰科鲁兹汽车制冷剂滤清器的更换

如图 3-25 所示，雪佛兰科鲁兹汽车储液干燥器安装在冷凝器的一侧。制冷剂滤清器的更换步骤如下：

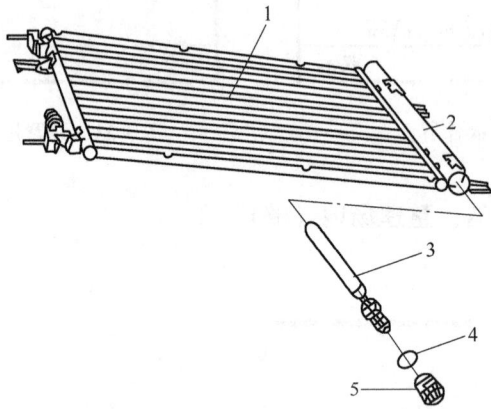

图 3-25　制冷剂滤清器的更换

1—冷凝器　2—储液干燥剂　3—制冷剂滤清器　4—密封垫圈　5—螺栓

1. 拆卸程序

1）回收制冷剂。

2）拆下前保险杠蒙皮开口下盖。

3）拆下储液干燥器螺栓。

注意：第 3 步操作完成后应立即盖住所有空调系统部件，以防系统污染。

4）拆下并报废密封垫圈。

5）取出制冷剂过滤器。

2. 安装程序

1）取下空调系统部件的盖子。

2）安装新的密封垫圈。

3）将制冷剂滤清器装入空调冷凝器。

4）安装空调储液干燥器螺栓。

5）安装前保险杠蒙皮开口下盖。

6）抽真空后加注制冷剂。

7）使用电子检漏仪测试接头是否泄漏。

考核评分

本任务的考核与评分见表3-8。

表3-8 考核与评分

考核内容	考核要求	评分标准	配　分	得　分	
				自　评	互　评
1. 作业环境检查	正确检查作业环境，填写作业环境检查表	错误一处扣2分	10分		
2. 制冷剂检测	（1）正确进行制冷剂鉴别仪初始检查 　（2）正确设置海拔高度 　（3）正确选择采样软管 　（4）正确检测制冷剂 　（5）正确记录制冷剂检测结果 　（6）正确回收制冷剂鉴别仪	错一处扣5分	30分		
3. 制冷剂净化	（1）正确进行制冷剂回收加注机初始检查 　（2）正确设置制冷剂净化流程 　（3）正确净化制冷剂	错误一处扣5分	50分		
4. 职业素养	（1）学习态度：积极主动参与学习 　（2）团队合作：与小组成员一起分工合作，不影响学习进度 　（3）现场管理：服从工位安排，执行实训室管理规定	不足之处扣3分	10分		
5. 安全文明生产	自觉遵守安全文明生产规程	违反一项规定扣5分			
合计					
操作时间	开始时间： 　　结束时间：		实际用时：		

任务三　制冷系统检漏

学习目标

序　号	目标要求
1	能描述汽车空调系统检漏的工艺要求
2	能独立使用博世 TIFXP－1A 型电子卤素检漏仪进行微小泄漏量的检
3	能独立使用博世 16350 型荧光式检漏仪进行汽车空调制冷系统的检漏
4	能独立使用加压法对汽车空调制冷系统检漏。

任务描述

一辆雪佛兰科鲁兹汽车手动空调出现制冷效能不足故障，经维修人员初步检查后认定为制冷系统泄漏所致，现需确定泄漏部位，以维修空调系统。

任务分析

制冷剂泄漏是汽车空调最常见的故障，它会导致空调制冷系统制冷不足或不制冷。汽车空调系统工作环境比较恶劣时，尤其是制冷系统一直随汽车工作在振动的工况之下时，极易造成部件、管道损坏和接头松动，从而使制冷剂发生泄漏。本任务以雪佛兰科鲁兹汽车制冷系统检漏为载体，主要学习汽车空调的检漏工艺规范和检测方法，以完成汽车空调检漏作业。

知识准备

一、汽车空调检漏工艺要求

在《汽车空调制冷剂回收、净化、加注工艺规范》（JT/T 774—2010）标准中，规定了制冷系统检漏工艺要求。

1. 检漏操作

（1）真空检漏 起动回收、净化、加注设备的真空泵，抽真空至系统真空度低于 −90kPa。关闭歧管压力表阀门，停止抽真空，并保持真空度至少15min，检查压力表指示值变化。

1）如压力未回升，继续按要求进行微小泄漏量的检查。

2）如压力回升，则继续抽真空，如累计抽真空时间超过30min，压力仍回升，则可以判定制冷装置有泄漏，应检修制冷装置，并重复进行真空检漏的操作。

注意：采用真空检漏方法检漏，只能说明制冷系统是否泄漏，而不能确定泄漏的具体部位。

（2）微小泄漏量检漏 选择以下适宜的方法进行微小泄漏量的检漏：

1）电子检漏。制冷装置中充入 0.5～1.5MPa 的氮气或 0.35～0.5MPa 的制冷剂（以检漏设备要求的介质压力为准），采用相应的制冷剂检漏设备进行检漏，应反复检查 2～3 次。

2）加压法检漏。用加压设备在制冷装置中充入 1.5MPa 的氮气，保持压力 1h，如压力表指示值下降，则制冷装置存在泄漏，应在各接头处和可疑位置涂抹肥皂水做进一步检查。

3）荧光检漏。制冷装置中充入含有荧光剂的制冷剂，运行 10～15min 后，用紫外线灯照射各接头处和可疑位置，如有黄绿色或蓝色荧光，证明该处存在泄漏。

2. 补漏

通过检漏操作确定泄漏点后，应进行补漏，并按微小泄漏量检测的要求重复进行微小泄漏量检漏，直到确认制冷装置无泄漏。

3. 操作要点

1）检漏前，应清洗检测部位的污物和结霜，防止阻塞制冷剂检漏设备探头。

2）检漏时，应重点检查以下部位：

①制冷装置的主要连接部位，如管接头及喇叭口、连接件、三通阀、压缩机轴封、软管表面、维修阀及充注口等。

②拆装或维修过部件的连接部位。

③压缩机的轴封、密封件和维修阀。

④冷凝器和蒸发器被划伤的部位。

⑤软管易摩擦的部位。

⑥有油迹处。

3）使用制冷剂检漏设备进行检漏时，其探头不应直接接触元器件或接头，且应置于检测部位的下部。

4）应定期检查检漏设备的灵敏性。

5）不宜使用卤素检漏设备进行大泄漏量的检漏。

二、汽车空调检漏常用的工具

制冷剂无色、无味，同时由于汽车内部空间的限制，汽车空调部件的布置非常紧凑，所以检查制冷剂泄漏存在一定的困难，需要借助一些仪器设备。

1. 电子卤素检漏仪

电子卤素检漏仪是使用电子检漏法对微小泄漏量进行检漏的工具，如博世 TIFXP – 1A 型电子卤素检漏仪，其外观如图 3-26 所示，操作面板如图 3-27 所示，各按键的说明如下：

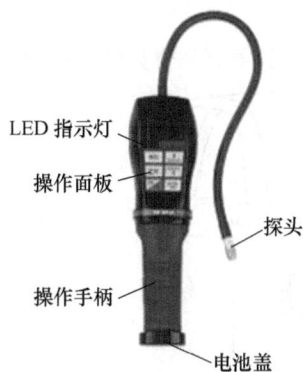

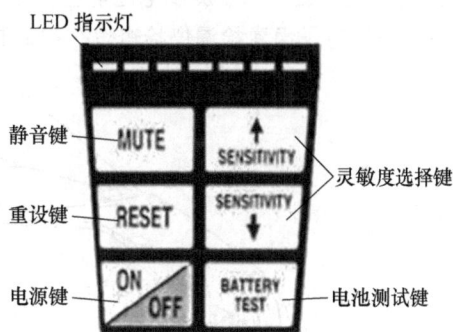

图 3-26 博世 TIFXP – 1A 型电子卤素检漏仪外观　图 3-27 博世 TIFXP – 1A 型电子卤素检漏仪操作面板

（1）电源键　用于打开和关闭仪器。

（2）重设键　利用该键可以找到泄漏的源头。当检测到有泄漏时按下该键，继续检测，直到检测到比原来浓度更大的地方才会再次报警，这样一步步进行下去即可精确地找到泄漏的源头。

（3）静音键　按下静音键不再声音报警，而是 LED 灯闪烁。声音的大小反映出泄漏的大小和强弱（浓度）。

（4）LED 指示灯　LED 指示灯的功能有三个：

1）显示电池电量。最左边的灯是常亮的，绿色表示电量充足，橙色表示不足，红色表示应立即更换，如图 3-28 所示。

2）显示泄漏的大小和强弱。显示绿色表明泄漏较小，橙色表明泄漏一般，红色表示泄漏很大，如图 3-29 所示。

2.5V	2.6V	2.65V	2.7V	2.8V	2.9V	3.0V

Red	Orange	Green

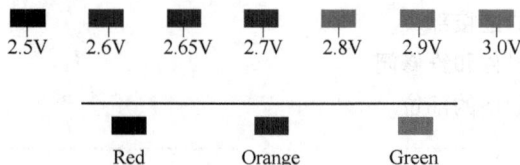

图 3-28　LED 指示灯显示电池电量

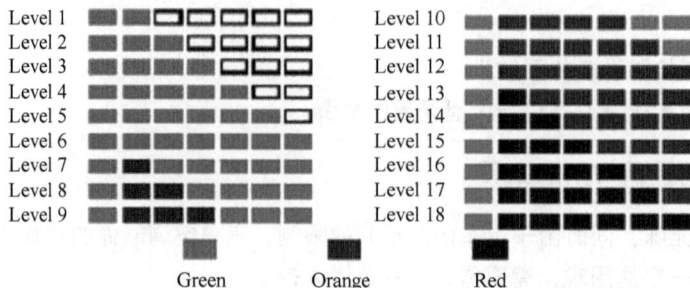

Level 1	Level 10
Level 2	Level 11
Level 3	Level 12
Level 4	Level 13
Level 5	Level 14
Level 6	Level 15
Level 7	Level 16
Level 8	Level 17
Level 9	Level 18

Green	Orange	Red

图 3-29　LED 指示灯显示泄漏大小和强弱

（5）灵敏度选择键　用于调高（按箭头向上的键）或调低（按箭头向下的键）灵敏度，分为 7 个等级。等级越高，LED 灯亮的数目越多；等级越低，LED 灯亮的数目越少。

（6）电池测试键　用于测试电池电量。

注意：使用电子卤素检漏仪检查汽车空调制冷系统时，检查的主要部位如图 3-30 所示。

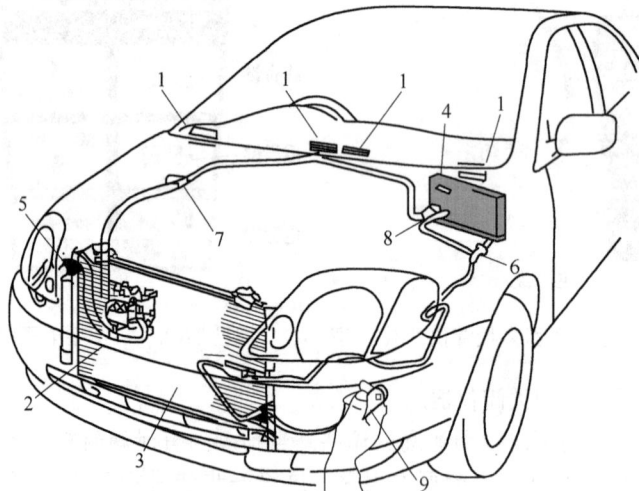

图 3-30　电子卤素检漏仪检查部位

1—出风口　2—空调压缩机　3—冷凝器　4—蒸发器　5—储液干燥器
6—排放软管　7—管道的连接部位　8—蒸发器压力调节器　9—电子卤素检漏仪

2. 荧光式检漏仪

荧光式检漏仪是将荧光剂注入空调系统，荧光剂会随制冷剂在空调系统中循环，当空调系统存在泄漏时，荧光剂将会遗留在泄漏点处，在紫外线灯的照射下泄漏点处的荧光剂会发出荧光，帮助维修人员很容易找到泄漏点。图 3-31 所示为博世 16350 型荧光式检漏仪。

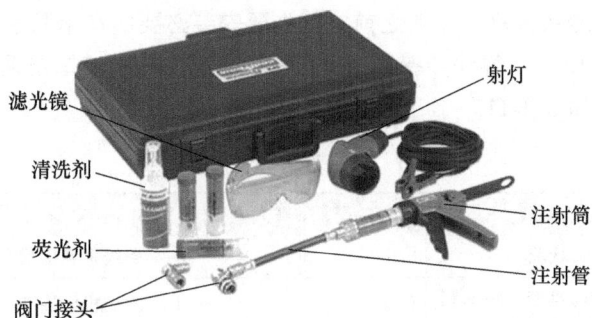

图 3-31 博世 16350 型荧光式检漏仪

注意：许多包装的检漏染色液只能用于某些空调系统，这一点很重要。当改装含有染色液的空调系统时，应将所有的残留染色液冲洗干净。

制订计划

本任务的工作内容已确定为雪佛兰科鲁兹汽车空调制冷系统的检漏，在学习了前面所述的基本知识之后，我们就可以进行制冷系统的检漏操作，特制订如下工作计划：

1）进行作业环境检查。

2）安装车辆防护装置。

3）记录待作业车辆基本信息。

4）使用电子卤素检漏仪对汽车空调制冷系统进行检漏。

5）使用加压法对汽车空调制冷系统进行检漏。

6）使用荧光式检漏仪对汽车空调制冷系统进行检漏。

7）清洁场地，完成收尾工作。

任务实施

一、作业前的准备

1. 进行作业环境检查

在开始作业之前，请检查作业场地条件，并填写表 3-9，以保证作业的安全与规范。

表 3-9 作业环境检查

序 号	检查项目与内容	检 查 结 果
1	作业场地是否通风良好	
2	作业场地有无明火	
3	作业场地有无必要的安全防护设施，如防护手套、防护眼镜、灭火器材等	
4	车辆停放是否周正，车辆停放区域内无异物	

2. 安装车辆防护装置, 记录车辆基本信息

在进行汽车空调制冷系统检漏作业之前, 首先要安装必要的车辆防护装置并进行基本作业检查, 将结果填入表 3-10 中, 操作步骤参见项目一中 "任务一 汽车空调使用" 相关内容。然后记录车辆基本信息, 填表 3-11。

表 3-10 车辆基本检查作业记录

序 号	项 目	作业记录	序 号	项 目	作业记录
1	车轮挡块放置状况		4	各线束连接状况	
2	座椅套、转向盘套、驻车制动杆套、变速器杆手柄套、脚垫、翼子板布等安装状况		5	发动机机油液位	
			6	冷却液液位	
3	仪器、设备、工量具数量		7	蓄电池电压	

表 3-11 车辆基本信息

汽 车 型 号		车 牌 号	
发动机型号		VIN 编号	

二、使用电子卤素检漏仪对汽车空调制冷系统进行检漏

1) 用眼睛查看制冷系统各部位 (特别是管接头) 是否有沾有带油的灰尘。

查看结果: _____。

2) 使用空调压力表测量空调制冷系统压力。检查结果: _____ kPa。

注意: 当系统压力大于 350 kPa 时, 才能使用电子卤素检漏仪对制冷系统进行检漏。

3) 取博世 TIFXP–1A 型电子卤素检漏仪, 按电源键, 开机。

4) 按灵敏度选择键, 调节灵敏度, 使第一个 LED 灯点亮, 其他 LED 灯熄灭, 仪器发出频度不高的声音。

5) 将检漏仪的探头指向被检区域 (不要接触), 若点亮的 LED 灯增多, 声音频率增高, 则说明有泄漏现象。

6) 当检测到泄漏时按下重设键, 继续检测, 直到检测到比原来浓度更大的地方才会再次报警。

注意: 为了保证检测的准确性, 应对每个容易泄漏点检查 2~3 次, 每个点应停留至少 5s。

检查结果: _____。

三、使用加压法对汽车空调制冷系统进行检漏

1) 松开雪佛兰科鲁兹汽车高、低压检修阀防尘帽。

2) 取歧管压力表组, 高压软管接在高压管道上, 低压软管接在低压管道上, 测量空调制冷系统压力, 确保管路中无压力。

注意: 如果汽车空调系统有压力, 应先回收系统内制冷剂或进行抽真空操作。

3) 将高压氮气罐连接至维修软管上, 打开高、低压手动阀, 向系统中充入干燥的压缩氮气, 当压力达到 1.5MPa 时, 停止充气。

4）保持车辆静止，将肥皂水涂抹在空调管路各接头等易泄漏部位，如果有气泡冒出，则说明该处有泄漏，如无气泡冒出，30min后若压力无明显下降，则说明系统无泄漏。

检查结果：＿＿＿＿＿＿＿＿＿＿＿＿＿＿＿＿＿＿＿＿＿＿＿＿＿＿＿＿＿。

四、使用荧光式检漏仪对汽车空调制冷系统进行检漏

1）使用空调压力表测量空调制冷系统压力，确保管路中无压力。

注意：如果汽车空调系统有压力，应先回收系统内制冷剂或进行抽真空操作。

2）从包装袋中取出荧光剂瓶，撕开荧光剂瓶的封口，将荧光剂瓶装在注射枪和注射管之间（注射管前部已装好阀门接头）。

3）按压注射枪，使注射枪压紧荧光剂瓶的活塞。

注意：若需要释放荧光剂瓶，可扳动注射枪侧面的黑色拨杆。

4）将注射管的阀门接头装在车辆的低压检修阀门上。按压注射枪，推进一格，使荧光剂注入管路中，然后将注射管的阀门接头从车辆的低压阀门上拆下来。

5）向空调制冷系统加注制冷剂，使用清洗剂将低压阀门处的荧光剂清洁干净。

6）起动发动机，打开空调系统，使空调压缩机运转10min以上，使荧光剂充分循环。

7）将射灯的电源夹连接在蓄电池上。按压射灯的开关，射灯应有光射出。

8）戴上滤光镜，用射灯照射需要检查的部件及管路。若发现有黄绿色的痕迹（荧光剂渗出），此处有漏点。

检查结果：＿＿＿＿＿＿＿＿＿＿＿＿＿＿＿＿＿＿＿＿＿＿＿＿＿＿＿＿＿。

五、清洁场地，完成收尾工作（略）

知识拓展

一、电子卤素检漏仪的工作原理

如图3-32所示，电子卤素检漏仪内部主要由电源、电流表2、加热器3、阴阳极板6和4、吸气微型风扇1等组成。其工作原理为：气态制冷剂通过吸气微型风扇被吸入至加热器，被加热器加热后蒸发，至金属铂制成的阳极板与阴极板之间时，其气体分子会失去电子，以正离子的形态飞离表面，于是在阴阳极板之间形成电流。制冷剂蒸发越多，所形成的电流越大，驱动电子卤素检漏仪发出的提示音就越大。

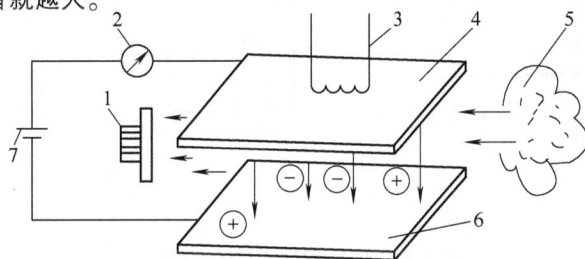

图3-32　电子检漏仪的工作原理

1—吸气微型风扇　2—电流表　3—加热器　4—阳极板　5—气态制冷剂　6—阴极板　7—电源

二、汽车空调制冷系统密封圈的更换

汽车空调管路接头是比较容易泄漏的部位，往往是由于 O 形密封圈的老化失效或机械损伤导致的。另外，在拆卸空调系统部件后也应当更换 O 形密封圈。

1. O 形密封圈的甄别

R12 系统与 R134a 系统所使用的 O 形密封圈的材质和颜色都不一样。R12 系统使用的 O 形密封圈一般是黑色的，R134a 系统使用的 O 形密封圈一般是绿色或红色的。因为 R134a 会损坏 R12 系统的 O 形密封圈，所以禁止将 R12 系统的 O 形密封圈用到 R134a 系统中去。两者的使用关系如图 3-33 所示。

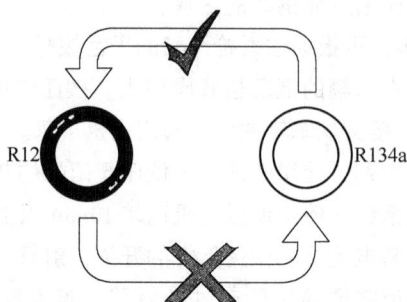

图 3-33　R12 和 R134a 系统用 O 形密封圈使用关系

2. O 形密封圈的更换

1）拆下空调制冷系统管路的连接接头。

2）为了避免损坏管道，应使用一些较软的物品（如牙签）拆卸 O 形密封圈。

3）用不起毛、清洁干燥的抹布，认真清洁管路的连接接头密封面。

4）选用同型号的 O 形密封圈。

5）将新 O 形密封圈涂上少许冷冻机油，小心地套在软管上，正确安装 O 形密封圈，如图 3-34所示。

a)　　　　　　　　　　　　　　　　　　b)

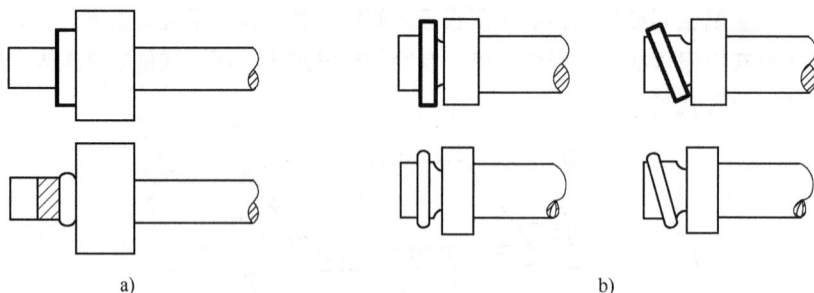

图 3-34　O 形密封圈的安装方法

a）正常安装方法　b）错误安装方法

6）按规定力矩拧紧管路接头。

考核评分

本任务的考核与评分见表3-12。

表3-12 考核与评分

考核内容	考核要求	评分标准	配分	得分	
				自评	互评
1. 作业环境检查	正确检查作业环境,填写作业环境检查表	错误一处扣2分	10分		
2. 车辆基本检查	(1) 正确放置车轮挡块 (2) 正确安装座椅套、转向盘套、驻车制动杆套、变速杆手柄套、脚垫、翼子板布等 (3) 检查仪器、设备、工量具数量 (4) 检查线束连接不少于5处 (5) 正确检查发动机机油液位 (6) 正确检查冷却液液位 (7) 正确检查蓄电池电压 (8) 正确检查空调传动带松紧度 (9) 正确填写车辆基本信息记录表 (10) 正确记录车辆基本信息	错误一处扣2分	10分		
3. 使用电子卤素检漏仪对制冷系统进行检漏	(1) 正确检测制冷系统压力 (2) 正确设置电子卤素检漏仪灵敏度 (3) 正确操作电子卤素检漏仪 (4) 检查部位不小于5个 (5) 正确确认泄漏部位	错一处扣5分	20分		
4. 使用加压法检漏	(1) 正确使用歧管压力表组 (2) 正确充注氮气 (3) 正确放置肥皂水	错误一处扣5分	20分		
5. 使用荧光式检漏仪对汽车空调制冷系统进行检漏	(1) 正确检测制冷系统压力 (2) 正确吸入荧光剂 (3) 正确注入荧光剂 (4) 正确清洁高、低压检修阀 (5) 正确确认泄漏部位	错误一处扣5分	30分		
6. 职业素养	(1) 学习态度:积极主动参与学习 (2) 团队合作:与小组成员一起分工合作,不影响学习进度 (3) 现场管理:服从工位安排,执行实训室管理规定	不足之处扣3分	10分		
7. 安全文明生产	自觉遵守安全文明生产规程	违反一项规定扣5分			
合计					
操作时间	开始时间: 结束时间: 实际用时:				

任务四　抽真空和加注冷冻机油

学习目标

序　号	目 标 要 求
1	能正确描述汽车空调制冷系统抽真空和加注冷冻机油的工艺要求
2	能正确描述冷冻机油的性能要求
3	能根据制冷系统正确选择冷冻机油
4	能独立完成汽车空调制冷系统抽真空作业
5	能独立使用博世 AC350C 制冷剂回收加注机向制冷系统加注冷冻机油

任务描述

一辆雪佛兰科鲁兹汽车手动空调更换了制冷剂滤清器后，现需要重新加注制冷剂，在加注制冷剂之前要进行抽真空操作和加注冷冻机油操作。

任务分析

汽车空调制冷系统经过修理之后，由于接触了空气，必须使用真空泵进行抽真空，以排出系统内的空气和水分。本任务以雪佛兰科鲁兹汽车制冷系统抽真空和加注冷冻机油为载体，主要学习汽车空调抽真空和加注冷冻机油的工艺规范和操作方法，以完成汽车空调抽真空和加注冷冻机油作业。

知识准备

一、抽真空和加注冷冻机油的工艺要求

在《汽车空调制冷剂回收、净化、加注工艺规范》（JT/T 774—2010）标准中，规定了抽真空与加注冷冻机油的工艺要求。

1. 抽真空

（1）抽真空操作

1）抽真空前，检查压力表指示值。制冷装置中的压力应低于 70kPa，如超过该压力，应重新进行制冷剂回收操作，直到压力达到要求。

2）抽真空至系统真空度低于 –90kPa。

3）在达到要求的真空度时，应继续抽真空操作，持续时间应不少于 15min，以充分排出制冷装置中的水分。大型车辆及空调管路较长的车辆，抽真空时间可适当延长。

（2）操作要点

1）不应采用回收、净化、加注设备的压缩机进行抽真空作业。

2）当回收、净化、加注设备工作在全自动模式时，应根据湿度等具体情况和需要，预设抽真空的持续时间并符合抽真空操作第三项要求。

2. 补充冷冻机油

（1）补油操作　在加注制冷剂前，应补充冷冻机油，建议的补充量为制冷剂净化时的排出量再加上 20mL。

采用回收、净化、加注设备进行冷冻机油的补充，具体操作参见设备使用手册。

（2）操作要点

1）冷冻机油的种类应符合制冷装置的规定。

HFC-134a 系统：聚烃基乙二醇（PAG）、聚酯类油（POE）、多羟基化合物（ND11，用于混合动力电驱动压缩机）。

CFC-12 系统：矿物基类。

2）不应过量补充冷冻机油。

3）补充冷冻机油时，制冷装置应处于真空状态。当制冷装置中存有高压时，不应打开注油阀。

二、抽真空

1. 抽真空的目的与作用

抽真空的目的是进一步检查制冷系统在真空下的密封性，最大限度地排出系统内部水分，并且为系统充注制冷剂打好基础。

抽真空并不能直接把水分抽出系统，而是在制冷系统里产生了真空之后，降低了水的沸腾点，使水分在较低的温度下沸腾，以蒸汽的形式被抽出。系统内部水分过多时，会导致在节流膨胀阀出口形成冰堵而制冷不良或间歇制冷，过多的水分也会导致化学腐蚀而产生系统泄漏。

2. 使用真空泵抽真空步骤

1）如图 3-35 所示，将歧管压力表组高压表软管接入制冷系统高压检修阀，低压表软管接入制冷系统低压检修阀，中间软管接在真空泵接口上。

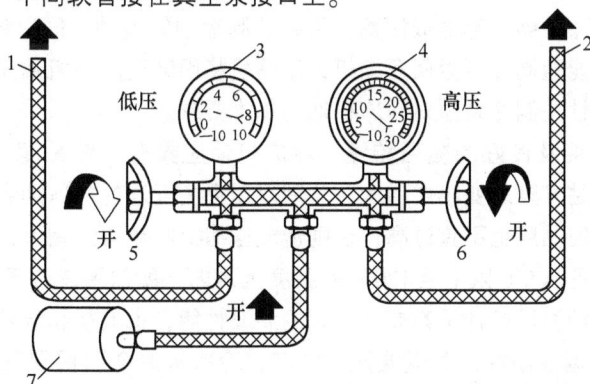

图 3-35　使用真空泵抽真空

1—接低压检修阀的软管　2—接高压检修阀的软管　3—低压表

4—高压表　5—低压手动阀　6—高压手动阀　7—真空泵

2）打开歧管压力表组的高、低压手动阀，起动真空泵。

3）待系统真空度低于 -90kPa 时，关闭高、低压手动阀，静置 10min 后，观察压力表真空度数值是否有回升。若真空度下降，则表明系统有泄漏处，应进行检漏操作。

注意：如果系统真空度下降不到 -90kPa，说明系统存在泄漏，应停止抽真空操作，进行制冷系统检漏。

4）再次起动真空泵，打开歧管压力表组的低压手阀，继续抽真空 15min，然后关闭低压手阀，抽真空结束。

三、冷冻机油的基本知识

1. 冷冻机油的作用

（1）润滑　和其他机械润滑油一样，冷冻机油的主要作用就是润滑压缩机活塞、活塞环、曲轴、连杆、轴承等组成的运动副表面，减少磨损和运动阻力，降低压缩机机械损耗，提高其工作效率，延长其使用寿命。

（2）密封　冷冻机油渗入油封密封处形成隔离层，以防漏油，并且在活塞环与缸壁间形成油膜，以防气态制冷剂泄露，保证了制冷效率。

（3）冷却　冷冻机油能及时带走运动副摩擦表面的热量，防止压缩机因工作温度过高而造成排气压力过高而导致制冷效率降低，保证了压缩机工作稳定、可靠。

（4）降低了压缩机的噪声　由于冷冻机油在运动副摩擦表面可缓解两零件间的运动冲击，从而降低了这种冲击产生的噪声。

2. 冷冻机油的性能要求

冷冻机油在空调制冷系统中应完全溶解于制冷剂中，并随制冷剂一起在制冷系统中循环。因此，冷冻机油的油温有时会超过 120℃，而制冷剂蒸发温度范围在 -30～10℃ 之间，这使得冷冻机油工作在高温与低温的交替条件下。为了保证其工作正常，对冷冻机油提出了较高的性能要求。

（1）与制冷剂互溶性要好　在制冷系统所有可能的压力与温度范围内，冷冻机油都要与所使用的制冷剂互溶。在汽车空调制冷系统中，制冷剂与冷冻机油是混合在一起的，当制冷剂在系统管路中流动时，冷冻机油随之一起流动。若两者互溶性不好，冷冻机油就会从液态制冷剂中分离出来集聚在冷凝器和蒸发器下部形成油塞，阻碍了制冷剂的流动，同时还会影响热交换效率，并且大部分冷冻机油不能随制冷剂返回压缩机，压缩机将因缺乏冷冻机油而加剧磨损。因此，冷冻机油与制冷剂的互溶性是制冷系统对冷冻机油的基本要求。

（2）要有适当的黏度及良好的黏温特性　冷冻机油应具有一定黏度，且受温度影响要小。温度升高或降低时，其黏度随之变小或增大，与制冷剂完全互溶的冷冻油会变稀，因此，应选用黏度较高的冷冻机油。但黏度也不宜过高，否则造成压缩机起动转矩增大，起动困难。冷冻机油在制冷系统中工作条件是从 0℃ 以下至 120℃ 的温度范围内，所以要求在温度变化很大时，油的黏度变化要小，即在各种温度条件下都具有良好的润滑性能，也就是黏温特性要好。

（3）要有良好的低温流动性　若低温流动性差，冷冻机油会沉积在蒸发器等部件内，影响制冷能力及制冷效率。

（4）要有良好的化学稳定性和耐氧化性　要求冷冻机油具有较高的热稳定性，即在高温下不氧化、不分解、不结胶、不积炭、不与制冷剂和其他材料（如金属、橡胶、干燥剂等）发生化学反应。

（5）吸水性要小 汽车空调要求冷冻机油吸水性小，容易干燥。如果冷冻机油中水分过多，则会在膨胀阀节流口处结冰，产生冰堵现象，影响系统制冷剂的流动；同时，油中水分会造成镀铜现象并对某些材料产生腐蚀与变质。

3. 冷冻机油的选用

我国冷冻机油的牌号有 4 个，即 13 号、18 号、25 号和 30 号，牌号越大，其黏度就越大。进口的冷冻机油一般有 SUNISO 3GS ~ SUNISO 5GS 牌号，牌号越大，黏度也越大。冷冻机油变质的主要原因是混入水分、氧化，以及不同牌号的冷冻机油混合使用。

选择冷冻机油时，要充分考虑空调压缩机内部冷冻机油的工作状态，如吸气、排气温度等。根据冷冻机油的特性，在实际选用时，应以低温性能为主进行选择，但也要适当考虑热稳定性。汽车空调制冷剂一般选择国产的 18 号、25 号冷冻机油或进口的 SUNISO 5GS 冷冻机油。

4. 冷冻机油使用注意事项

1）按原车空调压缩机所规定的冷冻机油牌号进行补充或更换，如果要更换其他牌号的冷冻机油，必须使用具有同等性能的冷冻机油。

2）不能使用变质的冷冻机油，也不能将不同牌号的冷冻机油混合使用。

3）冷冻机油具有较强的吸湿能力，应注意密封储存。在实际加注或更换冷冻机油时，需做好前期准备工作，加注过程中操作应迅速，加注完毕应立即盖紧油箱盖。

4）按原车规定的用量加注或更换冷冻机油。过量使用会降低汽车空调的制冷效果，加注量过低会降低压缩机的寿命。

5）在排放制冷剂时要缓慢进行，以免冷冻机油与制冷剂一同喷出。

四、冷冻机油的检查

1. 冷冻机油油量的检查方法

压缩机冷冻机油油量的检查一般有以下两种方法。

（1）通过观察窗检查 通过压缩机上安装的观察窗，可观察压缩机油量，如图 3-36 所示。压缩机冷冻机油油面达到观察窗高度的 80% 位置，一般认为是合适的。如果油面在此界线之上，则应引出多余的冷冻机油；如果油面在这个界线之下，则应添加冷冻机油。

（2）通过量油尺检查 未装观察窗的压缩机，可用量油尺检查其冷冻机油油量，如图 3-37 所示。压缩机有一个油塞，油塞下面有的装有量油尺，有的没有量油尺，若没有，则需另外使用专用量油尺插入检查，观察油面的位置是否在规定的上、下限之间。

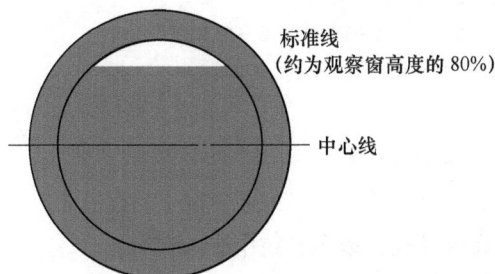

图 3-36 由视液窗观察油量

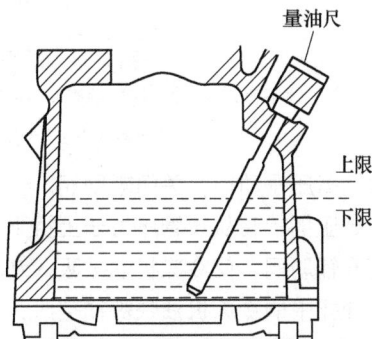

图 3-37 量油尺检查油量

2. 冷冻机油品质的检查

平时使用时，可从油的颜色、气味等粗略判断油的品质。若有异味，很可能就是冷冻机油变质了。但颜色变深却不一定表示冷冻机油已变质，这是因为冷冻机油使用一段时间后，颜色一般都要变深。冷冻机油简易的判断方法是：将油滴在吸水性好的白纸上，若油滴中心部分没有黑色，则说明油没有变质，可以继续使用；若油滴中心部分出现黑色斑点，则说明油已开始变质，应该换油。另外，若油中含有水分，油的透明度会降低，若出现这种情况也需要更换。

五、冷冻机油的加注方法

一般来说，在空调制冷系统正常运行情况下，压缩机的冷冻机油是不需再进行加注的。但是，如果汽车发生碰撞、制冷系统软管破裂、接头泄漏及制冷系统需更换某一总成等情况下，将会导致冷冻机油减少。这时就必须检查压缩机的冷冻机油，并进行加注。添加冷冻机油可以用两种方法。

1. 直接加入法

将冷冻机油按标准质量称好或用洁净的量杯量好，直接倒入压缩机内，利用压缩机工作运转时的抽吸作用，在保持发动机处于低速运转的情况下，将冷冻机油从压缩机的低压阀口吸入。这种方法只有在更换蒸发器、冷凝器和储液干燥器时方可使用。

2. 真空吸入法

如图 3-38 所示，先将制冷系统抽真空至 $0.02 \times 10^5 \text{Pa}$，然后开始加注冷冻机油。

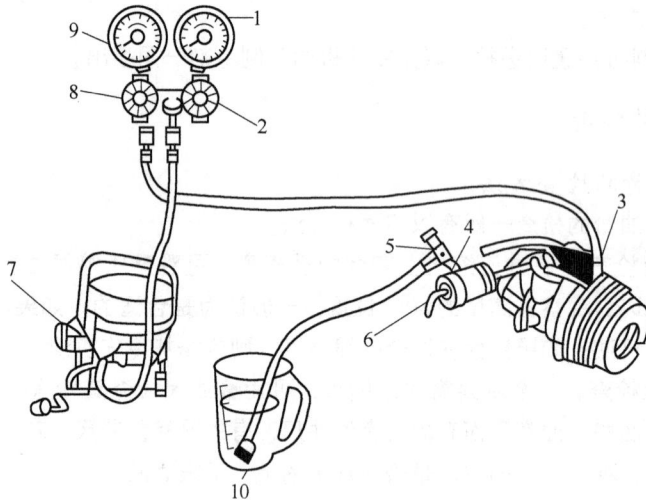

图 3-38　采用真空吸入法添加冷冻机油

1—高压表　2—高压手阀　3—回气门　4—排气门　5—辅助阀　6—高压管路
7—真空泵　8—低压手阀　9—低压表　10—油杯

1）关闭高压手动阀，关闭辅助阀。

2）把高压侧软管从歧管压力表上拆下，插入油杯内。

3）打开辅助阀，使冷冻机油被吸入制冷系统。

4）当油杯中的冷冻机油快被抽空时，立即关闭辅助阀，以免系统中吸入空气。

5）把高压侧软管接头拧在歧管压力表上，打开高压手动阀，起动真空泵，将高压侧软管抽真空。然后打开辅助阀，将系统抽真空至 $0.02 \times 10^5 \mathrm{Pa}$，再加抽 $15\mathrm{min}$，以便排出随冷冻机油进入系统里的空气。此时，冷冻机油在高压侧，等系统运转后，冷冻机油返回压缩机。

制订计划

本任务的工作内容已确定为雪佛兰科鲁兹汽车空调制冷系统的抽真空与加注冷冻机油，在学习了前面所述的基本知识之后，我们就可以进行操作，特制订如下工作计划。

1）进行作业环境检查。

2）安装车辆防护装置。

3）记录待作业车辆基本信息。

4）使用制冷剂回收加注机进行抽真空操作。

5）使用制冷剂回收加注机加注冷冻机油。

6）清洁场地，完成收尾工作。

任务实施

一、作业前的准备

1. 进行作业环境检查

在开始作业之前，请检查作业场地条件，并填写表3-13，以保证作业的安全与规范。

表3-13 作业环境检查

序　号	检查项目与内容	检查结果
1	作业场地是否通风良好	
2	作业场地有无明火	
3	作业场地有无必要的安全防护设施，如防护手套、防护眼镜、灭火器材等	
4	车辆停放是否周正，车辆停放区域内无异物	

2. 安装车辆防护装置，记录车辆基本信息

在进行汽车空调作业之前，首先要安装必要的车辆防护装置并进行基本作业检查，将结果填入表3-14中，操作步骤参见项目一中"任务一 汽车空调使用"相关内容。然后记录车辆基本信息，填表3-15。

表3-14 车辆基本检查作业记录

序　号	项　目	作业记录	序　号	项　目	作业记录
1	车轮挡块放置状况		4	各线束连接状况	
2	座椅套、转向盘套、驻车制动杆套、变速器杆手柄套、脚垫、翼子板布等安装状况		5	发动机机油液位	
			6	冷却液位	
3	仪器、设备、工量具数量		7	蓄电池电压	

表 **3-15**　车辆基本信息

汽 车 型 号		车 牌 号	
发动机型号		VIN 编号	

二、使用冷媒回收加注机进行抽真空和加注冷冻机油作业

1）确认制冷剂回收加注机锁止正常，电源线、软管无破损，真空泵液位正常，注油瓶、排油瓶液位正常。

2）取下高、低压检修阀防尘帽，将制冷剂回收加注机的红、蓝色软管分别与汽车空调系统的高、低压接口连接。

3）打开制冷剂回收加注机电源开关，设置系统保压时间。

①按菜单键，选择"4. 设置"，进入设置操作界面，如图 3-39 所示。

②选择"3. 保压时间"，进入保压时间设置界面，如图 3-40 所示，通过键盘操作设置保压时间为 15min。

③按确认键，保压时间设置完成。

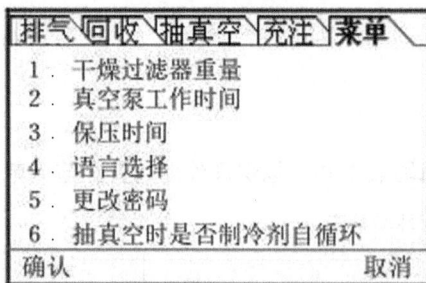

图 3-39　设置操作界面

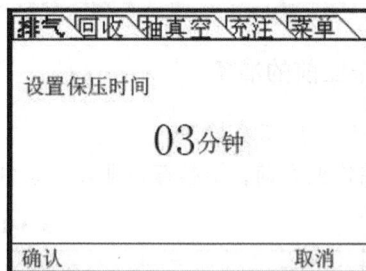

图 3-40　设置保压时间

4）如图 3-41 所示，按下抽真空键，待屏幕上显示抽真空状态后，通过数字键设定抽真空时间为 15min，如图 3-42 所示。

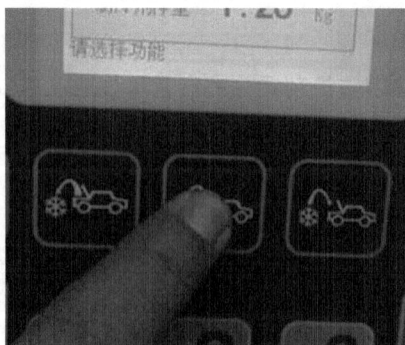

图 3-41　按抽真空键

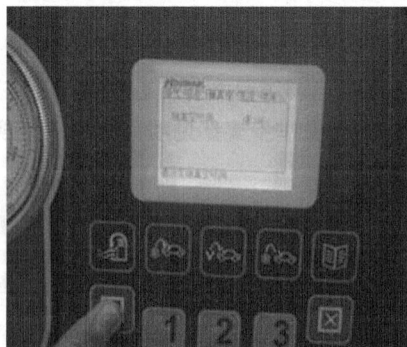

图 3-42　设定抽真空时间

5）按下确认键，开始抽真空操作，如图 3-43 所示。

注意：在抽真空前，必须检查压力表。只有在低压小于 0kPa 时才可进行抽真空操作，否则会损坏真空泵。如果压力大于0kPa，请先进行回收操作。

6）抽真空完成后，关闭高、低压手动阀。根据系统提示，按下确认键，进入保压环节。15min保压完成后，观察压力表的变化，确认是否有泄漏。如果存在泄漏要查明原因并进行处理，直至不再泄漏才进行下一步的操作。

7）再次抽真空30min后打开高压手动阀，按下确认键，显示屏显示进入注油流程，如图3-44所示。

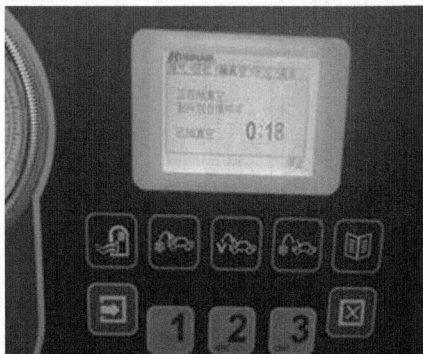

图3-43 按确认键开始抽真空

图3-44 加注冷冻机油

8）观察注油瓶油量，按下确认键，开始注油，待注油量达到排出油量（参见任务一 制冷剂的回收）＋20mL时，按下取消键，加注冷冻机油操作完成。

三、清洁场地，完成收尾工作（略）

知识拓展

一、油分离器

在汽车空调压缩机工作过程中，一部分冷冻机油受高温影响汽化而混合在制冷剂中排出。当其进入冷凝器和蒸发器后，会在管壁上凝结成一层油膜，由于油膜的热导率很小，将导致冷凝器和蒸发器传热效率降低，从而降低了制冷效率。特别是回转式制冷压缩机（如螺杆式压缩机），其冷冻机油不仅起润滑作用，而且还起密封和冷却作用。因此，制冷剂气体中的冷冻机油应当在压缩之后设法排回压缩机，而油分离器的功能正是如此。

图3-45所示为油分离器的结构，它安装在压缩机和冷凝器之间，由筒体7、滤网3、浮球阀5、进气管1、排气管2及手动回油阀4和6等组成，一般在大型豪华客车或列车上才采用此装置。

油分离器的工作过程是：当压缩机排出的高压气体进入油分离器时，由于通道面积突然增大，气体流速突然降低，流动方向发生变化（进、排气管的方向不同），并且由于油分离器内滤网的阻挡，气体中夹带的冷冻机油蒸汽和油滴由于密度大而与气体分离，聚积在容器的底部，只有极少量混合在气体中被带到冷凝器和蒸发器中去。当油分离器底部聚集的冷冻机油量足够使浮球浮起时，浮球阀被打开，积存的冷冻机油便被压回到压缩机的曲轴箱里，使压缩机的液位能保持正常，确保安全运转。当油分离器中油量减少后，浮球也随着降低，在液位下降到一定位置时，浮球阀即自动关闭。

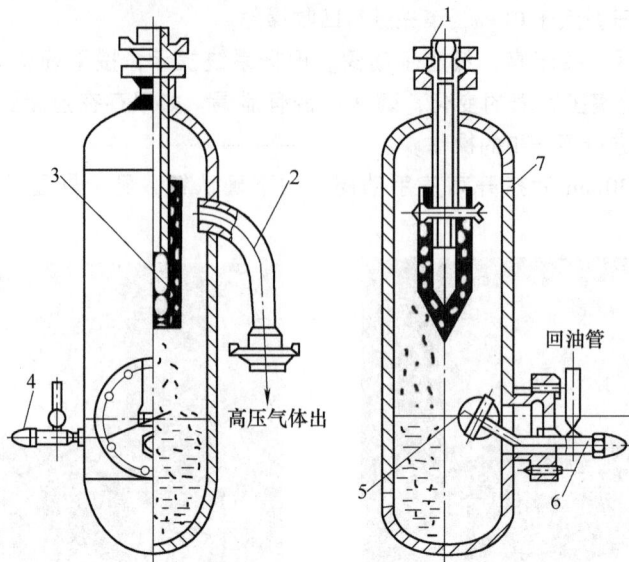

图 3-45　油分离器的结构

1—进气管　2—排气管　3—滤网　4、6—手动回油阀　5—浮球阀　7—筒体

二、冷冻机油的性能指标

冷冻机油是深度精制的特殊润滑油，由于工作条件恶劣，它必须在高温（120℃左右）、低温（-30~10℃）下均能正常工作，因此对它的各项性能指标要求较高，主要有以下几项：

（1）黏度　用冷冻机油的黏度来衡量冷冻机油黏性大小。温度上升时，其黏度减小；温度下降时，其黏度增大。因此表示冷冻机油黏度时，应同时指出其温度值。黏度的大小可用各种黏度单位来表示。冷冻机油常用运动黏度来表示，它是冷冻机油在重力作用下流动时内摩擦力大小的度量。

（2）凝固点　冷冻机油在温度降低时，随着黏度的增大，流动性会变差。当冷却到一定温度时便停止流动，此时的温度称为冷冻机油的凝固点，凝固点比浊点要低。冷冻机油与制冷剂相互混合溶解后，其凝固点会有所降低，一般下降20℃左右。

（3）相溶性　相溶性是指冷冻机油既能与制冷剂充分混合，又必须保持以油状存在，在工作过程中不会会分离但也不产生化学反应的性质。

（4）浊点　当冷冻机油温度降到一定值时，油中开始析出小块石蜡，并出现絮状物，这时的温度称为冷冻机油的浊点。由于冷冻机油析出固体石蜡，会使冷冻机油变得浑浊，并堵塞过滤器、膨胀阀等，引起制冷系统工作不正常，所以冷冻机油的浊点应低于制冷剂的蒸发温度。

（5）水分　冷冻机油中不允许含有水分。若水分过多，会对空调系统造成损坏或形成冰堵。

（6）闪点　将冷冻机油加热直至其油蒸汽与明火接触发生闪火的温度。

（7）燃点　将冷冻机油加热直至其油蒸汽能被明火点燃5s以上的温度。

（8）酸值　用中和1g冷冻机油的酸性物质所需要的氢氧化钾的毫克数表示酸值，单位用mg（KOH）/g表示。

（9）机械杂质含量　冷冻机油中不允许含有机械杂质，来自系统内的机械杂质将会引起油路堵塞，加速运动部件的磨损。机械杂质的含量用质量百分数表示。新油中是无机械杂质的。

（10）灰分　指在规定范围内，油品被炭化后的残留物质经燃烧所得的无机物，用质量百分数来表示。

(11) 耐氧化性　冷冻机油需具有良好的化学稳定性，不易被氧化，其酸值和碱性都很小。

考核评分

本任务的考核与评分见表3-16。

表3-16　考核与评分

考核内容	考核要求	评分标准	配　分	得　分	
				自评	互评
1. 作业环境检查	正确检查作业环境，填写作业环境检查表	错误一处扣2分	10分		
2. 车辆基本检查	(1) 正确放置车轮挡块 (2) 正确安装座椅套、转向盘套、驻车制动杆套、变速杆手柄套、脚垫、翼子板布等 (3) 检查仪器、设备、工量具数量 (4) 检查线束连接不少于5处 (5) 正确检查发动机机油液位 (6) 正确检查冷却液液位 (7) 正确检查蓄电池电压 (8) 正确检查空调传动带松紧度 (9) 正确填写车辆基本检查作业记录表 (10) 正确记录车辆基本信息	错误一处扣3分	20分		
3. 抽真空	(1) 正确进行制冷剂回收加注机初始检查 (2) 正确设置保压时间 (3) 正确设置抽真空时间 (4) 正确观察系统是否泄漏 (5) 正确操纵高、低压手动阀	错一处扣5分	30分		
4. 加注冷冻机油	(1) 正确观察注油瓶冷冻机油油量 (2) 正确加注冷冻机油 (3) 正确操作制冷剂回收加注机	错误一处扣5分	30分		
5. 职业素养	(1) 学习态度：积极主动参与学习 (2) 团队合作：与小组成员一起分工合作，不影响学习进度 (3) 现场管理：服从工位安排，执行实训室管理规定	不足之处扣3分	10分		
6. 安全文明生产	自觉遵守安全文明生产规程	违反一项规定扣5分			
合计					
操作时间	开始时间： 结束时间： 实际用时：				

任务五　制冷剂的加注

学习目标

目 标 类 型	目 标 要 求
1	能描述制冷剂加注的工艺要求
2	能正确识别制冷剂的类型
3	能独立操作制冷剂回收加注机进行制冷剂加注作业

任务描述

　　一辆雪佛兰科鲁兹汽车手动空调更换了制冷剂滤清器后，在抽真空操作和加注冷冻机油完成后，现需要重新加注制冷剂以恢复空调性能。

任务分析

　　制冷剂在制冷循环中承担着将车厢内热量传递到车厢外的任务，从而降低车厢内温度，在汽车空调维修结束后要进行定量充注。本任务以雪佛兰科鲁兹汽车制冷系统制冷剂加注作业为载体，主要学习汽车空调制冷剂加注工艺规范和操作方法，以完成汽车空调制冷剂加注作业。

知识准备

一、制冷剂加注工艺要求

　　《汽车空调制冷剂回收、净化、加注工艺规范》（JT/T 774—2010）中规定了制冷剂加注的工艺要求。

1. 加注操作

1）查阅《车辆使用手册》，确认制冷装置的制冷剂类型及加注量。

2）检查制冷剂储罐中的制冷剂质量，不足 3kg 时，应予以补充。

3）按《设备使用手册》进行管路连接及操作。

4）按设备提示结束加注作业。

2. 操作要点

1）加注时，应确保储罐中的制冷剂不少于 3kg，以保持足够的充注压力。

2）应按制冷装置要求的加注量定量加注。

3）制冷剂的加注是在制冷剂储罐与制冷装置间存在压差的情况下进行的。高压端加注时，应关闭发动机（压缩机停止运转），防止制冷剂储罐压力过高；不建议采用低压端加注，以避免产生液击现象，损坏压缩机。

4）完成制冷剂加注，断开设备与制冷装置的连接后，用检漏设备检测加注阀处有无泄漏。

二、制冷剂类型识别方法

进行制冷剂加注作业时，首先要确认系统使用的是何种类型制冷剂。在汽车空调安装、维修和维护时，常采用以下几种方法确认汽车空调制冷剂的类型。

1. 空调铭牌识别法

一般采用 R134a 制冷剂的汽车空调系统，都会在汽车显著部位标明采用的制冷剂类型，如汽车前风窗玻璃角、发动机罩内表面等，一般用绿色指示，如图 3-46 所示。

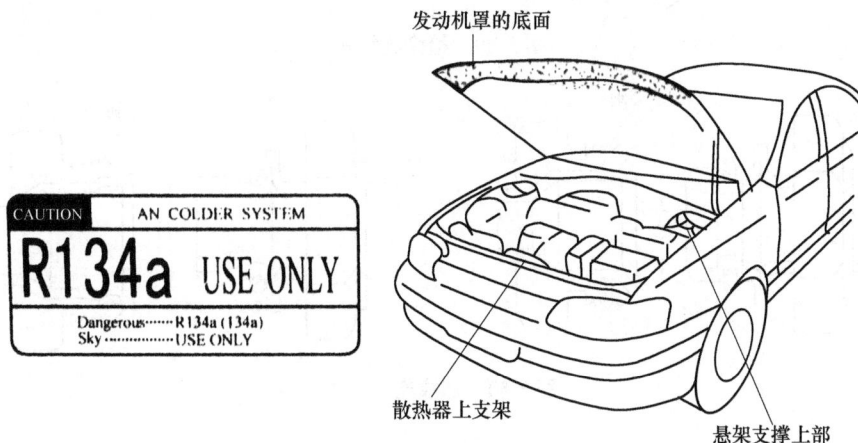

图 3-46 配置 R134a 空调系统的标识

2. 压缩机铭牌识别法

在压缩机铭牌上会注明所采用的制冷剂类型及冷冻机油型号，如图 3-47 所示。

3. 连接软管识别法

在连接软管上通常会有色圈或白色线条出现，并会在软管表面印有 R134a 的字样，如图 3-48 所示。

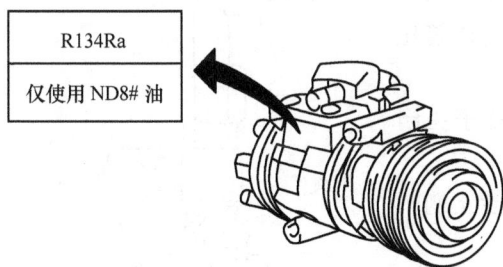

图 3-47 压缩机铭牌标志

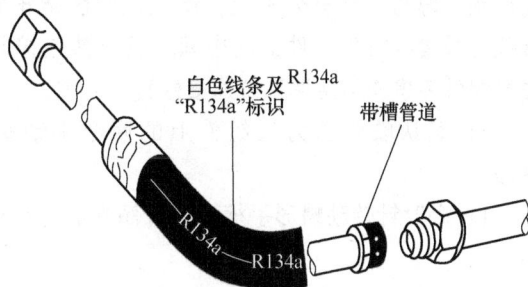

图 3-48 连接软管标志

4. 接口识别法

为了防止与 R12 混淆，汽车空调采用了不同的检修阀结构（图 3-49）和不同的螺纹连接方式（图 3-50）。

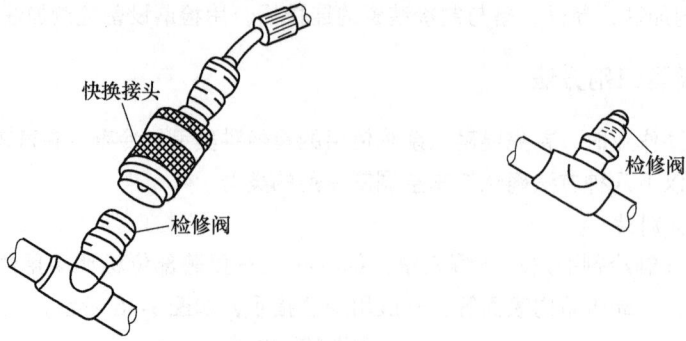

图 3-49　检修阀结构

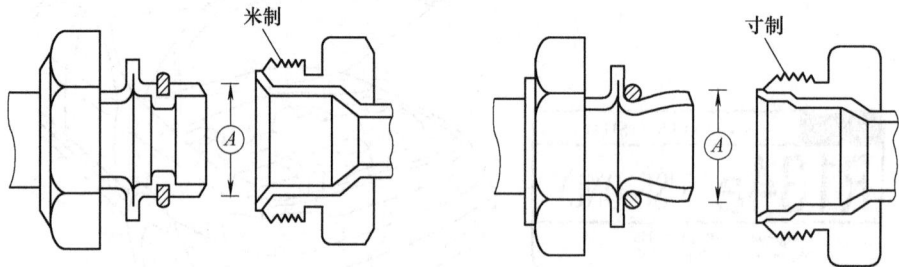

图 3-50　螺纹连接方式

三、利用歧管压力表进行制冷剂加注

1. 制冷剂注入阀

制冷剂注入阀是打开小容量制冷剂罐的专用工具，它利用蝶形手柄前部的针阀刺破制冷剂罐，通过注入阀接头把制冷剂引入歧管压力表组件中，如图 3-51 所示。其使用方法如下：

1）在制冷剂罐上安装制冷剂注入阀之前，应按逆时针方向旋转蝶形手柄，使前端的针阀完全缩回，再逆时针转动盘形锁紧螺母，使其升高到最高位置。

2）把注入阀装到制冷剂罐顶部的螺纹槽内，顺时针旋下盘形锁紧螺母，并充分拧紧，使注入阀固定牢靠，把注入阀接头与歧管压力表组件上的中间软管接头连接起来（歧管压力表组件要事先与空调系统连接好）。

3）确认歧管压力表组件上的两个手动阀均处于关闭状态。

4）顺时针转动蝶形手柄，用针阀在制冷剂罐凸台上刺一小孔。

5）如果此时需要加注制冷剂，应逆时针转动蝶形手柄，使针阀收回，且同时要打开歧管压力表组件的相应手动阀，使制冷剂注入汽车空调制冷系统。

6）如果要停止充注制冷剂，应顺时针转动蝶形手柄，使针阀下落到制冷剂罐上刚开的小孔上，使小孔封闭，同时关闭歧管压力表组件的相应手动阀。

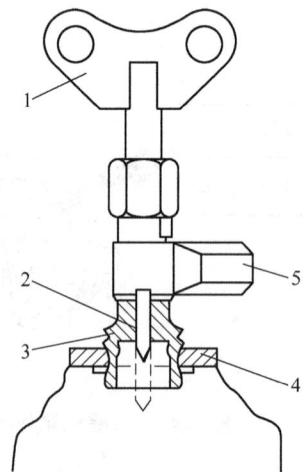

图 3-51　制冷剂注入阀
1—蝶形手柄　2—针阀　3—连接口
4—阀板　5—盘形锁紧螺母

2. 使用歧管压力表加注制冷剂

使用歧管压力表加注制冷剂的方法一般有两种。第一种是从压缩机高压阀的旁通孔加注，为高压端加注，充入的是液态制冷剂，其特点是快速、安全，适用于制冷系统的第一次加注，但加注时不可开启压缩机（要求发动机停转），且制冷剂罐应倒立放置。第二种是从压缩机低压阀的旁通孔加注，为低压端加注，充入的是气态制冷剂，其特点是加注速度较慢，可在系统进行制冷剂量补充时使用。

（1）低压端加注

1）使用歧管压力表对制冷系统进行抽真空检漏作业后，将中间软管与制冷剂罐相连接，关闭歧管压力表的高、低压手动阀，如图 3-52 所示。

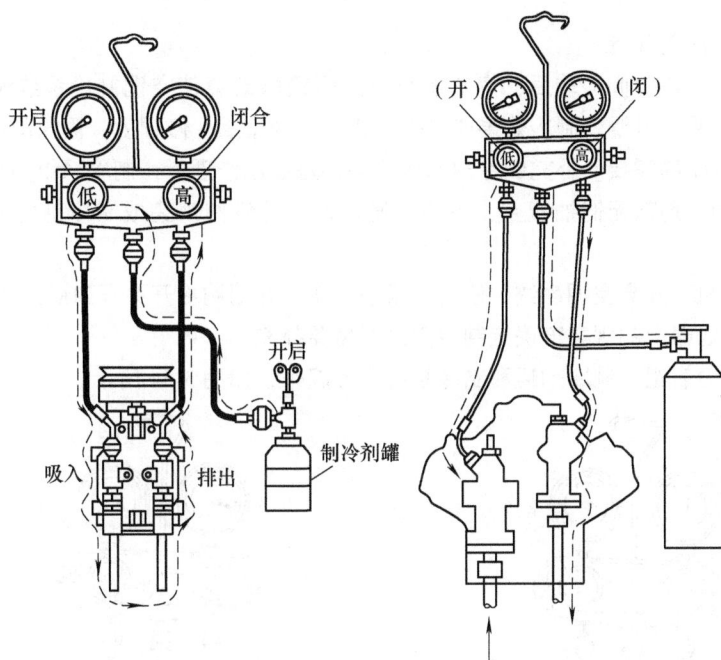

图 3-52 低压端加注

2）打开制冷剂罐注入阀，拧松中间注入软管与歧管压力表相连接的螺母，听到制冷剂排放的声音后，立即拧紧螺母。此过程的目的是将中间注入软管中的空气排出。

3）打开歧管压力表低压手动阀，制冷剂罐正立（正立时制冷剂在制冷剂罐的上部为气态，下部为液态，可防止液态制冷剂进入制冷系统低压侧时对空调压缩机的进、排气阀片造成液击），使制冷剂以气态的形式进入制冷系统的低压侧。当低压侧的制冷剂压力不再增加时，关闭歧管压力表的低压手动阀。

4）起动发动机，打开空调开关，把鼓风机开关开到最大，温度开关开到最低，同时将车门打开。

5）再次打开歧管压力表的低压手动阀，使制冷剂继续进入制冷系统，直到充注量达到规定值为止。

6）加注完毕后，关闭歧管压力表的低压手动阀，关闭制冷剂罐的注入阀，使发动机停止运

转，从压缩机上迅速拆除制冷剂软管接头。此时要特别注意，高压侧管路里的制冷剂处于高压状态，因此必须十分小心，防止制冷剂喷出导致伤害眼睛和皮肤。

（2）高压端加注

1）使用歧管压力表对系统进行抽真空检漏作业后，关闭歧管压力表的高、低压手动阀。

2）将中间软管的一端与制冷剂注入阀的接头连接起来，如图3-53所示，打开制冷剂罐注入阀，拧松中间注入软管与歧管压力表相连接的螺母，听到制冷剂排放的声音后，立即拧紧螺母。

3）打开高压手动阀到全开的位置，把制冷剂罐倒立，以便从高压侧注入液态制冷剂。

4）从高压侧注入液态制冷剂两罐以上或按规定的量注入。

注意：从高压侧向系统注入制冷剂时，千万不能起动发动机，而且充注时不能拧开低压手动阀。

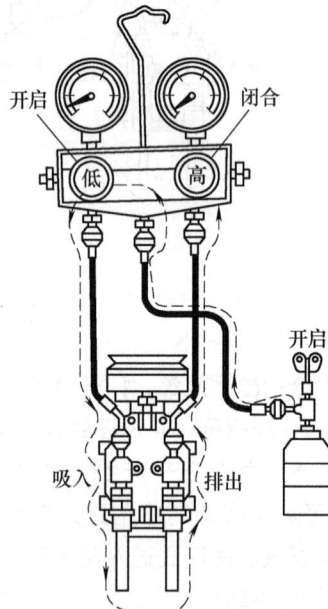

3. 制冷剂的补充加注

汽车空调经过一段时间运转后，汽车运行中的颠簸振动会使空调制冷系统设备的某些部位连接松动，造成制冷剂泄漏、制冷效果变差等。此时，经检漏、修理后，需向制冷系统补充制冷剂，以满足制冷系统的需要。补充制冷剂的作业条件是经过修理后，制冷系统内仍有一定压力的制冷剂，且补充制冷剂前无需抽真空，主要是通过低压检修阀来完成制冷剂的加注。操作步骤如下：

1）起动发动机，开启空调系统，使制冷系统工作，并把制冷开关开到最大档位。

2）从储液干燥器上的观察窗确定制冷剂是否需要补充。

3）将歧管压力表组、制冷剂罐和制冷系统连接起来，如图3-54所示。

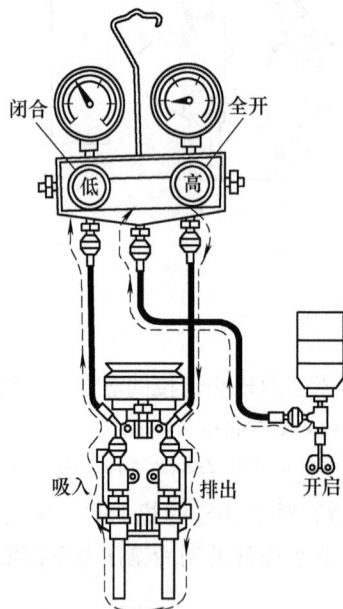

图3-53　高压端加注　　　　图3-54　制冷剂的补充加注

4）打开制冷剂罐注入阀，拧松中间注入软管与歧管压力表相连接的螺母，听到制冷剂排放的声音后，立即拧紧螺母。

5）拧开歧管压力表上的低压手动阀，使制冷剂充入制冷系统。充注时注意歧管压力表上的数值。

制订计划

本任务的工作内容为雪佛兰科鲁兹汽车空调制冷系统制冷剂的加注，在学习了前面所述的基本知识之后，我们就可以进行操作，特制订如下工作计划：

1) 进行作业环境检查。
2) 安装车辆防护装置。
3) 记录待作业车辆基本信息。
4) 使用制冷剂回收加注机加注制冷剂。
5) 清洁场地，完成收尾工作。

任务实施

一、作业前的准备

1. 进行作业环境检查

在开始作业之前，请检查作业场地条件，并填写表3-17，以保证作业的安全与规范。

表3-17 作业环境检查

序　号	检查项目与内容	检查结果
1	作业场地是否通风良好	
2	作业场地有无明火	
3	作业场地有无必要的安全防护设施，如防护手套、防护眼镜、灭火器材等	
4	车辆停放是否周正，车辆停放区域内无异物	

2. 安装车辆防护装置，记录车辆基本信息

在进行作业之前，首先要安装必要的车辆防护装置并进行基本检查作业，将结果填入表3-18中，操作步骤参见项目一中"任务一 汽车空调使用"相关内容。然后记录车辆基本信息，填表3-19。

表3-18 车辆基本检查作业记录

序　号	项　目	作业记录	序　号	项　目	作业记录
1	车轮挡块放置状况		4	各线束连接状况	
2	座椅套、转向盘套、驻车制动杆套、变速器杆手柄套、脚垫、翼子板布等安装状况		5	发动机机油液位	
			6	冷却液液位	
3	仪器、设备、工量具数量		7	蓄电池电压	

表3-19 车辆基本信息

汽车型号		车牌号	
发动机型号		VIN编号	

二、加注制冷剂

1）确认制冷剂回收加注机锁止正常，电源线、软管无破损，真空泵液位正常，注油瓶、排油瓶液位正常。

2）取下高、低压检修阀防尘帽，将制冷剂回收加注机的红、蓝色软管和汽车空调系统的高、低压检修阀接口连接，旋紧高、低压管路手轮，接通管路。

3）如图 3-55 所示，观察汽车空调制冷剂加注量铭牌，明确雪佛兰科鲁兹汽车制冷剂类型和加注量，以及冷冻机油类型。

图 3-55 空调制冷剂加注量铭牌

制冷剂类型：_____；制冷量加注量：_____。

4）按下制冷剂回收机"加注制冷剂"按键，如图 3-56 所示。通过数字键盘设置制冷剂加注量。

制冷剂设定加注量 = ____g（汽车空调制冷剂加注量）+45g（管路回收量）= _____ g。

5）打开高压手动阀，按确认键，开始充注，如图 3-57 所示。

6）充注完成后，关闭管路高、低压手轮，断开管路，根据系统提示，按下确认键，开始回收管路内制冷剂。

7）管路清理完成后，按确认键，退出系统。

图 3-56 按下加注制冷剂按键

图 3-57 打开高压手动阀

三、回收工具量，清洁场地，完成收尾工作（略）

知识拓展

在使用制冷剂回收加注机时，为完成回收、净化、加注制冷剂、检漏、加注冷冻机油等各项功能，必须掌握如下设置：

一、设备初始设置

1. 添加真空泵油

1）打开注油口盖子。

2）从注油口向真空泵中加入润滑油，直到油面线达到液位标尺中部。

3）盖上注油口盖子。

注意：真空泵出厂时未加润滑油，在使用前要自行添加。正常使用情况下每工作 10h 真空泵油更换一次。

2. 添加注油瓶冷冻机油

1）拧下注油瓶。

2）向注油瓶加入适量的冷冻机油。

3）冷冻油加注完成后，将注油瓶拧上。

注意：设备出厂时注油瓶内无冷冻机油，在起动设备前先加入冷冻机油。

3. 工作罐初始化

1）选择"菜单"键，按界面提示输入密码，默认为 1234。

2）选择"3. 维护"选项，再选择"4. 工作罐初始化"选项，显示界面如图 3-58 所示。当光标在"10：00"字符处闪动时，选择数字键，程序将切换到时间设置界面，可通过数字键盘设定所需的初始化时间。

3）按"确认"键进入工作罐抽真空状态，当初始化时间到达设置的时间后，系统自动停止抽真空操作。

4）高压管（或低压管）通过转接头连接到制冷剂储罐上，打开高压手动阀（或低压手动阀）和制冷剂储罐阀门。

图 3-58 工作罐初始化界面

5）按照回收制冷剂的步骤将制冷剂储罐内的制冷剂回收至制冷剂回收加注机内部罐。

注意：制冷剂回收加注机内制冷剂储罐制冷剂量必须大于 3kg 才能使用制冷剂回收加注机向汽车空调加注制冷剂。

二、数据库功能

在汽车空调维修操作中，需要为一辆参数并不熟悉的车辆进行加注作业时，可通过数据库功能查询车辆的制冷剂类型、制冷剂量以及各种情况下的注油量等信息，以及充注、注油等操作的参考值。

1. 查询车辆信息

1）按"数据库"键进入数据库选择"1. SPX 数据库"或者"2. Motor Info 数据库"。

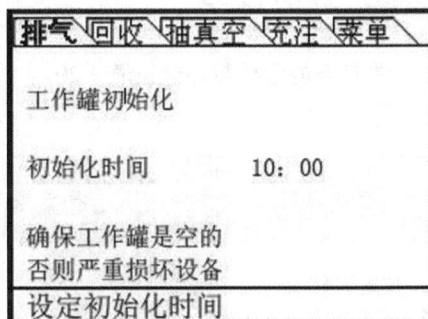

2）根据界面提示逐步选择年代、制造商、车型、发动机型号及限制条件（只有"Motor Info"数据库有限制条件）。

3）按"上""下"键选择发动机型号，按"确认"键进入汽车空调的维修数据。图3-59所示为帕萨特1.8L汽车空调的维修数据。

2. 自建数据库

1）按"数据库"键进入数据库，选择"3. 客户自建数据库"。

2）根据界面提示选择"2. 添加新数据库"，按"确认"键进入。

3）如图3-60所示，通过键盘在输入区输入正确的数字，根据待作业汽车空调设定数据。

4）设定完成后，按"确认"键存储数据。

帕萨特 L4 1.8L	
制冷剂量 kg：	0.7
总油量 g（新）：	250
制冷剂型号：	R134a
油量g（冷凝器）：	25
油量g（蒸发器）：	50
油量g（管路）：	25
油量g（干燥过滤器）：	25
确认	取消

图3-59　帕萨特1.8L汽车空调维修数据

制冷剂量 kg：	[　　]
总油量 g（新）：	[　　]
制冷剂型号：	[　　]
油量 g（冷凝器）：	[　　]
油量 g（蒸发器）：	[　　]
油量 g（管路）：	[　　]
油量 g（干燥过滤器）：	[　　]
确认	取消

图3-60　自建数据库

考核评分

本任务的考核与评分见表3-20。

表3-20　考核与评分

考核内容	考核要求	评分标准	配分	得分	
				自评	互评
1. 作业环境检查	正确检查作业环境，填写作业环境检查表	错误一处扣2分	10分		
2. 车辆基本检查	（1）正确放置车轮挡块 （2）正确安装座椅套、转向盘套、驻车制动杆套、变速杆手柄套、脚垫、翼子板布等 （3）检查仪器、设备、工量具数量 （4）检查线束连接不少于5处 （5）正确检查发动机机油液位 （6）正确检查冷却液液位 （7）正确检查蓄电池电压 （8）正确检查空调传动带松紧度 （9）正确填写车辆基本检查作业记录表 （10）正确记录车辆基本信息	错误一处扣3分	20分		

（续）

考核内容	考核要求	评分标准	配　分	得　分	
				自评	互评
3. 加注制冷剂	（1）正确进行制冷剂回收加注机初始检查 （2）正确连接设备 （3）正确设置制冷剂加注量 （4）正确加注制冷剂 （5）正确回收管路制冷剂	错误一处扣10分	60分		
4. 职业素养	（1）学习态度：积极主动参与学习 （2）团队合作：与小组成员一起分工合作，不影响学习进度 （3）现场管理：服从工位安排、执行实训室管理规定	不足之处扣3分	10分		
5. 安全文明生产	自觉遵守安全文明生产规程	违反一项规定扣5分			
合计					
操作时间	开始时间：	结束时间：	实际用时：		

任务六　汽车空调制冷性能的检测

学习目标

序　号	目标要求
1	能描述汽车空调制冷性能检测的技术要求
2	能正确操作博世罗宾耐尔 Tecnoclim Pro Plus Ⅱ 汽车空调故障诊断仪
3	能独立完成汽车空调制冷性能检测并判断汽车空调制冷性能的好坏

任务描述

　　一辆雪佛兰科鲁兹汽车进店进行汽车空调维修，在维修作业完成后需要进行制冷性能检测，以确定是否正常。

任务分析

　　汽车空调制冷性能检测是汽车空调维护与维修后进行的一项重要工作，本任务以雪佛兰科鲁兹汽车手动空调制冷性能检测为载体，掌握博世罗宾耐尔 Tecnoclim Pro Plus Ⅱ 汽车空调故障诊断仪的使用方法，并能通过检测结果判断汽车空调制冷性能是否正常。

知识准备

一、汽车空调制冷性能检测的要求

《汽车空调制冷剂回收、净化、加注工艺规范》（JT/T 774—2010）中规定了制冷性能检验的要求。

1）在完成制冷剂加注作业后，应进行汽车空调制冷性能检验。

2）在制冷装置工作状态下，用检漏设备检测加注阀处有无泄漏。

3）制冷装置高、低压侧压力及空调出风口温度检测应根据汽车制造厂商的要求进行。可参照以下方法：

① 车辆停放在阴凉处，将干湿球温度计放置在空调进风口位置。

② 打开车窗、车门。

③ 打开发动机盖。

④ 打开所有空调出风口，调节到全开。

⑤ 设置空气控制器：外循环位置、强冷、A/C开、风机转速最高（HI）；若是自动空调，应设为手动模式并将温度设定为最低值。

⑥ 将温度计探头放置在空调出风口内50mm处。

⑦ 起动发动机，将发动机转速控制在1500～2000r/min，使压力表指针稳定。

⑧ 待温度计显示数值趋于稳定后，读取压力表和温度计的指示值，将所测得的高、低侧压力，相对湿度，空调进风温度，出风温度与汽车制造商提供的空调性能参数或图表上的参数比较（图3-61、图3-62）。如压力表、温度计指示的高、低压侧压力和空调出风温度不在规定的范围内，应对制冷装置做进一步的诊断和检修。

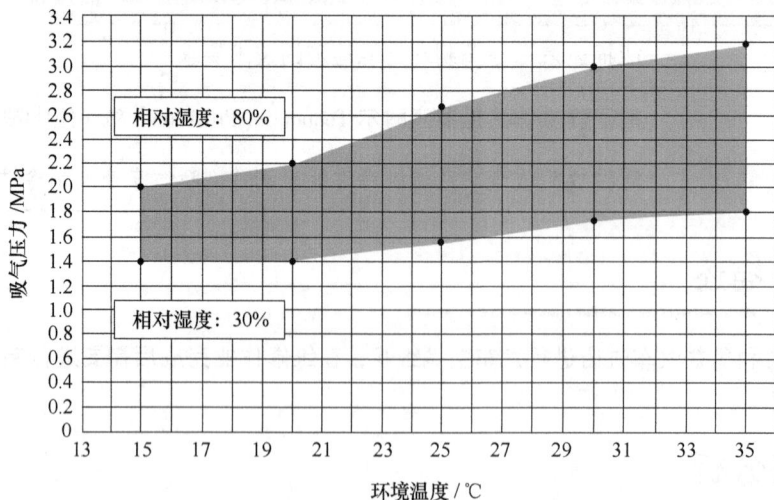

图3-61 吸气压力与环境温度

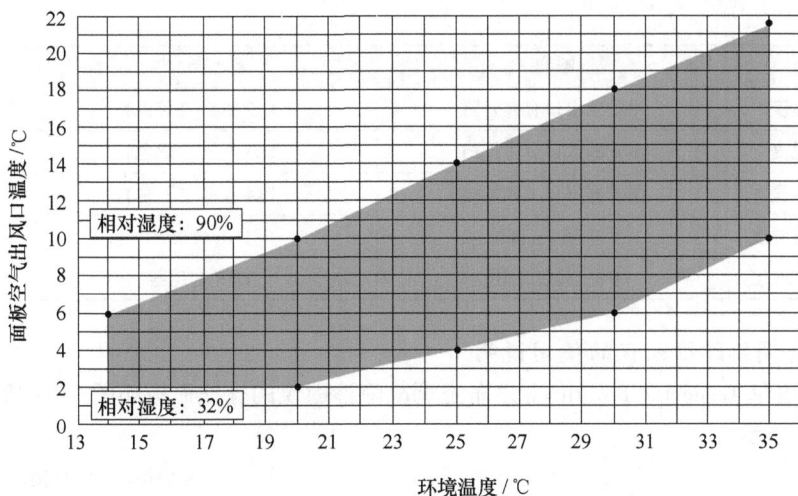

图 3-62　空调出风温度与环境温度

二、汽车空调故障诊断仪

1. 汽车空调故障诊断仪的结构

图 3-63 所示为博世罗宾耐尔 Tecnoclim Pro Plus Ⅱ 汽车空调故障诊断仪，它的功能主要有两个：诊断空调制冷系统的性能；诊断空调制冷系统部件。它的测量参数见表 3-21。

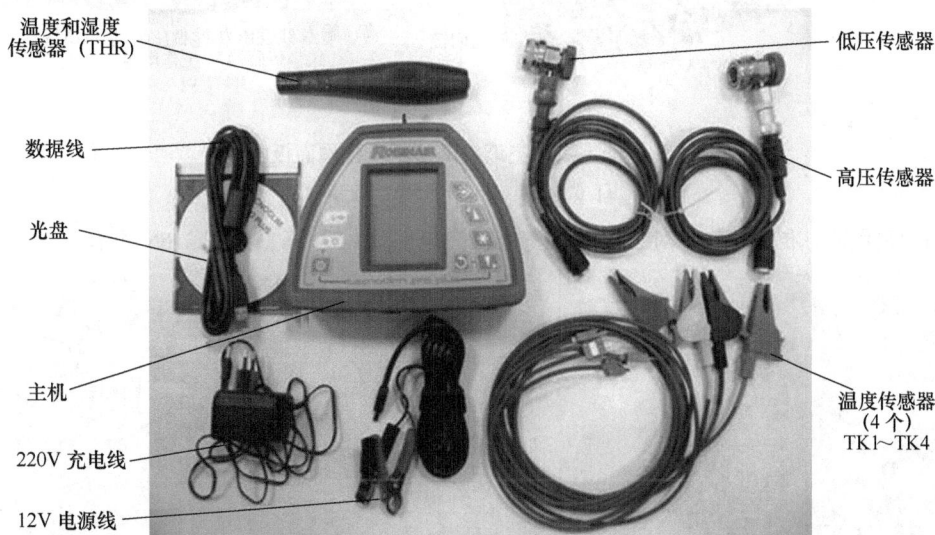

图 3-63　博世罗宾耐尔 Tecnoclim Pro Plus Ⅱ 汽车空调故障诊断仪

表 **3-21**　博世罗宾耐尔 **Tecnoclim Pro Plus** Ⅱ 汽车空调故障诊断仪的测量参数

项　　目	测量部位	测量元件	无线/有线
低压侧制冷剂压力	低压维修接口	低压快速连接器（蓝色）	有线
高压侧制冷剂压力	高压维修接口	高压快速连接器（红色）	有线
冷凝器入口温度	冷凝器入口金属管路	TK1 探针（红色）	有线

（续）

项　目	测 量 部 位	测 量 元 件	无线/有线
冷凝器出口温度	冷凝器出口金属管路	TK2 探针（黄色）	有线
蒸发器入口温度	蒸发器入口金属管路	TK3 探针（黑色）	有线
蒸发器出口温度	蒸发器出口金属管路	TK4 探针（蓝色）	有线
环境温度和相对湿度	距车辆2m部位	THR 传感器	无线
出风温度和相对湿度	中央出风口部位	THR 传感器	无线

2. 汽车空调故障诊断仪的使用说明

博世罗宾耐尔 Tecnoclim Pro Plus II 汽车空调故障诊断仪的操作面板如图 3-64 所示，其连接方式如图 3-65 所示。

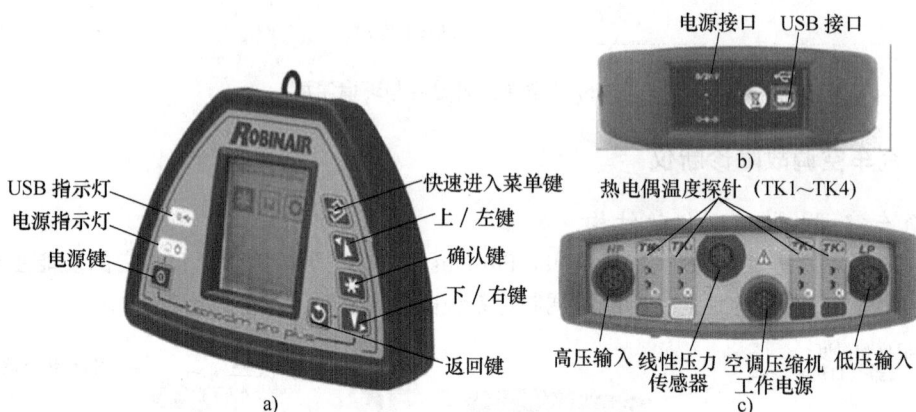

图 3-64　汽车空调故障诊断仪操作面板
a）立体图　b）顶部　c）底部

（1）使用前的准备工作　对主机进行充电，充电时间约为 5h，如图 3-66 所示。

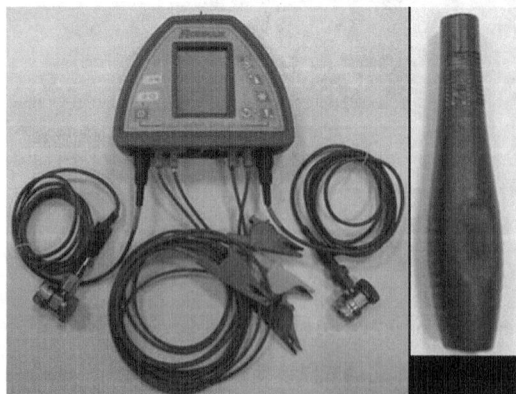

图 3-65　汽车空调故障诊断仪连接方式　　　　图 3-66　充电准备工作

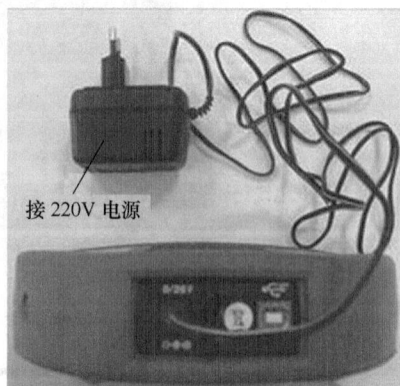

（2）传感器的连接　按照线束颜色与主机颜色相对应的原则连接传感器与主机，如图 3-65 所示。

注意：THR（温度和湿度传感器）与主机是无线连接。

（3）开机

1）按住电源键，开机，显示主菜单，如图 3-67 所示。

2）使用光标键，选择菜单。

3）按确认键，进入相应菜单。

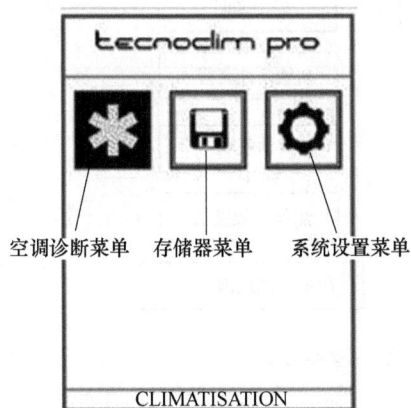

图 3-67　汽车空调故障诊断仪主菜单界面　　　　图 3-68　空调诊断菜单界面

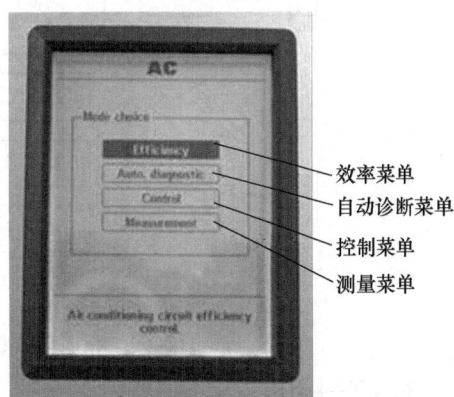

（4）设置语言

1）按光标键，选择设置菜单，按确认键。

2）按光标键，选择第三项的语言项目，按确认键。

3）按光标键，选择第二项的英文，按确认键。

注意：空调诊断仪没有中文界面。

4）按返回键，返回主菜单。

3. 空调诊断菜单选项

在主界面，选择空调诊断菜单选项，进入空调诊断菜单界面，如图 3-68 所示，空调诊断菜单各操作程序如图 3-69 所示，诊断菜单部分选项说明见表 3-22。

表 **3-22**　空调故障诊断仪诊断菜单部分选项说明

英　　文	中　　文	说　　明
Efficiency	效率	空调制冷系统的效率（出风口温度）
Load	负荷	压缩机效果（高压、冷凝器出口温度）
Condenser	冷凝器	冷凝的效率
Evaporator	蒸发器	蒸发器的效率
MEC Compressor	MEC 型压缩机	机械控制型压缩机运转状况
PWM Compressor	PWM 型压缩机	脉宽调制信号型压缩机运转状况
0~5V pressure sensor	0~5V 型压力传感器	控制和模拟线性制冷剂压力传感器
Power supplies	电源供应	电压表功能

```
                    ┌──────────────┐
                    │  空调诊断菜单  │
                    └──────┬───────┘
          ┌────────────────┼────────────────┐
    ┌─────┴─────┐    ┌─────┴─────┐    ┌──────┴──────┐
    │  测量模式  │    │  控制模式  │    │ 自动诊断模式 │
    └─────┬─────┘    └─────┬─────┘    └──────┬──────┘
    ┌─────┴─────┐    ┌─────┴─────┐    ┌──────┴──────┐
    │  车辆配置  │    │  车辆配置  │    │   车辆配置   │
    └─────┬─────┘    └─────┬─────┘    └──────┬──────┘
    ┌─────┴─────┐    ┌─────┴──────┐   ┌──────┴──────┐
    │  测量数据  │    │  测试顺序   │   │   连接说明   │
    └───────────┘    │(选择测试项目)│   └──────┬──────┘
                     └─────┬──────┘   ┌──────┴──────┐
                     ┌─────┴─────┐    │ 初始条件获得 │
                     │  连接说明  │    └──────┬──────┘
                     └─────┬─────┘    ┌──────┴──────┐
                     ┌─────┴─────┐    │   自动获取   │
                     │ 测试条件说明│    └──────┬──────┘
                     └─────┬─────┘    ┌──────┴──────┐
                     ┌─────┴─────┐    │  测量结果显示 │
                     │ 测试条件应用│    └──────┬──────┘
                     └───────────┘    ┌──────┴──────┐
                                      │故障可能原因显示│
                                      └─────────────┘
```

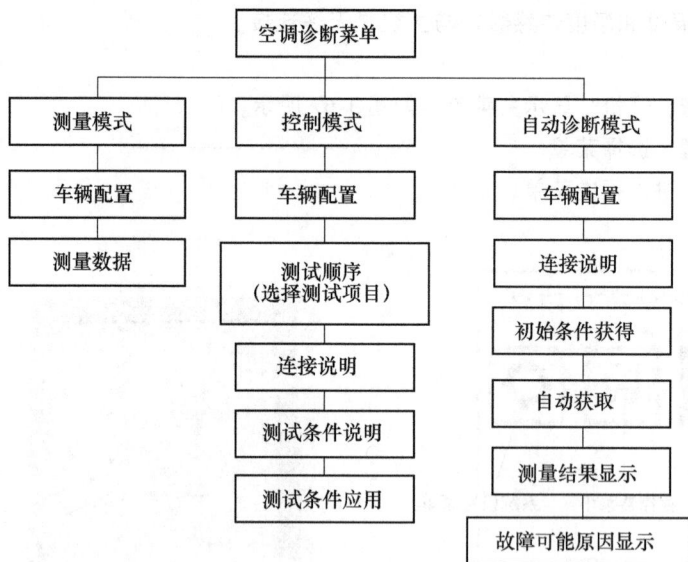

图 3-69　空调诊断仪诊断菜单操作程序步骤

制订计划

本任务工作内容为雪佛兰科鲁兹汽车手动空调制冷系统性能检测，在学习了前面所述的基本知识之后，我们就可以进行检测作业，特制订如下工作计划：

1）检查作业环境，安装车辆防护装置。

2）记录待检车辆基本信息。

3）起动并预热发动机，开启汽车空调工作 10min。

4）连接空调故障诊断仪，检测汽车空调性能。

5）回收工量具，清洁场地，完成收尾工作。

任务实施

一、作业前的准备

1. 进行作业环境检查

在进行汽车空调制冷性能检测作业时，需要起动发动机。为确保人身与财产安全，在开始作业之前，请检查作业场地条件，并填写表 3-23，以保证作业的安全与规范。

表 3-23　作业环境检查

序　　号	检查项目与内容	检 查 结 果
1	作业场地是否通风良好	
2	作业场地有无明火	
3	作业场地有无必要的安全防护设施，如防护手套、防护眼镜、灭火器材等	
4	车辆停放是否周正，车辆停放区域内无异物	

2. 安装车辆防护装置，记录车辆基本信息

在进行汽车空调制冷性能检测作业之前，首先要安装必要的车辆防护装置并进行基本作业检查，将结果填入表 3-24 中，操作步骤参见项目一的"任务一 汽车空调使用"相关内容。然后记录车辆基本信息，填表 3-25。

表 3-24 车辆基本检查作业记录

序 号	项 目	作业记录	序 号	项 目	作业记录
1	车轮挡块放置状况		4	各线束连接状况	
2	座椅套、转向盘套、驻车制动杆套、变速器杆手柄套、脚垫、翼子板布等安装状况		5	发动机机油液位	
			6	冷却液液位	
3	仪器、设备、工量具数量		7	蓄电池电压	

表 3-25 车辆基本信息

汽车型号		车 牌 号	
发动机型号		VIN 编号	

二、汽车空调制冷性能检测

1. 连接设备

1）起动并预热发动机 3～5min 后，开启汽车空调工作 5～10min。

2）打开所有空调出风口，调节到全开。

3）设置空调为外循环位置，温度调节到最低，鼓风机转速设置为最高。

4）开启所有车门与车窗。

5）取空调故障诊断仪，将传感器与空调故障诊断仪连接完毕，如图 3-65 所示。整理线束，将其绑在发动机盖上。

6）连接传感器并整理线束。其中，TK1 连接到冷凝器入口，TK2 连接到冷凝器出口，TK3 连接到膨胀阀入口，TK4 连接到膨胀阀出口。

7）戴橡胶手套、护目镜，取下高、低压检修阀口防尘帽。

8）连接高、低压压力传感器，红线连高压检修阀口，蓝线连低压检修阀口，确认连接可靠。

2. 使用自动诊断模式检测汽车空调制冷性能

1）空调故障诊断仪开机，选择自动诊断模式，检查空调配置参数，如图 3-70 所示。

2）按提示信息连接完毕后，选择"Next"，按确认键，直至进入读取环境空气温度和相对湿度界面。

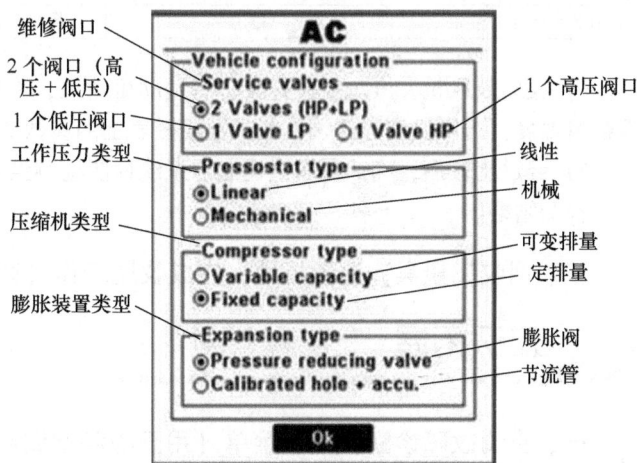

图 3-70 空调配置参数界面

3）取温度湿度传感器（THR）及支架，距离车辆2m外测量温度与湿度，显示如图3-71所示。

4）按确认键，按仪器提示信息设置测试条件。

5）用支架将温度湿度传感器（THR）固定在中央面部出风口，请老师或同学协助将发动机转速控制在1500～2000r/min保持3～5min，等待检测完成，读取自诊断结果。

记录检测结果：□GOOD　□BAD

3. 使用测量模式检测汽车空调制冷性能

1）按返回键返回空调故障诊断仪主界面，选择测量模式。

2）按确认键，进入显示器模式界面，如图3-72所示。

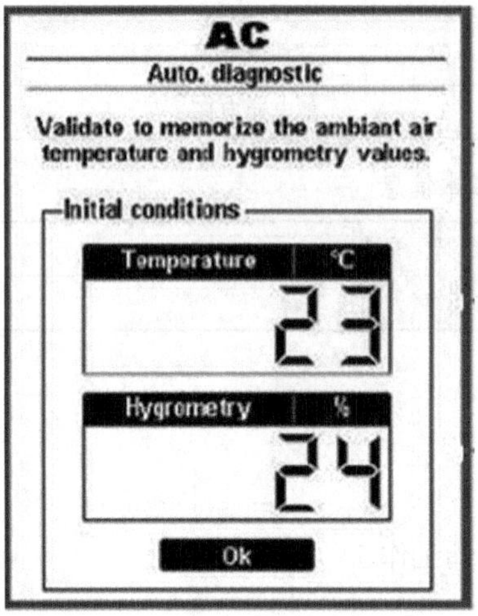

图3-71　环境温度与湿度测量界面 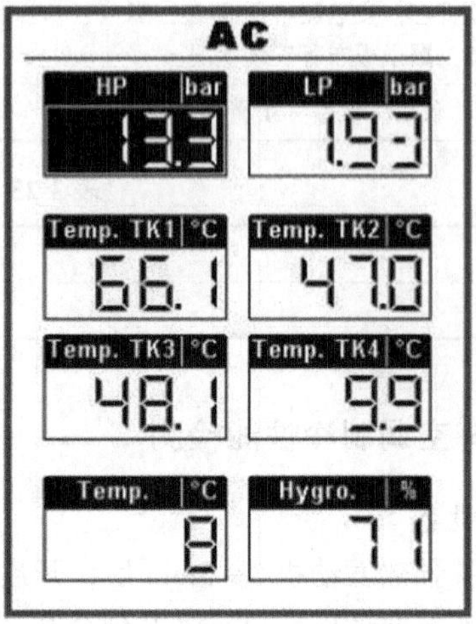　　　　图3-72　显示器模式界面

3）观察汽车空调各参数，并记录在表3-26内。

表3-26　汽车空调检测参数

检测参数	数　值	检测参数	数　值
高压侧压力		低压侧压力	
环境温度		环境湿度	
空调出风温度		出风口湿度	

4）关闭鼓风机、汽车空调开关，将发动机熄火，将所测得的高、低侧压力，相对湿度，空调进风温度，出风温度与空调性能参数或图表上的参数比较（图3-61、图3-62）。

5）经过比较后，确认汽车空调制冷系统性能检测结果。

检测结果：＿＿＿＿＿＿＿＿＿＿。

三、回收工量具，清洁场地，完成收尾工作（略）

知识拓展

一、空调故障诊断仪效率菜单（用于检测空调制冷效果）的操作方法

1）在空调故障诊断仪界面选择效率菜单模式，按确认键，检查空调配置参数（图3-70）。

2）将 THR 传感器放在车辆 2m 处，按确认键，测量环境温度与湿度，显示如图 3-71 所示。

3）按仪器提示信息设置测试条件后，选择"Next"键，进入效率测试界面（测试时间为60s），如图 3-73 所示。

4）测试完成后，按返回键，返回空调诊断菜单。

二、控制菜单的操作方法

控制菜单用于诊断空调系统的部件，测试部件选择界面如图 3-74 所示。

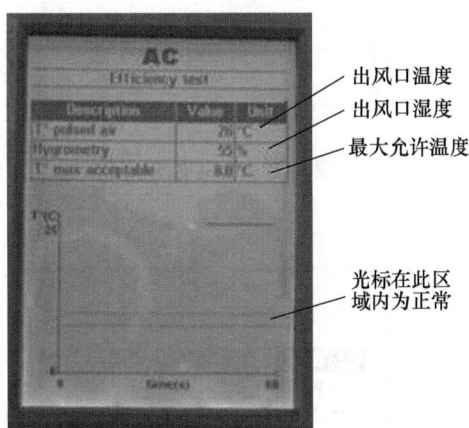

图 3-73 效率测试界面　　　　图 3-74 测试部件选择界面

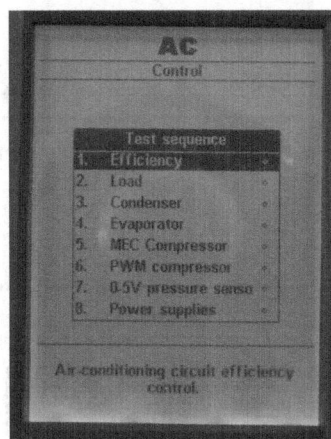

（1）负荷测试　负荷测试的目的是确定制冷剂的放热情况，其关键测试参数为高压侧制冷剂压力和冷凝器出口温度，测试界面如图 3-75 所示。测试结束后，如果光标在 A 区保持稳定，表示被测管路中的制冷剂放热不足；如果光标在 B 区保持稳定，表示被测管路中的制冷剂放热过量；如果光标在 C 区保持稳定，表示被测管路中制冷剂放热正确。

（2）冷凝器测试　冷凝器测试的目的是判断冷凝器工作是否正常，其关键的测试参数有高压侧制冷剂压力、冷凝进口温度和冷凝器出口温度，测试界面如图 3-76 所示。测试结束后，如果光标在 A 区，为正常，表示制冷剂以液态离开冷凝器；如果光标在 B 区，为不正常，表示制冷剂以饱和状态离开冷凝器；如果光标在 C 区，为不正常，表示制冷剂以气态离开冷凝器。

（3）蒸发器测试　蒸发器测试的目的是判断蒸发器是否工作正常，其关键的测试参数是低压侧制冷剂压力和蒸发器出口温度，测试界面如图 3-77 所示。测试结束后，如果光标在 A 区，为不正常，表示制冷剂以液态离开蒸发器；如果光标在 B 区，为不正常，表示制冷剂以饱和状态离开蒸发器；如果光标在 C 区，为正常，表示制冷剂以气态离开蒸发器。

（4）机械式压缩机测试　其测试界面如图 3-78 所示。测试结束后，如果光标在 A 区保持稳定，表示压缩机容量最小；如果光标在 B 区保持稳定，表示压缩机容量最大；如果光标在 C 区保持稳定，表示压缩机处于调整阶段。如果光标在这些区域之外保持稳定，表示压缩机出现了故障。

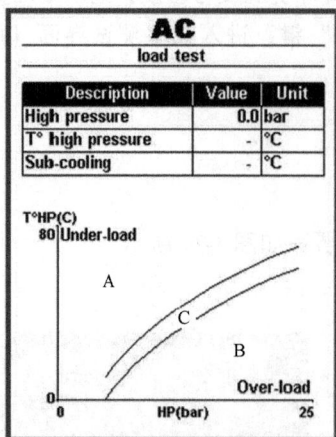

图 3-75 负荷测试界面

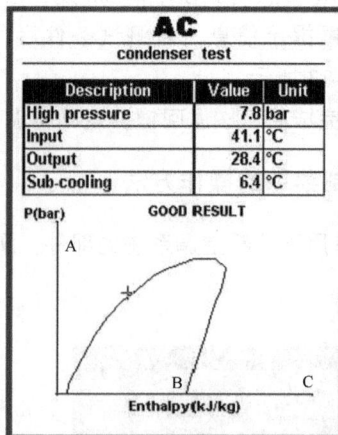

图 3-76 冷凝器测试界面

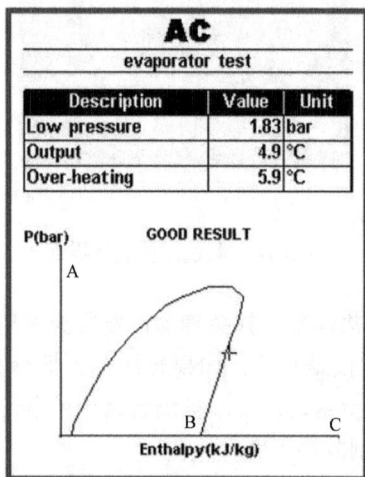

图 3-77 蒸发器测试界面

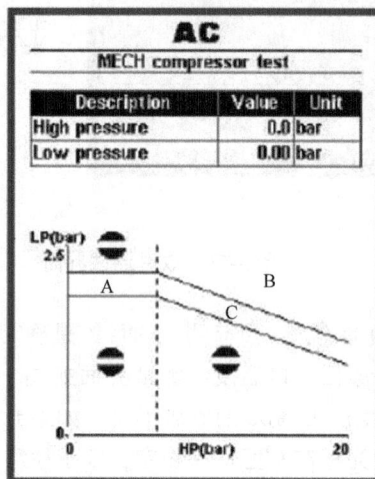

图 3-78 机械式压缩机测试界面

考核评分

本任务的考核与评分见表 3-27。

表 3-27 考核与评分

考核内容	考核要求	评分标准	配　分	得　分	
				自　评	互　评
1. 作业环境检查	正确检查作业环境，填写作业环境检查表	错误一处扣 2 分	10 分		

（续）

考核内容	考核要求	评分标准	配 分	得 分	
				自 评	互 评
2. 车辆基本检查	（1）正确放置车轮挡块 （2）正确安装座椅套、转向盘套、驻车制动杆套、变速杆手柄套、脚垫、翼子板布等 （3）正确检查仪器、设备、工量具数量 （4）检查线束连接不少于5处 （5）正确检查发动机机油液位 （6）正确检查冷却液液位 （7）正确检查蓄电池电压 （8）正确检查空调传动带松紧度 （9）正确填写车辆基本检查作业记录表	错误一处扣5分	20分		
3. 车辆基本信息检查	正确记录车辆基本信息	错误一处扣5分	10分		
4. 汽车空调制冷性能检测	（1）正确连接空调故障诊断仪 （2）正确设置车辆参数 （3）正确设置检测条件 （4）正确操作空调故障诊断仪 （5）正确判断汽车空调制冷性能状况	错误一处扣10分	50分		
5. 职业素养	（1）学习态度：积极主动参与学习 （2）团队合作：与小组成员一起分工合作，不影响学习进度 （3）现场管理：服从工位安排，执行实训室管理规定	不足之处扣3分	10分		
6. 安全文明生产	自觉遵守安全文明生产规程	违反一项规定扣5分			
合计					
操作时间	开始时间：	结束时间：		实际用时：	

思考与练习

一、判断题

（   ）1. 在汽车维修过程中，凡涉及制冷剂循环系统的作业，在维修前均应对制冷装置中的制冷剂进行回收。

（   ）2. 回收的制冷剂无论在何种情况下，严禁排放到大气中。

（   ）3. 允许使用一次性钢瓶对制冷剂进行回收。

（   ）4. 卤素检漏仪是行业标准推荐的制冷剂检漏仪之一。

（   ）5. 如设备功能允许，制冷剂净化操作可与抽真空操作同步进行。

（　　） 6. R134a 空调制冷系统压力比 R12 系统压力低。

（　　） 7. 小型制冷装置可充入一定压力的氧气进行检漏。

（　　） 8. 制冷剂检漏设备应与制冷剂的类型以及所采用的检漏方法相适应。

（　　） 9. 冷冻机油起润滑和密封作用。

（　　）10. 制冷剂注入量越多，则制冷效果越好。

（　　）11. 制冷剂储罐存放时应竖直向上放置，不得倾斜或倒置。

（　　）12. 压缩机工作时，打开高压手动阀，快速向空调系统中加注制冷剂。

（　　）13. 使用 R134a 制冷剂的空调系统中储液罐一般采用铝罐。

（　　）14. 制冷系统抽真空终了，应先关闭真空泵电源，然后关闭高、低压手动阀。

（　　）15. 在制冷系统抽真空时，只要系统内的真空达到规定值时，即可停止抽真空。

（　　）16. 制冷剂中破坏臭氧层的成分是氯。

（　　）17. 在 R12 制冷剂附近进行焊接作业会引起毒气的形成。

（　　）18. 含有甲烷的制冷剂可以用于汽车空调系统。

（　　）19. 制冷剂有较高的稳定性，对金属、橡胶和润滑油无明显腐蚀。

（　　）20. 在环境温度为（25±5）℃进行制冷剂回收作业时，应能回收制冷系统内 95% 以上的制冷剂。

（　　）21. 制冷装置中存在一种制冷剂（HFC-134a 或 CFC-12），且与制冷装置规定的制冷剂类型相符，应进行回收。纯度低于 96% 时，应按要求进行净化。

（　　）22. 应按制冷剂的类型分类回收，不应将 HFC-134a 与 CFC-12 混装在一个储罐中。

（　　）23. 制冷装置中存在未知制冷剂或两种以上类型的制冷剂，表明制冷装置中是多种制冷剂的混合物。这时可以使用回收、净化、加注设备进行净化操作。

（　　）24. 完成制冷剂净化操作后，应将分离出来的冷冻机油排入排油壶中，无需进行计量。

（　　）25. 如制冷剂的回收与净化是连续的操作，在回收操作完成后，应尽快进行纯度指标检测，以保证检测结果的准确性。

（　　）26. 制冷剂净化过程所需时间的长短，取决于回收的制冷剂中水分等杂质的含量及净化装置的吸收（干燥）能力。

（　　）27. 制冷剂加注完成，在断开加注设备与制冷装置的连接管后，应用检漏仪检测检修阀有无泄漏。

（　　）28. 在使用荧光式检漏仪进行检漏时，应将注射器连接到空调高压检修阀上，注入正确的量后断开注射器。

（　　）29. 真空检漏：起动回收、净化、加注设备的真空泵，抽真空至系统真空度低于 -90kPa。关闭歧管压力表阀门，停止抽真空，并保持真空度至少 30min，检查压力表指示值变化。

（　　）30. 空调电子检漏计探头长时间置于制冷剂严重泄漏的地方会损坏仪器。

（　　）31. 在向压缩机加注冷冻机油时，可通过抽真空的方式加注，其加注量可随意。

（　　）32. 真空泵通过降低真空度而除去空调管路中的水分。其工作机理是在真空下，水分将沸腾变为水蒸气，再被真空泵吸走。

（　　）33. 空调制冷剂补充充注时，一般是先打开空调系统，然后从高压侧注入液态制冷剂。

（　　）34. HFC-134a 系统快换接头的内螺纹是寸制规格的。

(   ) 35. 在进行制冷性能测试时，应将空调设置在最大冷却状态，同时将鼓风机的风量设置在最高档。

(   ) 36. 不应使用 CFC - 12、HFC - 134a 等制冷剂对制冷装置进行开放性清洗。

(   ) 37. 因被污染或其他原因不能确定其成分且不能净化利用的制冷剂，应排放到大气中。

(   ) 38. 制冷剂的压力和温度之间有直接的关系，对任何给定的压力值，存在一个相对应的温度值。

(   ) 39. R12 不溶水，如在制冷系统中有水分存在就会引起冰堵现象。

(   ) 40. 环保制冷剂 R134a，温室效应指数（GWP）为 0，所以对大气臭氧层的危害很小。

(   ) 41. 汽车空调制冷剂回收、净化、加注机可由经过相关专业培训但无上岗证书的维修人员进行操作。

(   ) 42. 汽车空调制冷剂回收、净化、加注设备，应符合相关标准并通过质量合格评定，称重装置应在检定有效期内。

(   ) 43. 汽车空调制冷剂回收、净化、加注机使用的环境温度为 10 ~ 49℃。

(   ) 44. 汽车空调制冷剂回收、净化、加注机，按工作系统分为单系统和双系统。

(   ) 45. 采用回收、净化、加注设备进行制冷剂回收，应按《设备使用手册》进行管路连接及操作。回收前应将软管中的空气排尽。

(   ) 46. 在使用专用仪器对制冷剂进行鉴别时，应确保出口处样品为气态，不允许有液态样品或油流出来。

(   ) 47. 制冷剂回收、净化、加注设备与制冷装置连接前，应进行制冷剂类型的鉴别和纯度的检测。

(   ) 48. 制冷剂鉴别设备应具备检测制冷剂类型、纯度、非凝性气体以及其他杂质的功能。

(   ) 49. 根据制冷剂检测结果：制冷剂纯度低于 96% 时，在完成回收操作后，应再次采用制冷剂鉴别设备检测已回收到储罐中的制冷剂纯度。当纯度仍低于 96% 时，应按要求进行净化操作；当纯度不低于 96% 时，可不执行净化操作过程。

(   ) 50. 连接制冷管路时必须先在接头的 O 形圈上涂专用的冷冻机油。

(   ) 51. 冷冻机油不参与制冷，过多反而会妨碍热交换器的换热效果。

(   ) 52. 冷冻机油极易吸水，所以使用后应马上拧紧冷冻机油的瓶盖。

(   ) 53. 在空调故障检修作业中，应确保选择适当品牌和等级的冷冻机油，以保证与所使用的制冷剂的相容性。

(   ) 54. R134a 系统与 R12 系统的冷冻机油可以互相使用。

(   ) 55. R134a 与 R12 制冷系统都可以使用矿物冷冻机油。

(   ) 56. 汽车空调冷冻机油容易吸收水气，故在保存中和使用后无需在将瓶盖密封。

(   ) 57. 节流元件进口的管口处结霜，说明系统内制冷剂充注过量。

(   ) 58. 如果怀疑是系统中的空气导致的高压故障，那么可以通过压力表的特殊操作方法排放出空气，而不必重新抽真空和加制冷剂。

(   ) 59. 空调压缩机是靠制冷剂将冷冻机油带入各润滑部位进行润滑的。

(   ) 60. 空调系统中，制冷剂越多，制冷能力越强。

(   ) 61. 使用 R12 制冷剂的汽车空调制冷系统，可直接换用 R134a 制冷剂。

(   ) 62. 使用 R134a 制冷剂的空调系统不可以使用铜管作为连接管。

（　）63. 储液干燥器一定要垂直安装。

（　）64. 储液干燥器主要是储存制冷系统的多余制冷剂和吸收制冷剂中的水分。

（　）65. 节流孔管可以自动调节进入蒸发器的制冷剂的流量。

（　）66. 进入空调系统的水分是可以被干燥器吸收的，所以不用担心水分的进入。

（　）67. 膨胀阀和孔管的作用基本相同，但膨胀阀安装在高压侧，而孔管则在低压侧。

（　）68. 膨胀管式制冷系统中的集液器应安装在冷凝器与膨胀管之间。

（　）69. 热力膨胀阀在制冷负荷增大时，可自动增加制冷剂的喷出量。

（　）70. 用于 R12 和 R134a 制冷剂的干燥剂是不相同的。

（　）71. 集液器和储液干燥器类似，串联在冷凝器与节流管之间的管路上。

二、单选题

1. 制冷剂回收的英文是（　　）。

A. refrigeration device　　B. refrigerant recovery　　C. refrigerant recycling　　D. refrigerant recharge

2. 在汽车维修过程中，为了减小对环境的污染，下列哪种作业需对制冷剂进行回收？（　　）

A. 凡涉及制冷剂循环系统的作业　　　　B. 凡涉及空调系统维修的作业

C. 凡涉及制冷不好的项目作业　　　　D. 凡涉及制热不好的项目作业

3. 制冷剂 R12 的危害是（　　）。

A. 有辐射　　　　B. 有毒性　　　　C. 破坏大气臭氧层　　D. 破坏自然生态

4. 在交通部《汽车空调制冷剂回收、净化、加注工艺规范》（JT/T 774—2010）中，制冷剂回收是指哪一个过程？（　　）

A. 用专用设备将制冷装置中的制冷剂收集到特定外部容器中的过程

B. 用专用设备对回收的制冷剂进行循环过滤，去除其中的非凝性气体、油、水、酸和其他杂质，使其能够重新利用的过程

C. 用专用设备将制冷剂加注到制冷装置中的过程

D. 用专用设备和指定方法对制冷装置内部进行清洁的过程

5. 《汽车空调制冷剂回收、净化、加注工艺规范》（JT/T 774—2010）中，制冷剂回收作业工艺过程不包含哪方面的操作？（　　）

A. 回收作业准备　　　　　　B. 制冷剂回收原则判定

C. 制冷剂泄漏检测　　　　　D. 制冷剂回收操作

6. 技师 A 说，如果制冷剂被回收就可以重复利用；技师 B 说，如果防冻冷却液被回收必须进行适当处理。谁说得对？（　　）

A. 仅技师 A 对　　　　　　B. 仅技师 B 对

C. 技师 A 和 B 都对　　　　D. 技师 A 和 B 都不对

7. 《汽车空调制冷剂回收、净化、加注工艺规范》（JT/T 774—2010）中，制冷剂净化作业工艺过程不包含哪方面的操作？（　　）

A. 净化作业准备　　B. 纯度指标检测　　C. 制冷剂泄漏检测作　　D. 完成净化作业

8. 在净化过程中测量制冷剂纯度，当纯度大于或等于（　　）时，可结束净化过程。

A. 80%　　　　B. 85%　　　　C. 90%　　　　D. 96%

9. 空调制冷系统中不能凝结为液相的气体为非凝性气体，下列属于非凝性气体的有（　　）。

A. 空气、冷冻机油蒸汽　　　　　　　　B. 制冷剂 R134a

C. 制冷剂 R12　　　　　　　　　　　　D. 不纯净的 R134a

10. 制冷剂的净化是对回收的制冷剂进行循环过滤，使其能够重新利用的过程，净化操作过程不能排除下列哪些物质（　　）。

A. 非凝性气体　　　　　　　　　　　　B. 油

C. 水、酸和其他杂质　　　　　　　　　D. R12 或者其他非 R134a 制冷剂

11. 使用制冷剂回收、净化、加注设备回收制冷剂时已完成一次净化循环。为提高净化效果，在制冷剂回收过程全部结束后，如纯度仍低于（　　）时，应再次对回收的制冷剂进行净化循环，并符合纯度要求。

A. 96%　　　　　　B. 98%　　　　　　C. 95%　　　　　　D. 90%

12. 在实际的维修工作中，经常使用的检漏方法是（　　）。

A. 电子检漏（卤素检漏）检查法　　　　B. 气泡（肥皂水）检查法

C. 荧光检漏法　　　　　　　　　　　　D. 染料溶液检查法

13. 利用真空检漏时，空调系统内的真空度要达到 94.8kPa 的压力（真空度），在 20min 内变化率应小于（　　）。

A. 0.5%　　　　　　B. 1%　　　　　　C. 1.5%　　　　　　D. 2%

14. 使用电子检漏仪进行检漏时，其探头不得直接接触元器件或接头，并置于检测部位的（　　）。

A. 上部　　　　　　B. 侧部　　　　　　C. 中部　　　　　　D. 下部

15. 汽车空调压缩机泄漏检查方法有多种，但下列方法中（　　）不能采用。

A. 卤化物检测器　　　B. 电子检漏器　　　C. 肥皂泡　　　D. 水压法

16. 在加注制冷剂前，应补充冷冻机油，建议的补充量为（　　）。

A. 制冷剂净化时的排出量 +20mL　　　　B. 制冷剂净化时的排出量

C. 制冷剂净化时的排出量 +40mL　　　　D. 制冷剂净化时的排出量 +50mL

17. 下列对于补充冷冻机油的说法，哪种正确？（　　）

A. 制冷装置应处于真空状态

B. 当制冷装置中存有高压时，才能打开注油阀

C. 当制冷装置中存有低压时，才能打开注油阀

D. 可以随时加注冷冻机油

18. 更换全新空调压缩机，应补充（　　）mL 冷冻机油。

A. 100　　　　　　B. 150　　　　　　C. 0　　　　　　D. 50

19. 汽车空调系统经维修后，长时间给系统抽真空的目的是（　　）。

A. 使水分变成液体便于抽出　　　　　　B. 使空气被彻底抽出

C. 使水分变成蒸汽便于抽出　　　　　　D. 使水分变成固体便于抽出

20. 制冷剂加注前的抽真空持续时间应不少于（　　）min。

A. 20　　　　　　B. 25　　　　　　C. 30　　　　　　D. 35

21. 在抽真空后检查压力表示值变化时，如压力稍有回升，最有可能是（　　）。

A. 抽真空不彻底　　　　　　　　　　　B. 制冷装置中存在空气

C. 制冷装置中存在水分　　　　　　　　D. 制冷装置中存在制冷剂

22. 对于空调制冷系统中的少量水分，技师甲认为可以通过加注新的制冷剂而除去；技师乙认为可利用车辆上的空调压缩机进行除湿处理。正确答案是（　　　）。

    A. 甲正确　　　　　　B. 乙正确　　　　　　　C. 两人都正确　　　　　D. 两人都不正确

23. 甲说，制冷剂加注前的空调系统抽真空时间最少要30min；乙说，如果抽真空时间为1～2h，则抽真空效果会更好。谁正确？（　　　）

    A. 甲正确　　　　　　B. 乙正确　　　　　　　C. 两人均正确　　　　　D. 两人均不正确

24. 技师A说，如果真空泵润滑油混浊或者呈乳白色必须更换；技师B说，真空泵润滑油工作25h后必须更换。谁说的对？（　　　）

    A. 仅技师A对　　　　　　　　　　　　　　B. 仅技师B对
    C. 技师A和B都对　　　　　　　　　　　　D. 技师A和B都不对

25. 甲说，真空泵用来清除系统中的湿气；乙说，真空泵用来抽出系统中的空气。谁正确？（　　　）

    A. 甲正确　　　　　　B. 乙正确　　　　　　　C. 两人均正确　　　　　D. 两人均不正确

26. 起动回收、净化、加注设备的真空泵，抽真空至系统真空度低于（　　　）kPa。关闭歧管压力表阀，停止抽真空，并保持真空度至少（　　　）min，检查压力表指示值变化。

    A. –90kPa，15min　　B. –80kPa，20min　　C. 90kPa，15min　　D. 80kPa，20min

27. 技师A说，单气室真空泵不受大气压力影响；技师B说，双气室真空泵不受大气压力影响。谁说得对？（　　　）

    A. 仅技师A对　　　　　　　　　　　　　　B. 仅技师B对
    C. 技师A和B都对　　　　　　　　　　　　D. 技师A和B都不对

28. 制冷系统抽真空的目的是为了降低水的沸点，使水在较低的温度下（　　　）。

    A. 结冰　　　　　　B. 沸腾　　　　　　　C. 分解　　　　　　　D. 升华

29. 对制冷系统抽真空时，压力表的高压手动阀和低压手动阀的状态是（　　　）。

    A. 都打开　　　　　　　　　　　　　　　　B. 都关闭
    C. 高压手阀打开、压手阀关闭　　　　　　　D. 高压手阀关闭、低压手阀打开

30. 《汽车空调制冷剂回收、净化、加注工艺规范》（JT/T 774—2010）中，制冷剂加注作业工艺过程不包含哪方面的操作？（　　　）

    A. 加注作业准备　　B. 补充冷冻机油　　C. 视情清洗　　　　D. 制冷剂纯度检测

31. 从高压端加注制冷剂时，小包装制冷剂储罐应（　　　）。

    A. 侧置　　　　　　B. 倒置　　　　　　　C. 正置　　　　　　　D. 没有要求

32. 制冷剂的加注是在制冷剂储罐与制冷装置间的压差下进行的。下列说法错误的是（　　　）。

    A. 高压端加注时，应关闭发动机，防止制冷剂储罐压力过高
    B. 不建议采用低压端加注，以避免产生液击现象，损坏压缩机
    C. 高低压同时加注提高速度
    D. 低压端加注时，应起动发动机，并注意控制低压表压力不要过高

33. 抽完真空后加注第一小罐制冷剂，应将制冷剂罐（　　　），打开（　　　）手动阀，并且不能起动空调系统。

    A. 直立，低压　　　B. 倒立，低压　　　　C. 倒立，高压　　　　D. 直立，高压

34. 在进行空调大修竣工检验时，起动发动机，将发动机转速控制在（　　　）r/min，压力

表指针应稳定。

　　A. 800 ~ 1200　　　　　　B. 1000 ~ 1500　　　　　C. 1500 ~ 2000　　　　　D. 1800 ~ 2000

35. 空调系统制冷性能测试时，鼓风机开关应处于什么位置？（　　　）

　　A. 关闭　　　　　　　　　B. 开 1 档　　　　　　　C. 开 2 档　　　　　　　D. 开最大档

36. 检修汽车空调时，技师甲说，蒸发器、冷凝器拆卸后，接口不用封起来；技师乙说，更换制冷系统部件，都无须补注冷冻机油。你认为（　　　）。

　　A. 甲正确　　　　　　　　B. 乙正确　　　　　　　C. 两人均正确　　　　　D. 两人都不正确

37. 空调系统需要冲洗时，下列哪一部件不需冲洗？（　　　）

　　A. 冷凝器　　　　　　　　B. 蒸发器　　　　　　　C. 软管和接头　　　　　D. 储液干燥器

38. 制冷剂储罐的存放温度不应超过？（　　　）

　　A. 40℃　　　　　　　　　B. 50℃　　　　　　　　C. 60℃　　　　　　　　D. 70℃

39. 技师甲说，液态制冷剂溅入眼睛会造成冻伤，应立即用水清洗，并及时就医；技师乙说，制冷剂处于气态时是无害的。谁说的正确？（　　　）

　　A. 甲正确　　　　　　　　B. 乙正确　　　　　　　C. 两人都正确　　　　　D. 两人都不正确

40. 甲说，R12 制冷剂与明火接触会产生有害气体；乙说，制冷剂与明火接触会爆炸。谁正确？（　　　）

　　A. 甲正确　　　　　　　　B. 乙正确　　　　　　　C. 两人均正确　　　　　D. 两人均不正确

41. 制冷剂的蒸发压力与大气压力相比（　　　），否则空气会进入制冷系统。

　　A. 高　　　　　　　　　　B. 低　　　　　　　　　C. 相等　　　　　　　　D. 不确定

42. HFC – 134a 储罐的颜色是（　　　）。

　　A. 白色　　　　　　　　　B. 淡蓝色　　　　　　　C. 灰色　　　　　　　　D. 红色

43. 标准工况下 R12 蒸汽过热温度规定为（　　　）。

　　A. 5℃　　　　　　　　　　B. – 5℃　　　　　　　　C. 15℃　　　　　　　　D. – 15℃

44. R134a 是（　　　）。

　　A. 高压低温制冷剂　　　　B. 低压高温制冷剂　　　C. 中压低温制冷剂　　　D. 中压中温制冷剂

45. R12 制冷剂中污染大气的主要成分是（　　　）。

　　A. 氟　　　　　　　　　　B. 氯　　　　　　　　　C. 氢　　　　　　　　　D. 溴

46. 制冷剂 R12 是使用广泛的一种制冷剂，被 R134a 取代的主要原因是（　　　）。

　　A. R12 破坏大气臭氧层　　　　　　　　　　　　　B. R12 对人体伤害太大

　　C. R12 的物理性质不稳定　　　　　　　　　　　　D. 以上答案都正确

47. 汽车制冷系统中的制冷剂年泄漏量不得大于充注量的（　　　）。

　　A. 15%　　　　　　　　　B. 10%　　　　　　　　C. 12%　　　　　　　　D. 5%

48. 当制冷剂含有水分时会出现（　　　）现象。

　　A. 脏堵　　　　　　　　　B. 冰堵　　　　　　　　C. 气阻　　　　　　　　D. 水堵

49. 储罐内的液体制冷剂质量应不超过罐体标称罐装质量的（　　　）。

　　A. 70%　　　　　　　　　B. 75%　　　　　　　　C. 80%　　　　　　　　D. 85%

50. R134a 的破坏臭氧潜能值（ODP）为 0，所以 R134a 对臭氧层无破坏作用。这种说法（　　　）。

　　A. 正确　　　　　　　　　B. 错误　　　　　　　　C. 无法确定　　　　　　D. 以上都不是

51. 当 R12 含有水分时，对金属有很大腐蚀性，尤其是对铅、镁及含镁的铝合金更为明显。这种说法是（   ）。

    A. 正确的   B. 错误的   C. 无法确定   D. 以上都不是

52. 汽车空调维护时，以下哪种操作不规范?（   ）

    A. 戴防护眼镜   B. 在通风处

    C. 雨天作业   D. 用冷水冲洗被制冷剂溅到的皮肤

53. 汽车空调制冷剂回收、净化、加注机工作的相对湿度应（   ）。

    A. 小于 60%   B. 不大于 80%   C. 不大于 85%   D. 小于 90%

54. 当制冷剂罐为空及罐内制冷剂容量超过（   ）时，制冷剂回收、净化、加注机自动报警或自动停机。

    A. 60%   B. 70%   C. 80%   D. 90%

55. 在哪个操作前，需要进行制冷剂类型的鉴别和纯度的检测?（   ）

    A. 制冷剂回收、净化、加注设备与制冷装置连接前

    B. 准备进行加注操作前

    C. 准备进行回收操作前

    D. 需要进行散热系统的修理前

56. 根据 ISO 黏度分级，容器染色呈绿色的冷冻机油，其 ISO 黏度级为（   ）。

    A. 46   B. 100   C. 150   D. 210

57. 技师 A 说，R12 制冷系统使用 PAG 冷冻机油；技师 B 说，R134a 制冷系统使用 POE 冷冻机油。谁说的对?（   ）

    A. 仅技师 A 对   B. 仅技师 B 对

    C. 技师 A 和 B 都对   D. 技师 A 和 B 都不对

58. 下列何种方法不能防止冷冻油变质?（   ）

    A. 提高储存温度   B. 减少与空气接触时间

    C. 防止混入水分或机械杂质   D. 防止混油

59. 冷冻机油变质的原因不包括下列哪一项?（   ）

    A. 混入水分   B. 氧化   C. 污染   D. 混入了氮气

60. 汽车空调系统中，有些储液干燥器上装有易熔塞，其作用是（   ）。

    A. 安全保护   B. 检测压力   C. 感温   D. 感压

61. 储液罐要竖立安装，斜度不要超过（   ）度，否则气液不易完全分离。

    A. 90°   B. 45°   C. 15°   D. 0°

62. 关于 O 形密封圈的讨论，技师甲说，R134a 的 O 形密封圈都是黑色的；技师乙说 R12 的 O 形密封圈是蓝色或绿色的。谁说的正确?（   ）

    A. 甲正确   B. 乙正确   C. 两人都正确   D. 两人都不正确

63. 技师甲说，空气湿度对空调制冷性能有影响；技师乙说，紊乱的气流对空调制冷性能有影响。正确答案是（   ）。

    A. 甲正确   B. 乙正确   C. 两人均正确   D. 两人都不正确

64. 制冷系统中刚从膨胀阀节流降压出来的制冷剂温度要求是（   ）。

    A. -5℃   B. -10℃   C. -15℃   D. -20℃

65. 对于 2000 年后生产的乘用车，技师 A 说，可用 R12 制冷剂进行泄漏检查；技师 B 说，可用 R134a 进行泄漏检查。谁说的对？（　　）

    A. 仅技师 A 对　　　　　　　　　　　　B. 仅技师 B 对

    C. 技师 A 和 B 都对　　　　　　　　　　D. 技师 A 和 B 都不对

66. 在检修汽车空调时，技师甲说，对制冷系统加压检漏，最好使用工业氮气；技师乙说，检漏时加压应加到 1.5MPa 左右。你认为（　　）。

    A. 甲正确　　　　B. 乙正确　　　　C. 两人均正确　　　　D. 两人都不正确

67. 技师 A 说，R134a 制冷系统的 O 形密封圈安装前需涂抹矿物基冷冻机油；技师 B 说，制冷系统的 O 形密封圈安装前需涂抹一种专用润滑剂。谁说的对？（　　）

    A. 仅技师 A 对　　　　　　　　　　　　B. 仅技师 B 对

    C. 技师 A 和 B 都对　　　　　　　　　　D. 技师 A 和 B 都不对

68. 技师 A 说，所有压缩机中的冷冻机油都可以通过低压侧的检修阀和高压侧的检修阀放出来；技师 B 说，大部分压缩机都有一个放油塞，拆下放油塞即可放出冷冻机油。谁说的对？（　　）

    A. 仅技师 A 对　　　　　　　　　　　　B. 仅技师 B 对

    C. 技师 A 和技师 B 都对　　　　　　　　D. 技师 A 和技师 B 都不对

69. 蒸发器中的制冷剂充满或匮乏哪种更坏？技师甲说，制冷剂匮乏更坏，因为它导致冷却不良和产生过热现象；技师乙说，制冷剂充满更坏，因为它导致冷却不良和液体撞击压缩机。谁说的正确？（　　）

    A. 甲正确　　　　B. 乙正确　　　　C. 两人都正确　　　　D. 两人都不正确

三、多选题

1. 以下哪些情况需要对废旧制冷剂进行回收？（　　）

A. 制冷装置发生故障，需要通过拆换零部件或拆卸零部件进行维修

B. 制冷装置存在部分泄漏，需要通过气密性试验查找漏点

C. 更换空调进风口滤芯

D. 更换储液器

2. 属于制冷剂回收工作流程的操作包括（　　）。

    A. 制冷剂类型鉴别　　B. 制冷剂净化　　　C. 抽真空　　　　D. 注油

3. 以下哪些情况需要对车辆的制冷剂进行回收？（　　）

A. 在维修过程中，需要拆卸制冷装置时（如空调压缩机、空调管路、蒸发器、冷凝器等部件）

B. 制冷装置存在泄漏，需要通过气密性试验查找故障点时（装置有部件制冷剂）

C. 观察窗中有气泡、泡沫、润滑油（冷冻油）条纹、污浊迹象，吸、排气压力不正常时

D. 空调系统的熔丝损坏时

4. 符合行业标准的制冷剂检漏方法是（　　）。

    A. 荧光剂检漏　　　B. 肥皂水检漏　　　C. 真空检漏　　　D. 加压法检漏

5. 可以使用（　　）对空调系统进行密封性检查。

    A. 氧气　　　　B. 氮气　　　　C. 氦气　　　　D. 氢气

6. 下列哪些是检查真空系统泄漏的好方法？（　　）

    A. 追踪"嘶嘶"声的源头　　　　　　B. 在可疑的区域泼水

C. 用好的真空管或元件逐一替换　　　　　D. 逐一夹紧真空软管或堵住相关部件

7. 下列哪些是常用的制冷剂检漏方法？（　　）

　　A. 卤素　　　　　　　B. 卤化物　　　　　C. 超声波　　　　　D. 荧光

8. 空调制冷系统泄漏检查方法包括（　　）。

　　A. 电子检漏　　　　　B. 加压法检漏　　　　C. 荧光检漏　　　　D. 卤化物检漏设备
检漏

9. 空调冷冻机油的作用有（　　）。

　　A. 润滑　　　　　　　B. 密封　　　　　　　C. 冷却　　　　　　D. 降噪

10. 以下哪些情况下应补充冷冻机油？（　　）

　　A. 更换冷凝器　　　　　　　　　　　　　B. 对制冷剂进行了回收

　　C. 更换压缩机（不含油）　　　　　　　　D. 严重泄漏后充注制冷剂

11. 下列加注冷冻机油的方法中正确的是（　　）。

　　A. 根据压缩机体积大小加注冷冻机油

　　B. 应补加与制冷装置内原有润滑油相同型号的冷冻机油

　　C. 按汽车制造厂或压缩机、配件制造商的冷冻机油推荐加注量进行补充

　　D. 根据更换部件的数目加注冷冻机油

12. 用无压力的冷冻机油容器给空调系统加油时，哪些操作是不妥当的？（　　）

　　A. 在充入制冷剂的过程中加入　　　　　　B. 在测试系统是否泄漏之前加入

　　C. 在排空和抽真空操作之间加入　　　　　D. 在抽真空和加注制冷剂的操作之间加入

13. 属于制冷剂加注工作流程的操作包括（　　）。

　　A. 抽真空　　　　　　B. 检漏　　　　　　　C. 注油　　　　　　D. 加注制冷剂

14. 下列哪些是加注制冷剂的正确操作事项？（　　）

　　A. 应确保同工质加注，不得将 HFC-134a 与 CFC-12 混用

　　B. 按制冷装置要求的加注量定量加注，不得过量加注

　　C. 低压端加注时，应起动发动机（压缩机运转），制冷剂储罐可侧置或倒置

　　D. 高压端加注时，应关闭发动机（压缩机停止运转）

15. 在加注制冷剂时，如果以液体方式注入，则不可（　　）。

　　A. 从低压侧注入　　　　　　　　　　　　B. 从高压侧注入

　　C. 从高低压两侧任意注入　　　　　　　　D. 同时从高低压两侧注入

16. 不同的制冷剂不可混用，以下哪种方法可用于识别制冷剂的类型？（　　）

　　A. 查阅《车辆使用手册》

　　B. 检查汽车发动机舱内的空调系统标识、标牌或标签，查看压缩机、膨胀阀等部件上的标
牌或标识

　　C. 采用制冷剂鉴别设备检测

　　D. 由检修阀的形状判别

17. 在对空调制冷性能进行测试时，以下哪些设置是正确的？（　　）

　　A. 打开发动机罩和车门　　　　　　　　　B. 接通空调系统，温度设置为最冷

　　C. 鼓风机转速设置为最大　　　　　　　　D. 内外循环模式设置为外循环模式

18. 对制冷装置内部和维修配件进行清洗，目的是以去除内部的？（　　）

A. 杂质　　　　　B. 空气　　　　　C. 酸　　　　　D. 冷冻机油

19. 以下正确的是（　　）。

A. 完成制冷剂类型鉴别后，如制冷剂种类单一，可进行净化

B. 完成制冷剂类型鉴别后，如无法判别制冷剂种类或鉴别仪显示"未知气体"，则不可进行净化

C. 制冷剂储罐允许混用

D. 装有制冷剂的储罐应放置在阴凉处，不得在阳光下暴晒

20. 汽车制冷系统所使用的制冷剂类型，可采用以下哪些方法识别？（　　）

A. 检查汽车发动机舱内的空调系统标识、标牌或标签

B. 查看压缩机的标牌或标识

C. 根据制冷装置组成部件的结构

D. 查看节流元件上的标牌或标识

21. 汽车空调制冷剂、净化、加注机按适用制冷剂品种的不同分为（　　）。

A. 单种制冷剂　　　B. 双种制冷剂　　　C. 三种制冷剂　　　D. 多种制冷剂

22. 不允许制冷剂直接接触的物品包括（　　）。

A. 明火　　　　　B. 炽热的金属　　　C. 铝　　　　　D. 铜

23. 汽车上标注制冷剂类型的标签颜色有（　　）。

A. 黑色　　　　　B. 金黄色　　　　C. 浅蓝色　　　　D. 白色

24. 下列那些措施能保证制冷剂钢瓶的安全？（　　）

A. 充注量低于钢瓶容量的 80%　　　　　B. 存放温度低于 50℃

C. 在 54.4℃ 时蒸汽压力不得超过 2193kPa　　　D. 远离热源

25. 若有液态制冷剂溅入人的眼睛，采取下列哪些措施是不妥当的？（　　）

A. 立即召集有关人员开现场会说明意外事故确实会发生

B. 保持受伤者情绪稳定并使其确信事故不严重

C. 批评受伤者太不小心

D. 立即将大量的冷水清洗受伤者的眼睛

26. 关于 R12 制冷剂的特性，下列说法哪些正确？（　　）

A. R12 对臭氧层有害　　　　　B. R12 制冷剂与高温表面接触会产生有毒气体

C. R12 制冷剂与高温表面接触会分解　　　D. R12 制冷剂与明火接触会产生有害气体

27. 关于 R134a，下列哪些说法是正确的？（　　）

A. 它的工作压力比使用 R12 时高　　　　B. 它比 R12 更容易泄漏

C. 对环境的污染要大一些　　　　D. 与 R12 系统比较要用不同的控制阀

28. 在交通部《汽车空调制冷剂回收、净化、加注工艺规范》（JT/T 774—2010）中，空调作业基本条件包括（　　）。

A. 设备、仪器、工具及材料　　　　B. 人员条件

C. 环境条件　　　　D. 车辆条件

29. 空调冷冻机油的作用有（　　）。

A. 润滑　　　　　B. 密封　　　　　C. 冷却　　　　　D. 降噪

30. 以下哪些是空调系统制冷剂储液罐的功能？（　　）

A. 储液　　　　　　　　B. 干燥　　　　　　　　C. 过滤　　　　　　　　D. 节流

31. 储液器的作用有（　　　）。

A. 吸收水分　　　　　　B. 过滤系统内杂质　　　C. 节流　　　　　　　　D. 蒸发

32. 储液干燥器的作用是（　　　）。

A. 储液　　　　　　　　B. 干燥　　　　　　　　C. 过滤　　　　　　　　D. 降压

33. 孔管式制冷系统中的储液器不应安装在（　　　）。

A. 蒸发器与压缩机之间　　　　　　　　　　　B. 冷凝器与膨胀管之间

C. 膨胀管与蒸发器之间　　　　　　　　　　　D. 压缩机与冷凝器之间

34. 关于制冷系统使用的 O 形密封圈，下列说法哪些是正确的？（　　　）

A. 用于 R134a 系统的 O 形密封圈也可用于 R12 系统

B. 用于 R12 系统的 O 形密封圈也可用于 R134a 系统

C. R12 的 O 形密封圈通常都是黑色的

D. R134a 的 O 形密封圈是蓝色的或绿色的

35. 直接使用回收但未净化的制冷剂很危险，这是因为其可能含有（　　　）。

A. 湿气　　　　　　　　B. 非凝性气体　　　　　C. 有机杂质　　　　　　D. 金属屑

36. 带观察窗的储液干燥器，其作用是（　　　）。

A. 储液　　　　　　　　B. 干燥　　　　　　　　C. 过滤　　　　　　　　D. 检视

37. 汽车制冷系统所使用的制冷剂类型，可采用以下哪些方法识别？（　　　）

A. 检查汽车发动机舱内的空调系统标识、标牌或标签

B. 查看压缩机的标牌或标识

C. 根据制冷装置组成部件的结构

D. 查看节流元件上的标牌或标识

38. 对于制冷剂净化，哪些说法是正确的（　　　）。

A. 具有净化功能的设备应设置油分离器、换热器和过滤器

B. 具有净化功能的设备应具有排出非凝聚气体的功能

C. 制冷剂净化后纯度不低于 96%

D. 制冷剂净化后纯度不低于 95%

39. 下列哪些因素不会造成制冷剂回收/净化/加注机内的湿度显示器呈现黄色？（　　　）

A. 回收机内的过滤器堵塞　　　　　　　　　　B. 制冷剂储罐已满

C. 制冷剂可以再用　　　　　　　　　　　　　D. 制冷剂的湿度超标

40. 下列哪些是符合 HFC-134a 制冷系统要求的冷冻机油？（　　　）

A. 矿物基类　　　　　　　　　　　　　　　　B. 聚烃基乙二醇类（PAG）

C. 多元醇酯类（POE）　　　　　　　　　　　D. 多羟基化合物类

项目四 汽车空调故障检修

项目描述

项目描述

  汽车空调系统的故障主要有不制冷、制冷不足、间歇性制冷、出风不正常、有异响、暖风异常等，故障产生的主要原因有压缩机故障、鼓风机故障、冷凝器/散热器风扇故障、暖风系统故障等，只有及时诊断和排除这些故障，才能保证系统的正常运行。

  在维修汽车空调系统时，为了能快速准确地诊断出故障部位，必须按照一定的步骤进行检查。诊断汽车空调系统故障时应掌握"先整车后系统，先系统后总成，先总成后部件，先外部后内部"的原则。具体操作上应掌握"先简单后复杂，先外部后内部，先电气线路后制冷系统"的原则。

  当空调系统出现不工作或工作不正常等故障现象时，通常采用直观检查或专用仪器检测，或者两者相结合的方法进行诊断。直观检查主要是通过询问、鼻闻、眼看、耳听、手摸等方式进行基本检查；专用仪器检测则是通过歧管压力表、检漏仪等专用工具，以及空调诊断仪、制冷剂回收/加注机等专用设备进行测试分析。

  维修人员首先应听取驾驶人对故障的详细介绍，然后察看整车、系统、总成和各设备的工作情况，细听空调压缩机的运转声音，用手触摸各设备相关部位的温度，对故障的部位和原因做出初步判断，接下来再利用仪器设备检测温度、压力与泄漏等状况，根据检测结果进行综合分析，确定故障原因，最后进行修理。

任务一 鼓风机的故障检修

学习目标

序　号	目标要求
1	能正确描述鼓风机转速控制方式
2	能分析雪佛兰科鲁兹汽车空调鼓风机电路
3	能独立检修雪佛兰科鲁兹汽车鼓风机不转的故障

任务描述

  一辆雪佛兰科鲁兹汽车因手动空调出现鼓风机不转的故障进店维修。维修人员需要在充分分析鼓风机工作原理的基础上，合理使用故障诊断仪、万用表等维修工具，借助《汽车维修手册》，确定故障部位，找出故障原理，排除故障。

任务分析

鼓风机是汽车空调主要组成部件之一，鼓风机故障是汽车空调典型故障之一，鼓风机不转将导致汽车空调无法正常工作。本任务以雪佛兰科鲁兹汽车手动空调鼓风机不转故障检修为载体，掌握汽车空调鼓风机工作原理和电路分析，并能独立检修汽车空调鼓风机故障。

知识准备

一、汽车空调鼓风机转速控制方式

为满足车内乘员的不同送风要求，改善车厢内部环境舒适度，应该按照驾驶人意图控制鼓风机的转速。鼓风机转速一般是通过调速器来实现的，根据控制方法不同可以分为以下三种控制形式。

1. **由鼓风机开关和调速电阻联合控制**

鼓风机转速控制档位有二、三、四、五速四种，最常用的是四速。鼓风机的档位控制开关一般装在操纵面板内，在设置档位时，鼓风机开关可控制鼓风机电源正极，也可控制鼓风机电路搭铁。调速电阻一般装在空调蒸发器组件上，利用气流进行冷却，其外形如图 4-1 所示。

鼓风机控制电路如图 4-2 所示，通过改变鼓风机开关与调速电阻的接通方式可实现不同的转速运转。鼓风机开关处于Ⅰ位置时，至电动机的电流需经过 3 个调速电阻，鼓风机以低速运行；将开关调至Ⅱ位置时，至电动机的电流需经过 2 个调速电阻，鼓风机以中低速运转；将开关拨至Ⅲ位置时，至电动机的电流只经过 1 个调速电阻，鼓风机以中高带运转；开关拨至位置Ⅳ时，电路中不串接任何电阻，加至电动机的是电源电压，鼓风机以最高速运转。

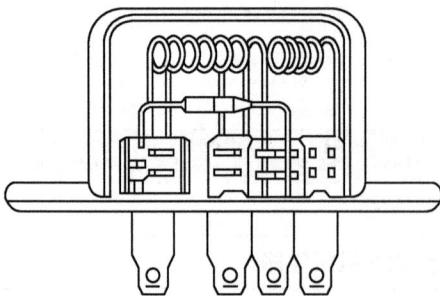

图 4-1　调速电阻

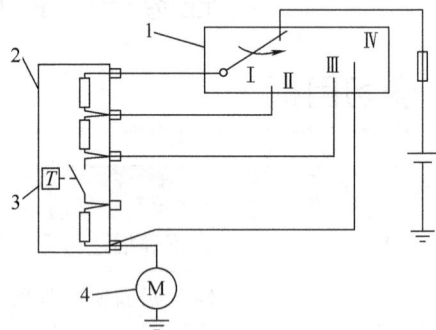

图 4-2　鼓风机控制电路

2. **电控模块通过大功率晶体管控制**

对于现代中高档轿车，为实现风速自动控制，其鼓风机的转速一般由控制单元通过大功率晶体管控制，电路如图 4-3 所示。

功率组件控制鼓风机的运转，把来自控制单元的鼓风机驱动信号放大，放大器的输出信号根据车内情况及操作指令提供不同的鼓风机转速。如果车内温度比所选定的温度高很多，在空调工作的状态下，鼓风机将高速运转；当车内温度降低时，鼓风机速度又降为低速。相反地，如果车内温度比所选定的温度低很多，在加热状态下，鼓风机将以高速起动，而当车内温度上升后，鼓风机速度降为低速。

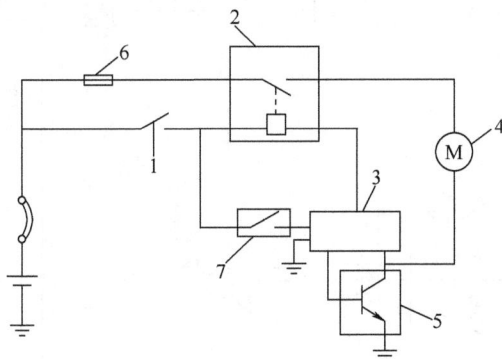

图 4-3　用大功率晶体管控制的鼓风机电路

1—点火开关　2—空调继电器　3—空调控制单元　4—鼓风机电动机
5—晶体管　6—熔断器　7—鼓风机开关

3. 晶体管与调速电阻器组合控制

鼓风机控制开关有自动（AUTO）模式和不同转速的人工选择模式，如图 4-4 所示。当鼓风机控制开关设定在"AUTO"模式时，鼓风机的转速由空调 ECU（电子控制单元）根据车内外温度及其他传感器的参数控制。若选择人工选择模式，则空调电路取消自动控制功能，执行人工设定功能。

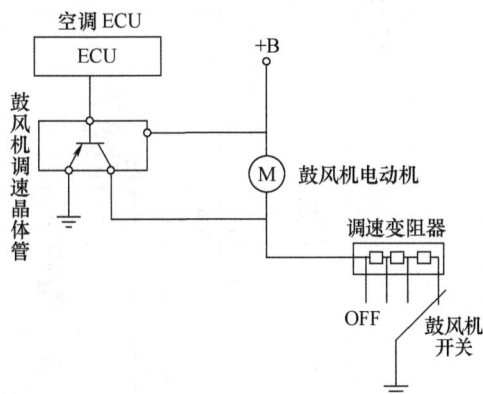

图 4-4　鼓风机控制开关模式

二、雪佛兰科鲁兹汽车手动空调鼓风机控制电路

1. 雪佛兰科鲁兹汽车手动空调鼓风机控制电路分析

雪佛兰科鲁兹汽车手动空调鼓风机控制电路如图 4-5 所示，旋转鼓风机风速调节旋钮，请求信号经线路 7531 输入至空调系统控制模块 K33（HVAC 控制模块），空调系统控制模块 K33 通过

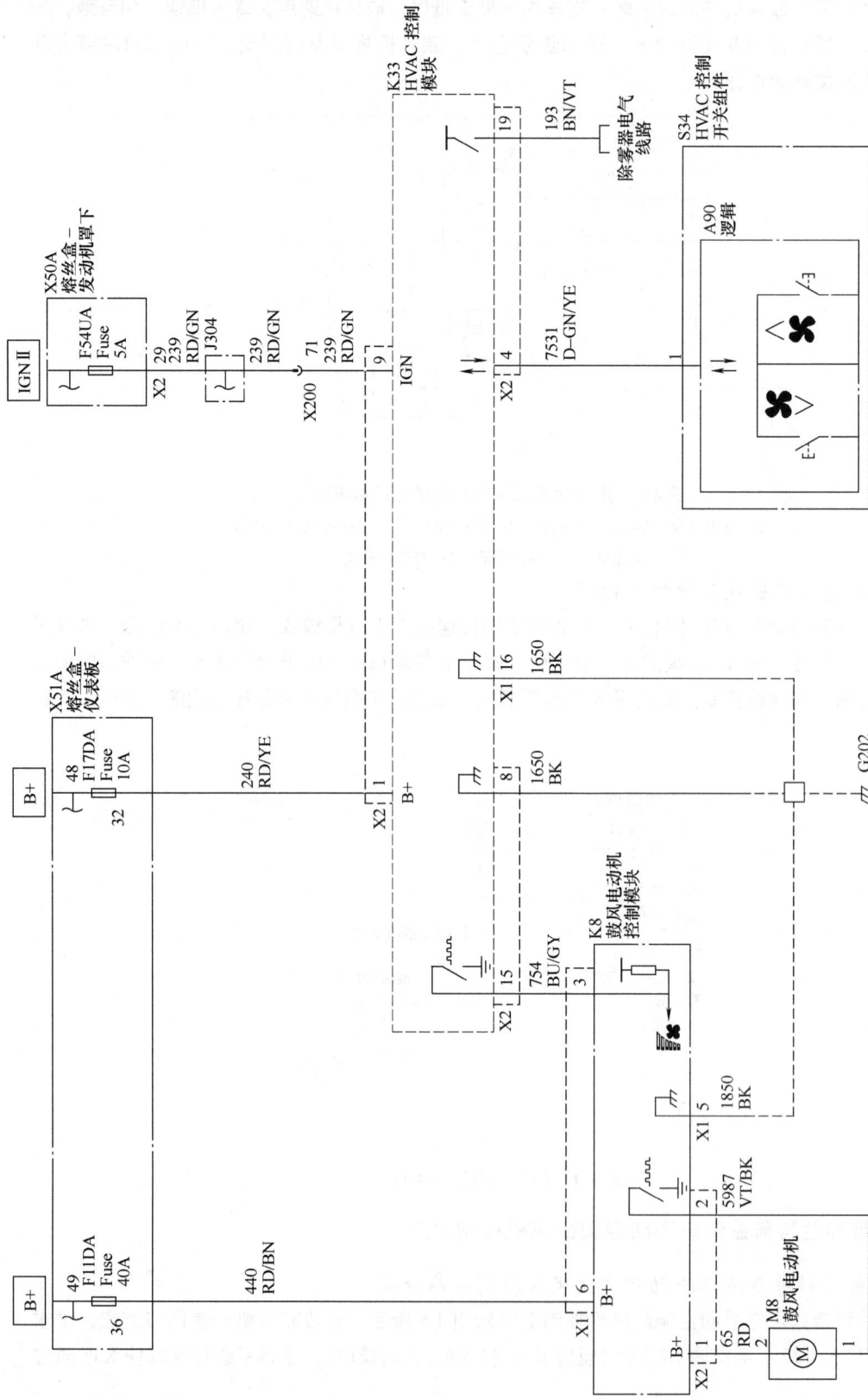

图 4-5　科鲁兹轿车鼓风机控制电路

线路 754 向鼓风机控制模块 K8 提供脉宽调制信号，鼓风机根据该脉宽调制信号频率改变 X2 插接器端子 2 电压在 2 ~ 13V 范围内变动，从而实现鼓风机转速控制。

2. 雪佛兰科鲁兹汽车手动空调鼓风机故障检修

雪佛兰科鲁兹汽车鼓风机故障有鼓风机电动机不工作和鼓风机电动机始终接通，引起故障的原因：鼓风机风速调节开关信号输入故障；空调控制模块故障；空调系统控制模块 K8 部分故障；鼓风机电动机故障。

（1）鼓风机风速调节开关信号输入故障

1）故障原因：鼓风机风速调节旋钮 S34 故障；空调系统控制模块 K33 故障；线路故障。

2）故障诊断方法：读取数据流。将点火开关置于 ON（打开）位置，将鼓风机风速调节旋钮 S34 依次从低速向高速旋转，观察诊断仪测得空调控制单元模块"鼓风机电机开关"参数是否与鼓风机档位相对应，对应为正常，不对应为有故障。点火开关置于 OFF（关闭）位置，测量线路 7531 是否断路、短路或接触不良，如线路正常则为鼓风机风速调节旋钮 S34 故障。

（2）空调控制模块 K8 部分故障

1）故障原因：鼓风机电动机故障；线路故障。

2）故障诊断方法：电路测量。在确保空调控制单元及前部电路正常的情况下，将点火开关置于 ON（打开）位置，将鼓风机风速调节旋钮 S34 依次从低速向高速旋转，使用万用表测量 5987 线路 K8 端电压，电压随风速档位升高而降低为正常，否则为故障。如有故障，检测 754 线路是否正常，如正常则为 K8 部分故障。

（3）鼓风机电动机部分故障

1）故障原因：鼓风机电机故障；线路故障。

2）故障诊断方法：电路测量。在确保其他部分正常的情况下，拔下鼓风机线束插头，使用试灯替代鼓风机电动机，将点火开关置于 ON（打开）位置，将鼓风机风速调节旋钮 S34 依次从低速向高速旋转，观察试灯亮度是否增加，亮度增加为正常，否则为不正常。如不正常，则检测线路 440、线路 65 及 5987 是否有断路、短路及电阻过大故障。

注意：进行读取数据流操作时，不同厂家生产的诊断仪参数名称可能不同。

制订计划

本任务的工作内容为雪佛兰科鲁兹汽车手动空调鼓风机故障检修，在学习了前面所述的基本知识之后，我们就可以进行故障检测与维修，特制订如下工作计划：

1）检查作业环境，安装车辆防护装置。

2）记录待检查车辆基本信息。

3）确认故障现象。

4）进行基本检查。

5）分析故障原因，制订故障检测步骤。

6）按既定步骤排除鼓风机故障。

7）验证故障排除效果。

8）回收工量具，清洁场地，完成收尾工作。

任务实施

一、作业前的准备

1. 进行作业环境检查

汽车空调在进行检修作业时，为确保人身与财产安全，在开始作业之前，请检查作业场地条件，并填写表4-1，以保证作业的安全与规范。

表4-1　作业环境检查

序　号	检查项目与内容	检查结果
1	作业场地是否通风良好	
2	作业场地有无明火	
3	作业场地有无必要的安全防护设施，如防护手套、防护眼镜、灭火器材等	
4	车辆停放是否周正，车辆停放区域内无异物	

2. 安装车辆防护装置，记录车辆基本信息

在进行汽车空调检修作业之前，首先要安装必要的车辆防护装置，进行基本作业检查，并将结果填入表4-2中，操作步骤参见项目一中"任务一　汽车空调使用"相关内容。然后记录车辆基本信息，填写表4-3。

表4-2　车辆基本检查作业记录

序　号	项　　目	作业记录	序　号	项　　目	作业记录
1	车轮挡块放置状况		4	各线束连接状况	
2	座椅套、转向盘套、驻车制动杆套、变速器杆手柄套、脚垫、翼子板布等安装状况		5	发动机机油液位	
			6	冷却液液位	
3	仪器、设备、工量具数量		7	蓄电池电压	

表4-3　车辆基本信息

汽车型号		车牌号	
发动机型号		VIN 编号	

二、进行汽车空调检修

根据表4-3所列的基本流程进行汽车空调检修，并将过程填入表4-4中。

表 4-4 汽车空调检修记录

序 号	项 目	作 业 记 录
1	故障现象确认	故障现象描述：
2	故障可能原因	
3	故障检测的主要过程	
4	检测结果分析及故障点确认	
5	故障排除方法	

三、操作空调开关，验证故障排除效果（略）

四、回收工量具、清洁场地，完成回收工作（略）

知识拓展

在非独立式汽车空调制冷系统中，压缩机由发动机带动，当发动机处于怠速状态或低速时，风压和风量均不充足，散热差，冷却液温度升高。同时，由于非独立式制冷系统的冷凝器通常安装在散热器前面，进一步影响发动机散热器的散热效果，发动机容易过热，从而影响发动机正常工作。另外发动机处于怠速时，发电机提供的电能严重不足，制冷系统还要大量消耗蓄电池的电能。因此，对于由发动机带动压缩机的非独立式制冷系统，为了保证汽车的正常运行，必须增加发动机速度控制器。

一、怠速控制装置

发动机怠速控制装置有以下两种类型。

1. 怠速继电器

怠速继电器的作用是当发动机处于怠速状态时，自动切断压缩机的电磁离合器线圈电路，使制冷系统停止工作，减轻发动机负荷，稳定发动机的怠速性能。但是这种使制冷系统停止工作的措施并不理想，特别是在堵车或者是炎热的夏季，这种情况就更为突出。

2. 怠速提高装置

怠速提高装置有节气门直接驱动式、旁通空气式、发动机怠速马达控制式三种，其作用是当发动机处于怠速状态时，驾驶人操作制冷系统后，发动机能自动加大节气门开度，使发动机在怠速时转速提高，这样既能保证足够的动力以维持制冷系统工作，又能保证发动机自身的正常运转。

二、加速控制装置

汽车加速或超车时，需要尽可能大的发动机功率来提高车速，此时应切断电磁离合器线圈电路，使压缩机停止工作。为此，大多数汽车上都设置了加速控制装置。加速控制装置由加速开关和延迟继电器组成。加速开关一般装在加速踏板下，当加速踏板踏下而行程达到最大行程的90%时，加速开关及延迟继电器会切断电磁离合器线圈电路，使压缩机停止工作，从而解除压缩机的动力负荷，使发动机的全部输出功率用来克服加速时的阻力，提高了车速。

考核评分

本任务的考核与评分见表4-5。

表4-5 考核与评分

考核内容	考核要求	评分标准	配分	得分 自评	互评
1. 正确使用工具、仪器、仪表	正确使用工具、仪器、仪表	错误一处扣2分	10分		
2. 分析并查找故障原因	(1) 正确使用维修手册 (2) 正确使用检查方法 (3) 检查程序正确 (4) 检查结果正确	错误一处扣5分	35分		
3. 明确故障部位	正确确定故障部位	错误一处扣5分	10分		
4. 排除故障	(1) 故障排除方法正确 (2) 不自制故障	错一处扣5分	25分		
5. 验证故障排除效果	(1) 正确操作汽车空调 (2) 正确再现故障发生条件 (3) 检查故障方法正确 (4) 正确填写作业记录表	错误一处扣5分	10分		

（续）

考核内容	考核要求	评分标准	配　分	得　分	
				自　评	互　评
6. 职业素养	（1）学习态度：积极主动参与学习 （2）团队合作：与小组成员一起分工合作，不影响学习进度 （3）现场管理：服从工位安排、执行实训室管理规定	不足之处扣3分	10分		
7. 安全文明生产	自觉遵守安全文明生产规程	违反一项规定扣5分			
合计					
操作时间	开始时间：	结束时间：		实际用时：	

任务二　汽车空调压缩机电磁离合器的故障检修

学习目标

序　号	目标要求
1	能描述汽车空调压缩机电磁离合器的结构
2	能分析雪佛兰科鲁兹汽车空调压缩机电磁离合器控制电路
3	能检修雪佛兰科鲁兹汽车空调压缩机电磁离合器不吸合故障

任务描述

　　一辆雪佛兰科鲁兹汽车因手动空调不能制冷进店维修，经初步检查为汽车空调压缩机电磁离合器不吸合所致，维修人员需要在充分分析空调压缩机电磁离合器工作原理的基础上，合理使用故障诊断仪、万用表等维修工具，借助汽车维修手册，确定故障部位，找出故障原因，排除故障。

任务分析

　　汽车空调压缩机电磁离合器是汽车空调系统的重要组成部件，若出现从动盘打滑、电磁线圈烧坏等故障，将导致汽车空调不能正常工作。本任务以雪佛兰科鲁兹汽车手动空调压缩机电磁离合器不吸合故障检修为载体，掌握汽车空调压缩机电磁离合器工作原理和电路分析，并能独立检修汽车空调压缩机电磁离合器不吸合故障。

知识准备

一、汽车空调压缩机电磁离合器的功能、结构与工作原理

1. 汽车空调压缩机电磁离合器的功能

汽车空调压缩机电磁离合器的功能是控制发动机与空调压缩机之间的动力传递。当电源接通时，电磁离合器将发动机的动力传递给空调压缩机主轴，使空调压缩机处于工作状态；当电源断开时，电磁离合器便切断发动机与空调压缩机之间的动力传递，使压缩机停止工作。所以电磁离合器就像电路中的开关，是汽车空调控制系统中的执行组件，受温度控制器、压力控制器、车速继电器、冷却液温度开关及电源开关等组件的控制。

2. 汽车空调压缩机电磁离合器的结构

汽车空调压缩机电磁离合器主要由前板2、转子5及电磁线圈10等组成，如图4-6所示。

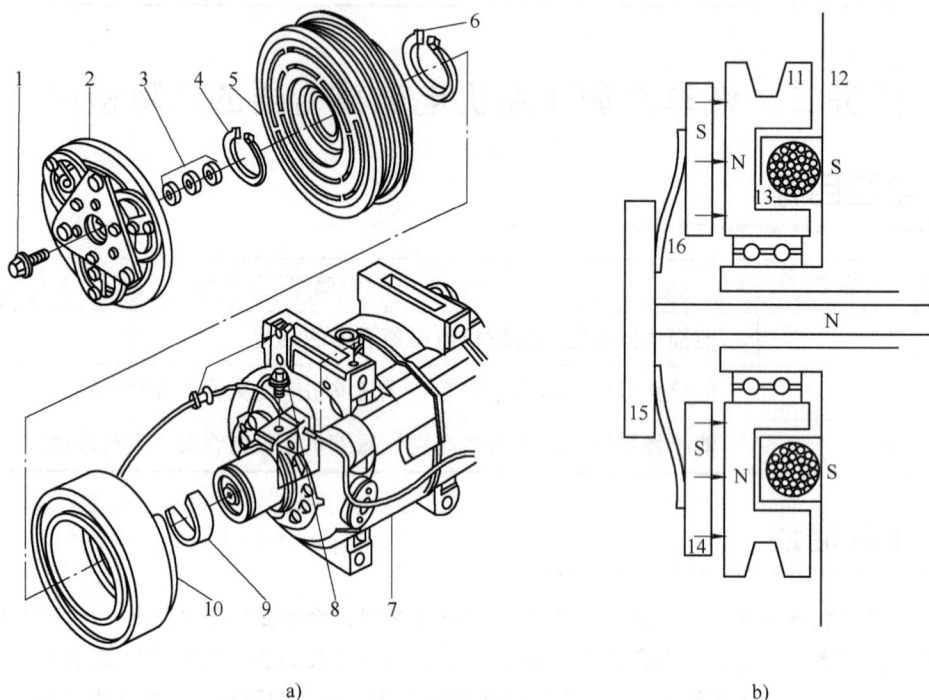

a)   b)

图4-6 电磁离合器分解及工作原理图

a) 电磁离合器分解图 b) 电磁离合器工作原理图

1、8—螺栓 2—前板 3—调整圈 4—卡环 5—转子 6—挡圈 7—压缩机缸体 9—毛毡油封 10、13—电磁线圈
11—带轮 12—压缩机壳体 14—摩擦板 15—从动盘 16—弹簧爪

（1）前板 前板主要由衔铁（离合器从动盘）、复位弹簧、轴套（带键槽）、平衡板等元件组成。电磁离合器是通过衔铁与电磁线圈共同作用来工作的，根据电磁线圈的通、断产生吸合、释放两种状态。电磁线圈有电流通过时，产生电磁力，使衔铁与传动带盘吸合，于是压缩机主轴与传动带一起转动，获得发动机的动力；电磁线圈没有电流通过时，电磁力消失，吸铁与传动带盘断开，压缩机停止工作。

复位弹簧有两类，一类是橡胶件，另一类是片簧，它们的作用是当电磁线圈不通电、电磁力消失时，使衔铁与传动带盘迅速分开，以免两个贴合平面因分离不及时而造成摩擦烧坏。

轴套由键槽与压缩机主轴相连，轴套铆合在平衡板上，又与衔铁通过铆钉连接成一体。

平衡板用以平衡压缩机内部产生的不平衡力，同时也作为复位弹簧的一个支承点。

（2）转子　转子由带轮和轴承组成。转子上有一侧平面是与衔铁相吸合的，有许多供磁感应线通过的长槽，转子内圈装有平面轴承。转子有冲压件及铸件两种，传动带槽有单槽、双槽及齿形槽三种。

（3）电磁线圈　电磁线圈由外壳、线圈及接线组成。

3. 汽车空调压缩机电磁离合器的工作原理

电磁离合器广泛应用于汽车电控系统中，其一般工作原理如图4-7所示，当开关2闭合时，电磁线圈4通电，产生强大的磁场，将衔铁1吸引。当电磁离合器断开电源时，磁场消失，吸力也随之消失，衔铁离开电磁线圈。

汽车空调压缩机电磁离合器的工作原理：当电流通过电磁线圈时，产生较强的磁场，使空调压缩机电磁离合器的从动盘和自由转动的带轮吸合，从而驱动空调压缩机的主轴旋转。当电流切断时，磁场消失，此时靠弹簧作用使从动盘和带轮分开，使空调压缩机停止工作。如图4-6b所示，图中左侧的电磁离合器从动盘15与压缩机主轴是通过花键连接的，从动盘上固定了几个弹簧爪16，弹簧爪的另一端固定在摩擦板14上，电磁线圈13固定在压缩机壳体12上，带轮11装在轴承上，可自由转动。当电流接通时，摩擦板和带轮结合为一体，压缩机开始运转；当电流切断时，弹簧爪使摩擦板和带轮分开，压缩机停止工作。

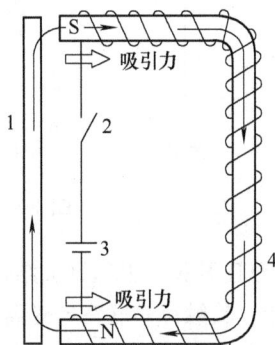

图4-7　电磁离合器一般工作原理
1—衔铁　2—开关　3—电源　4—电磁线圈

二、汽车空调压缩机电磁离合器控制电路

1. 汽车空调压缩机电磁离合器的控制方式

根据有无继电器，汽车空调压缩机电磁离合器的控制方式可分为直接控制和继电器控制两种类型。

在直接控制方式中，开关安装于电源与汽车空调压缩机电磁离合器之间，直接控制电源的通断。当开关闭合时，大电流经开关至汽车空调压缩机电磁离合器，但由于大电流流经开关触点，因此容易烧蚀触点。

在继电器控制方式中，开关安装于汽车空调压缩机继电器线圈的电路中，通过控制汽车空调压缩机继电器来控制汽车空调压缩机电磁离合器。由于流经开关触点的电流很小，因此保护开关触点不被烧蚀，目前大多数汽车空调都采用继电器控制方式。

2. 汽车空调压缩机电磁离合器基本控制电路

图4-8所示为汽车空调压缩机电磁离合器基本控制电路。当A/C空调开关、温控开关和压力开关都同时闭合时，继电器触点接通，汽车空调压缩机电磁离合器电路接通，压缩机开始运转，空调系统开始制冷；当车内温度逐渐下降低至设定值时，温控器的触点会断开，空

调继电器无电而触点切断，使汽车空调压缩机电磁离合器电路断开，压缩机停止工作，空调系统不制冷。

（1）压力开关　压力开关又称为压力继电器或压力控制器，分为高压开关和低压开关两种，安装在制冷系统高压管路或低压管路上。当制冷系统由于某种原因而导致管路中制冷剂压力出现异常时，压力保护开关便会自动切断电磁离合器线圈电路而使压缩机停止工作，保护制冷系统不致损坏。

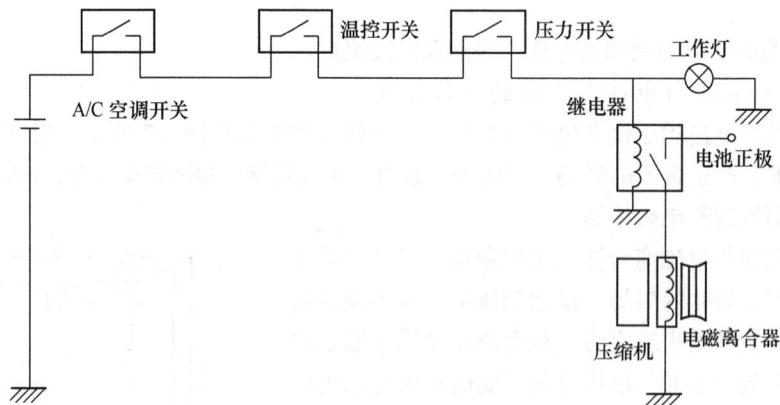

图 4-8　汽车空调压缩机电磁离合器基本控制电路

1）低压开关。低压开关结构如图4-9所示，安装在冷凝器与膨胀阀之间的高压管路或储液干燥器上，其触点串联在电磁离合器电路中。制冷系统不工作时，动触点7与静触点6分开。当制冷系统的压力高于0.2MPa时，膜片2的压力大于弹簧5的弹力，膜片变形，推动动触点移动，与静触点保持闭合，电磁离合器电路接通，压缩机正常工作。当系统高压侧压力低于0.2MPa时，膜片在弹簧5的作用下复位，触点分离，切断电磁离合器电路，压缩机停止工作。

2）高压开关。高压开关一般安装在制冷系统高压管路或储液干燥器上，其结构与低压开关相同。当压力超过某一规定值时，自动接通冷凝器风扇高速运转，用以加强冷凝器风扇的冷却能力，降低冷凝器温度和压力；当压力低于规定值时，则自动断开冷却风扇的高速电路，保证制冷系统在正常压力范围内工作，防止系统压力过高而造成压缩机过载或系统管路损坏。

图 4-9　低压开关结构
1—接头　2—膜片　3—外壳　4—接线柱
5—弹簧　6—静触点　7—动触点

3）三位压力开关。所谓三位压力，是指制冷系统高压侧压力过高、中压和过低三种压力状况。三位压力开关安装在系统高压侧的储液干燥器上，感知高压侧制冷剂的压力信号。三位压力开关在低压时可防止因系统制冷剂泄漏而损坏压缩机；当系统内的制冷剂异常高压时保护系统不受损坏；正常状况下，在冷凝器冷却风扇低速运转时，可降低噪声、节省动力；在系统压力升高时（即中压时）风扇高速运转时，改善冷凝器的散热条件，从而实现冷却风扇二级变速。

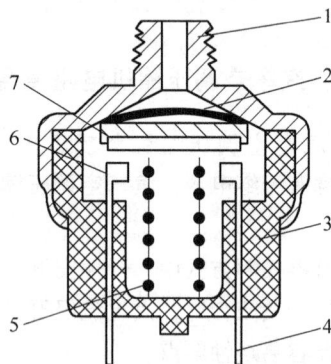

（2）温控开关　温控开关又称温度控制器、恒温器、冷量开关等，其作用是检测蒸发器表

面温度，控制压缩机的运行时间，将车内温度控制在一定的范围内，并可防止蒸发器表面温度降低到0℃而结霜。

3. 带智能控制的汽车空调压缩机电磁离合器控制电路

在带智能控制的汽车空调压缩机电磁离合器控制电路中，压缩机工作的前提是空调开关（A/C空调开关）、温控开关（热敏电阻）工作，鼓风机开关闭合，发动机转速信号输入。当点火开关和鼓风机开关接通后，加热器继电器也会接通。若此时空调开关接通，压缩机电磁离合器继电器通过空调放大器（也称控制单元）接通，压缩机电磁离合器通电，压缩机工作。

三、雪佛兰科鲁兹汽车手动空调压缩机电磁离合器故障检修

1. 雪佛兰科鲁兹汽车手动空调压缩机电磁离合器控制电路分析

图4-10所示为雪佛兰科鲁兹汽车手动空调压缩机控制电路。车辆与环境必须达到如下条件：① 蓄电池电压在9~18V之间；② 发动机冷却液温度低于124℃；③ 发动机转速为600~5500r/min；④ 空调高压侧压力为269~2929kPa；⑤ 节气门位置小于100%；⑥ 蒸发器温度高于3℃；⑦ 发动机控制模块没有检测到扭矩负载过大；⑧ 发动机控制模块没有检测到怠速不良；⑨ 环境温度高于1℃。

按下空调开关，空调请求工作信号经线路7531GN/YE传递至空调系统控制模块K33（HVAC控制模块），空调系统控制模块K33通过CAN总线向发动机控制模块K20提供一个脉宽调制信号，发动机控制模块K20接收到该信号后，接通空调压缩机离合器继电器KR29线圈搭铁电路，继电器触点闭合。电源通过熔丝F62UA（Fuse 10A）、空调压缩机离合器继电器KR29触点向空调压缩机离合器供电，空调压缩机离合器起动。空调压缩机起动后，发动机控制模块K20通过脉宽调制信号控制空调压缩机离合器继电器KR29线圈搭铁电路来控制空调压缩机的工作时间。

2. 雪佛兰科鲁兹汽车手动空调压缩机故障检修

根据图4-10所示，空调压缩机常见的故障有空调压缩机不工作、空调压缩机始终接通、空调压缩机工作不正常。引起汽车空调压缩机电磁离合器故障的原因有发动机控制单元未收到空调开关信号、空调蒸发器温度传感器B39部分故障、空调制冷剂压力传感器B1部分故障、空调压缩机离合器继电器KR29控制电路部分故障、空调压缩机电磁离合器工作电路部分故障。

（1）发动机控制单元未收到空调开关信号

1）故障原因。空调开关S34（HVAC控制开关组件）损坏；空调控制模块K33（HVAC控制模块）损坏；发动机控制模块K20损坏。

2）故障诊断方法。读取数据流。将点火开关置于"ON"（打开）位置，故障诊断仪读取空调控制单元"空调开关"参数，起动和关闭空调开关，观察其值是否在"起动"与"未起动"之间变换，变换表示正常，不变换表示空调开关S34损坏。诊断仪读取发动机控制单元"空调请求信号"参数，起动和关闭空调开关，观察其值是否在"激活"与"未激活"之间变换，变换为正常，不变换为空调控制模块K33损坏。

（2）空调蒸发器温度传感器B39部分损坏

1）故障原因。空调蒸发器传感器B39损坏；电路故障。

2）故障诊断方法。读取数据流+线路检测。将点火开关置于"ON"（打开）位置，故障诊

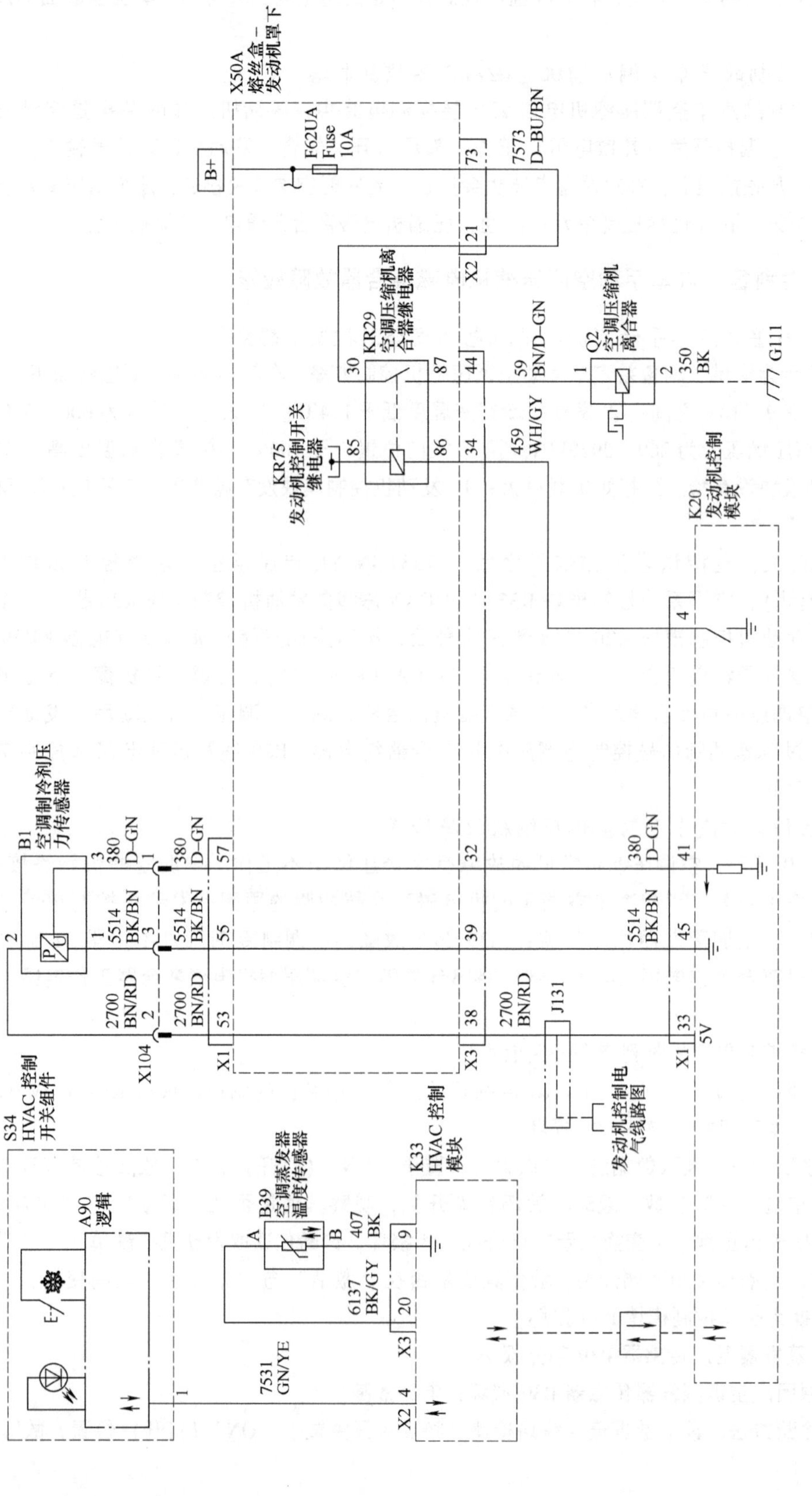

图 4-10　雪佛兰科鲁兹汽车手动空调压缩机控制电路

断仪读取空调控制单元"蒸发器温度传感器"参数值,与蒸发器实际温度比较,差值在5℃以内表示正常,超过5℃表示蒸发器温度传感器部分故障。使用万用表检测其电路是否存在断路、短路或接触不良,如果不存在则为蒸发器温度传感器故障。

(3)空调制冷剂压力传感器B1部分故障

1)故障原因。制冷剂压力传感器B1故障;线路故障。

2)故障诊断方法。读取数据流并进行线路检测。将点火开关置于"ON"(打开)位置,故障诊断仪读取空调控制单元"高压侧压力传感器"参数值,与实测值比较,如差别较大表示制冷剂压力传感器部分故障。使用万用表检测制冷剂压力传感器端1、2、3的电压,其正常值应分别为0V、5V和0.3~4.8V,并检测其电路是否存在断路、短路或接触不良,如电路正常则表示空调制冷剂压力传感器B1故障。

(4)空调压缩机离合器继电器KR29控制电路部分故障

1)故障原因:空调压缩机离合器继电器KR29故障;发动机控制模块K20故障;线路故障。

2)故障诊断方法:动作测试并进行线路检测。将点火开关置于"ON"(打开)位置,故障诊断仪在空调控制单元选项下进入动作测试界面,选择"空调继电器测试"选项,确认继电器KR29是否发出"咔嗒"的响声,有响声表示正常,无响声则表示有故障。将点火开关置于"OFF"(关闭)位置,拔下继电器KR29,使用试灯连接85、86端子取代继电器;将点火开关置于"ON"(打开)位置,重新进行动作测试,如果试灯点亮则判断继电器KR29故障;在点火开关置于"ON"(打开)位置时,端子86端电压应为电源电压,否则为电路断路;端子85电压为2.9V。如电路正常则表示发动机控制模块K20故障。

(5)压缩机电磁离合器工作电路部分故障

1)故障原因。空调压缩机离合器Q2故障;空调压缩机离合器继电器KR29故障;熔丝F62UA(Fuse 10A)故障;线路故障。

2)故障诊断方法。动作测试+线路检测。拔下继电器KR29,用万用表电阻档检测电路是否存在断路、短路、熔丝F62UA(Fuse 10A)是否完好。使用跨接线跨接继电器KR29的30和87端子,将点火开关置于"ON"(打开)位置,观察空调压缩机离合器Q2是否有吸合的声音,有则表示继电器KR29损坏。继续使用试灯代替空调压缩离合器接Q2入电路中,将点火开关置于"ON"(打开)位置,观察试灯是否点亮,点亮则表示空调压缩机离合器Q2故障。

注意:进行读取数据流操作时,不同厂家生产的故障诊断仪参数名称可能不同。

制订计划

本任务的工作内容为雪佛兰科鲁兹汽车手动空调压缩机离合器故障检修,在学习了前面所述的基本知识之后,我们就可以进行故障检测与维修,特制订如下工作计划:

1)检查作业环境,安装车辆防护装置。

2)记录待检修车辆基本信息。

3)确认故障现象。

4)进行基本检查。

5)分析故障原因,制订故障检测步骤。

6)按既定步骤排除汽车空调压缩机离合器故障。

7）验证故障排除效果。

8）回收工量具，清洁场地，完成收尾工作。

任务实施

一、作业前的准备

1. 进行作业环境检查

汽车空调在进行检修作业时，为确保人身与财产安全，在开始作业之前，请检查作业场地条件，并填写表4-6，以保证作业的安全与规范。

表4-6　作业环境检查

序　号	检查项目与内容	检查结果
1	作业场地是否通风良好	
2	作业场地有无明火	
3	作业场地有无必要的安全防护设施，如防护手套、防护眼镜、灭火器材等	
4	车辆停放是否周正，车辆停放区域内无异物	

2. 安装车辆防护装置，记录车辆基本信息

在进行汽车空调检修作业之前，首先要安装必要的车辆防护装置并进行基本检查作业，将结果填入表4-7中，操作步骤参见项目一的"任务一　汽车空调使用"相关内容。然后记录车辆基本信息，填表4-8。

表4-7　车辆基本检查作业记录

序　号	项　目	作业记录	序　号	项　目	作业记录
1	车轮挡块放置状况		4	各线束连接状况	
2	座椅套、转向盘套、驻车制动杆套、变速器杆手柄套、脚垫、翼子板布等安装状况		5	发动机机油液位	
			6	冷却液液位	
3	仪器、设备、工量具数量		7	蓄电池电压	

表4-8　车辆基本信息

汽车型号		车牌号	
发动机型号		VIN编号	

二、进行汽车空调检修

根据表4-8所列的基本流程进行汽车空调故障诊断，并将过程填入表4-9中。

表 **4-9** 汽车空调检修记录

序　号	项　　目	作　业　记　录
1	故障现象确认	故障现象描述：
2	故障可能原因	
3	故障检测的主要过程	
4	检测结果分析及故障点确认	
5	故障排除方法	

三、操作空调开关，验证故障排除效果（略）

四、回收工量具、清洁场地，完成回收工作（略）

知识拓展

一、三位压力开关的结构与工作原理

1. 三位压力开关的结构

三位压力开关由隔膜、碟形弹簧轴、弹簧和触点组成，触点分低压或高压异常时会动作的触点和用于控制冷凝器风扇或发动机散热器风扇的触点。三位压力开关的参数见表 4-10。

表 **4-10** 三位压力开关的参数

压力开关性质	开关值/MPa	开关动作	作　　用
高压	≥3.14	电路断开（关）	压缩机停转
中压	≥1.77	电路接通（开）	冷凝器风扇高速运转
中压	≤1.37	电路断开（开）	冷凝器风扇回到低速运转
低压	≤0.196	电路断开（关）	冷凝器风扇回到低速运转

2. 三位压力开关的工作原理

1) 如图 4-11 所示，当制冷剂压力小于或等于 0.196 MPa 时，隔膜、碟形弹簧和弹簧的弹力大于制冷剂压力，高低压触点断开（关），压缩机停转，实现低压保护。

2) 如图 4-12 所示，当制冷剂压力为 0.196～1.37MPa 时，制冷剂压力高于开关的弹簧压力，弹簧会挠曲，高低压触点接通（开），压缩机正常运转。

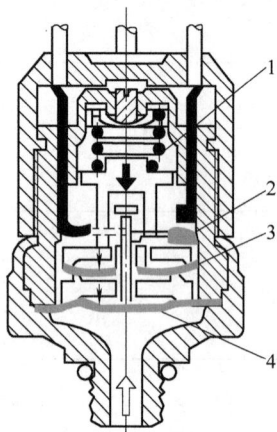

图 4-11　低压保护

1—弹簧　2—触点（断开）　3—碟形弹簧　4—隔膜

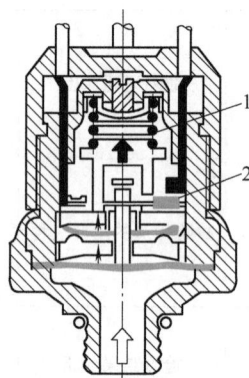

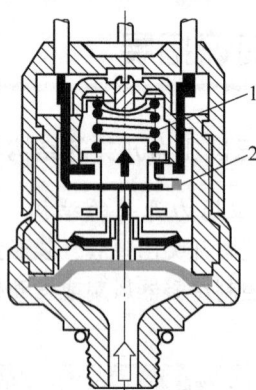

图 4-12　正常运转

1—弹簧　2—触点（接通）

3) 如图 4-13 所示，当制冷剂压力大于或等于 3.14MPa 时，制冷剂压力大于隔膜、碟形弹簧的弹力，碟形弹簧反转，以断开高低压触点，压缩机停转，实现高压保护。

4) 如图 4-14 所示，当制冷剂压力大于或等于 1.77MPa 时，制冷剂压力大于隔膜，隔膜反转，将轴向上推，接通冷凝器/散热器风扇的转速转换触点，以调整风扇运转，实现中压保护；当压力下降至 1.37MPa 时，隔膜恢复原状，轴下落，触点断开，冷凝器/散热器风扇又以低速运转。

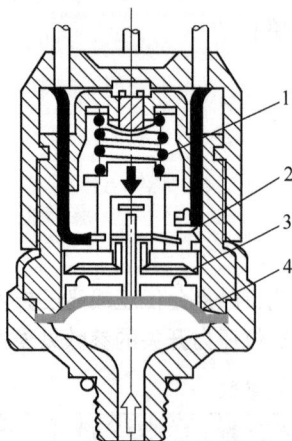

图 4-13　高压保护

1—弹簧　2—触点（断开）　3—碟形弹簧　4—隔膜

图 4-14　中压保护

1—弹簧　2—触点（接通）

二、热敏电阻式温度控制器

现代汽车空调制冷系统中，热敏电阻式温度控制器已经成为空调控制单元的一个重要组成部分。它的感温元件是热敏电阻，将温度的变化转换为电阻的变化，即转变成电路中电压的变化。它一般安装在蒸发器的出口，用于检测蒸发器的出口温度，通过一根导线与晶体管电子电路相连，控制电路的接通与断开。如图 4-15 所示，热敏电阻式温度控制器主要由温度检测电路、信号放大电路和电子开关电路三部分组成。

当空调开关接通后，蓄电池的电压便经空调开关→热敏电阻 13→R_1→R_3 加至 VT1 的基极上，使得 VT1 导通，VT2、VT3 和 VT4 亦导通，此时电流便由蓄电池→空调开关→电磁线圈→VT4→搭铁，使触点闭合，即电磁离合器线圈通电吸合，压缩机运转。当车内温度下降到低于设定值时，即蒸发器出风口温度低于规定值时，热敏电阻 13 的阻值增大，使 VT1 的基极电位降低，这时 VT1、VT2、VT3 和 VT4 均截止，电磁线圈中无电流通过，常开触点断开，电磁离合器线圈断电，压缩机停止工作。当压缩机停止工作后，蒸发器表面温度又会慢慢上升，负温度特性系数的热敏电阻 13 减少到一定值时，重新使 VT1、VT2、VT3 和 VT4 导通，触点闭合，使得压缩机再次工作。重复上述过程，可以使车内温度稳定在所要求的范围内。通过调整可变温度控制电阻器 14 可设定车内温度。

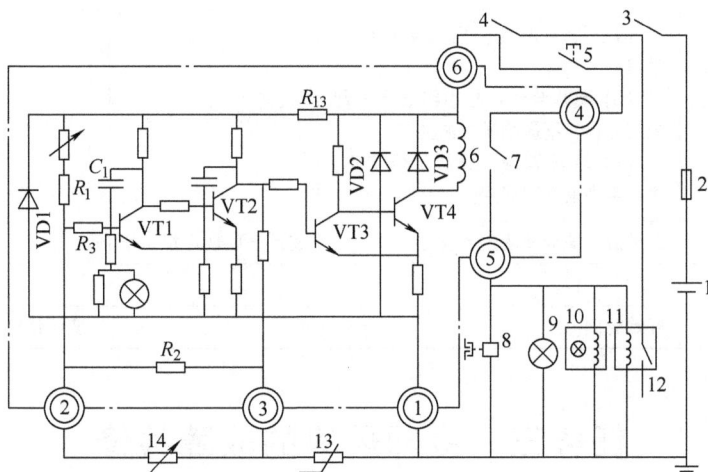

图 4-15　热敏电阻式温度控制电路

1—蓄电池　2—熔断器　3—点火开关　4—空调开关　5—高压压力开关　6—电磁线圈　7—触点　8—电磁离合器
9—空调工况指示灯　10—真空开关阀　11—冷凝器风扇继电器　12—通过调节器
13—热敏电阻　14—可变温度控制电阻器　①～⑥—空调控制单元触点

考核评分

本任务的考核与评分见表 4-11。

表 4-11　考核与评分

考核内容	考核要求	评分标准	配　分	得　分	
				自　评	互　评
1. 正确使用工具、仪器、仪表	正确使用工具、仪器、仪表	错误一处扣 2 分	10 分		

(续)

考核内容	考核要求	评分标准	配　分	得　分	
				自　评	互　评
2. 分析并查找故障原因	(1) 正确使用维修手册 (2) 正确使用检查方法 (3) 检查程序正确 (4) 检查结果正确	错误一处扣 5 分	35 分		
3. 明确故障部位	正确确定故障部位	错误一处扣 5 分	10 分		
4. 排除故障	(1) 故障排除方法正确 (2) 不自制故障	错一处扣 5 分	25 分		
5. 验证故障排除效果	(1) 正确操作汽车空调 (2) 正确再现故障发生条件 (3) 检查故障方法正确 (4) 正确填写作业记录表	错误一处扣 5 分	10 分		
6. 职业素养	(1) 学习态度：积极主动参与学习 (2) 团队合作：与小组成员一起分工合作，不影响学习进度 (3) 现场管理：服从工位安排，执行实训室管理规定	不足之处扣 3 分	10 分		
7. 安全文明生产	自觉遵守安全文明生产规程	违反一项规定扣 5 分			
合计					
操作时间	开始时间：	结束时间：	实际用时：		

任务三　冷却风扇的故障检修

学习目标

序　号	目标要求
1	能描述冷却风扇电路控制类型
2	能分析雪佛兰科鲁兹汽车冷却风扇电路
3	能检修冷却风扇故障

任务描述

　　一辆雪佛兰科鲁兹汽车因手动空调出现冷却风扇不转故障进店维修，维修人员需要在充分分析冷却风扇工作原理的基础上，合理使用故障诊断仪、万用表等维修工具，借助《汽车维修手册》，确定故障部位，找出故障原理，排除故障。

任务分析

冷却风扇的作用是将冷凝器和散热器的热量加速排向大气,其工作不正常将会导致发动机冷却系统温度过高和汽车空调无法制冷。本任务以雪佛兰科鲁兹汽车手动空调冷却风扇不转的故障检修为载体,掌握冷却风扇工作原理和电路分析方法,并能独立检修冷却风扇故障。

知识准备

一、冷却风扇控制电路的类型

对于一般小客车和大中型客车,由于其底盘结构跟轿车有很大的不同,其冷凝器一般不装在散热器前,故冷凝器风扇须单独设置。而轿车空调的冷凝器一般都装在散热器前,并且为了减少风扇的数量,简化结构,一般将散热器冷却风扇和冷凝器风扇组装在一起,利用一个或两个风扇对散热器和冷凝器进行散热。车型不同,配置风扇的数量也不同,控制电路的差异也很大,但其控制方式都大同小异,一般由冷却液温度信号和空调信号共同控制,同时满足散热器散热和冷凝器散热的需要。

冷却风扇控制电路通常由 A/C 开关、冷却液温度开关、制冷剂温度开关、制冷剂压力开关和继电器等元件组成。其控制方式通常有 A/C 开关直接控制型、A/C 开关和冷却液温度开关联合控制型、制冷剂压力开关与冷却液温度开关联合控制型、冷却液温度传感器和制冷剂压力开关联合控制型及制冷剂压力开关与微机组合控制型五种。

1. A/C 开关直接控制型

A/C 开关直接控制型的控制电路比较简单,如图 4-16 所示,将空调开关拨至"ON"的位置,在给压缩机电磁离合器线圈供电的同时,电源加至冷凝器风扇继电器线圈,继电器触点闭合,冷凝器风扇高速运转。

2. A/C 开关和冷却液温度开关联合控制型

这种控制方式下的冷却风扇有两种转速,即低速和高速。风扇电动机转速的改变是通过改变线路中电阻值的方法实现的。从图 4-17 中可以看出,起关键作用的是 A/C 开关和冷却液温度开关。当A/C 开关开启时,常速风扇继电器通电工作,由于电路中串联了一个电阻,风扇低速运转。当冷却系统中的冷却液温度达到 89 ~ 92℃时,散热器风扇也是低速运转;一旦发动机冷却液温度升到 97 ~ 101℃,散热器风扇高速运转,以加强散热效果。

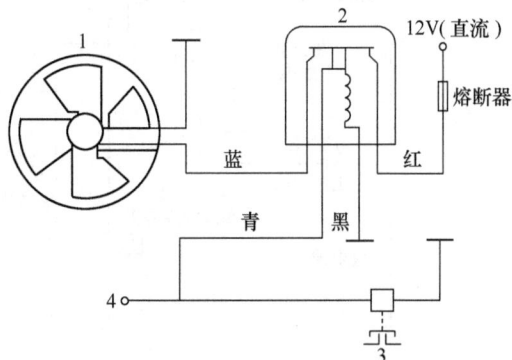

图 4-16 A/C 开关直接控制的冷凝器/散热器风扇电路
1—冷凝器电动机 2—冷凝器风扇继电器
3—电磁离合器 4—接至 A/C 开关

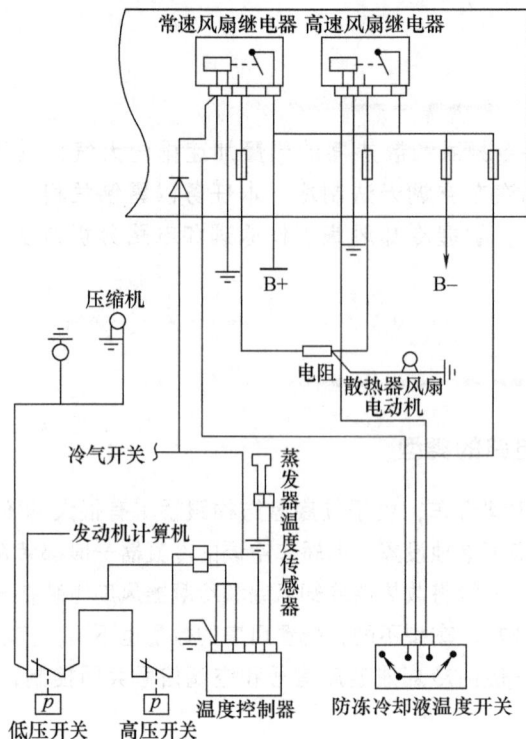

图 4-17　A/C 开关和冷却液温度开关联合控制型冷却风扇控制电路

3. 制冷剂压力开关与冷却液温度开关联合控制型

如图 4-18 所示，起控制作用的冷却液温度开关和高压开关处于不同状态，控制继电器形成不同组合，从而控制两个并排的风扇不运转、低速运转或高速运转。

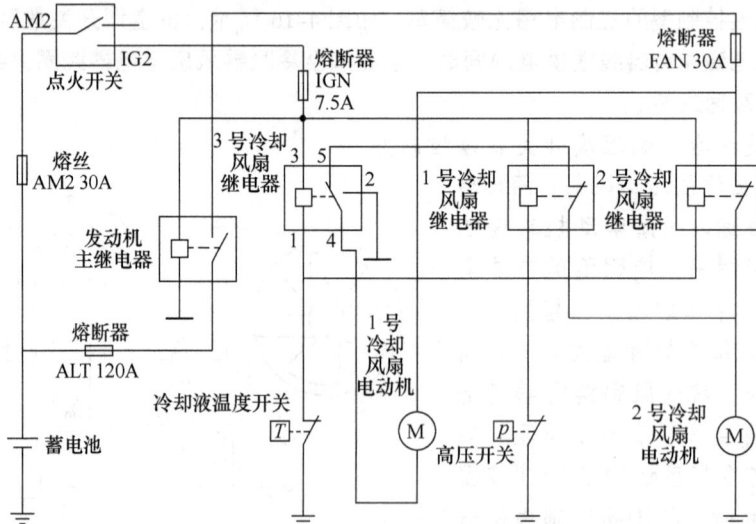

图 4-18　制冷剂压力开关与冷却液温度开关联合控制型冷却风扇控制电路

1）空调不工作时，风扇是否工作取决于发动机冷却液温度。当发动机冷却液温度低于 83℃ 时，由于温度较低，冷却液温度开关处于闭合状态，3 号冷却风扇继电器和 2 号冷却风扇继电器工作。其中，3号冷却风扇继电器触点4与5接通，2号冷却风扇继电器常闭触点打开。同时，由于空调不工作，高压开关处于常闭状态，1号冷却风扇继电器通电工作，使常闭触点打开，这时两个冷却风扇均不工作，使发动机尽快暖机。当发动机冷却液温度高于93℃时，冷却液温度开关打开，2号和3号继电器回到原始状态，即不工作。虽然这时高压开关使1号继电器常闭触点打开，但并不影响风扇工作。加至1号冷却风扇时机和2号风扇电动机的都是12V电压，此时，两风扇同时高速运转，以满足发动机冷却系统的散热需要。

2）空调工作时，冷却液温度控制器回路仍然起作用，这时冷却风扇受空调和冷却液温度控制器回路的双重控制。当高压端压力大于13.5kPa，且冷却液温度低于83℃时，冷却液温度开关处于闭合状态，高压开关打开，这时2号和3号冷却风扇继电器受控动作，而1号冷却风扇继电器不工作，即触点处于常闭状态，这样，继电器使两冷却风扇电动机串联工作，故两冷却风扇同时低速运转，以满足冷凝器散热的需要；当高压端压力大于13.5kPa，且冷却液温度高于93℃时，高压开关和冷却液温度开关都打开，1、2、3号继电器均不工作，加至两冷却风扇电动机都是12V电压，故两冷却风扇同时高速运转。

综上所述，两个冷却风扇的工作同时受冷却液温度和空调信号的影响，在同时不转、同时低速转和同时高速转三种状态之间循环，其工作原理如图4-19所示。高压开关和冷却液温度开关特性见表4-12。

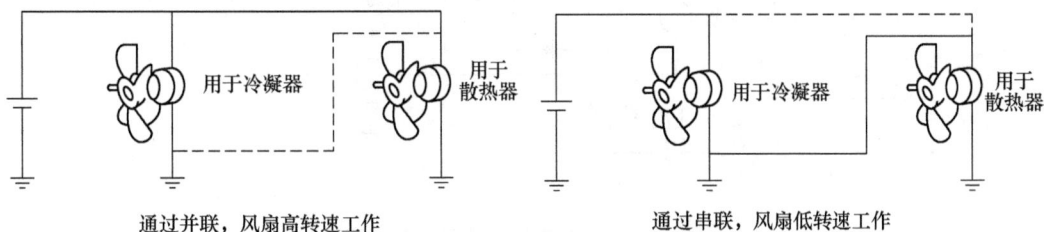

通过并联，风扇高转速工作　　　　　　　通过串联，风扇低转速工作

图4-19　两个冷却风扇的工作原理

表4-12　高压开关和冷却液温度开关特性

冷却风扇工作条件								冷却风扇工作状态
压缩机	冷却液温度/℃	冷却液温度开关	制冷剂压力/kPa	压力开关	继电器触点			
					1	2	3	
OFF	<83	ON	<10	ON	OFF	OFF	ON	停止运转
	>93	OFF		ON	OFF	ON	OFF	高速运转
ON	<83	ON	>13.5	OFF	ON	OFF	ON	低速运转
	>93	OFF		OFF	ON	ON	OFF	高速运转

注：继电器1和继电器2为常闭继电器；继电器3为常开继电器，端子4和5接通时表示ON。

4. 冷却液温度传感器和制冷剂压力开关联合控制型

图4-20所示为本田轿车空调冷却风扇控制原理，它根据空调信号和冷却液温度信号进行联合控制。风扇控制单元控制散热器风扇和冷凝器风扇的运转，控制单元根据冷却液温度传感器及空调系统的压力开关（A、B）输入信号决定风扇是否转动及转动的速度。除此之外，冷却液温度高于109℃时，温度开关切断空调的工作电路。若空调系统压力高于正常压力，则压力开关A关闭且风扇高速转动。冷却液温度控制冷凝器/散热器风扇及空调系统的过程为：当散热器冷

却液温度高于 TEMP1 范围时，控制单元会将 VT1 导通，散热器风扇（低速）和冷凝器风扇（低速）运转；当散热器中的冷却液温度高于 TEMP2 范围时，控制单元会将 VT2 导通，散热器风扇（高速）和冷凝器风扇（高速）运转；当散热器中的冷却液温度高于 TEMP3 范围时，控制单元会将 VT3 截止，空调压缩机停止运转。

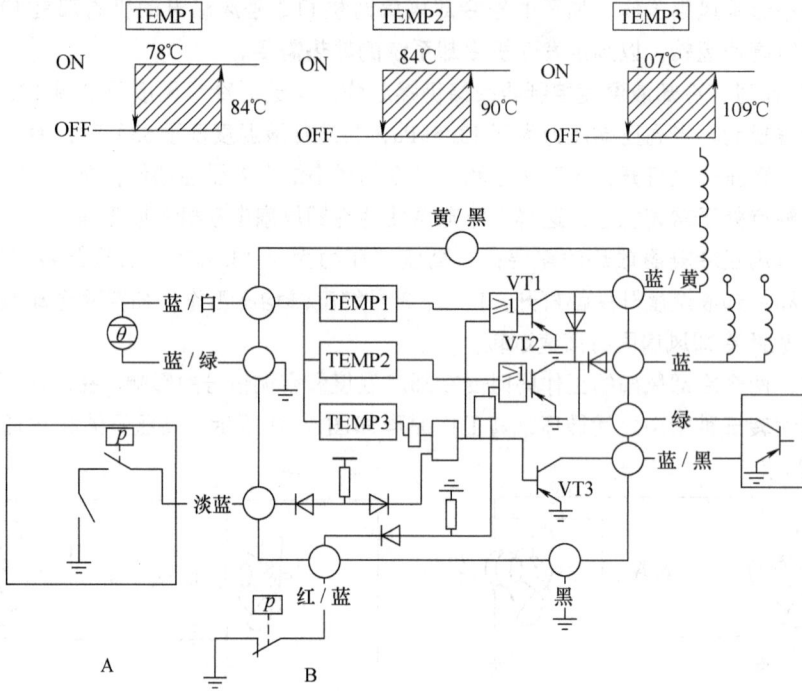

图 4-20 本田轿车空调冷却风扇控制原理

5. 制冷剂压力开关与微机控制组合型

如图 4-21 所示，两个散热风扇有三种不同的运转工况。其工作过程为：当空调开关已接通，但制冷剂压力未达到 1.81MPa 时，只有辅助散热风扇电动机运转；当制冷剂压力达到 1.81MPa

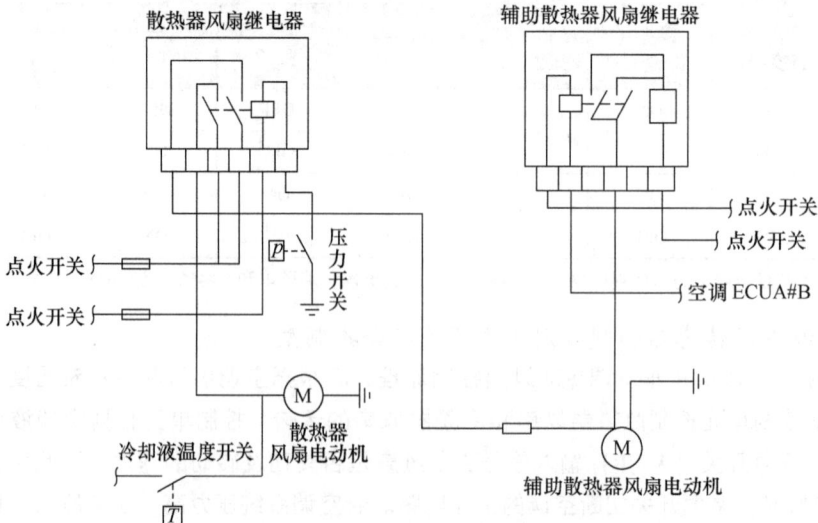

图 4-21 制冷剂压力开关与微机控制组合型控制电路

时，主、辅散热器风扇电动机同时运转；当发动机冷却液温度达到98℃以上时，无论空调开关是否接通，主散热器风扇（散热器风扇电动机）高速运转。

丰田部分 UZ – FE 和 1MZ – FE 发动机上采用了电控液力马达冷却风扇系统，与一般的电控风扇系统有较大差异。如图4-22 所示，风扇 ECU 通过电磁阀控制作用在液力马达上的油液压力，可根据发动机工况和空调状态而自动控制冷却风扇的转速。液力泵单独设计或与动力转向泵组合为一体，由传动带驱动，建立一定油压，受 ECU 控制，电磁阀调节从液力泵到液力马达的油量，该马达直接驱动风扇，通过液力马达的压力油回到液力泵。

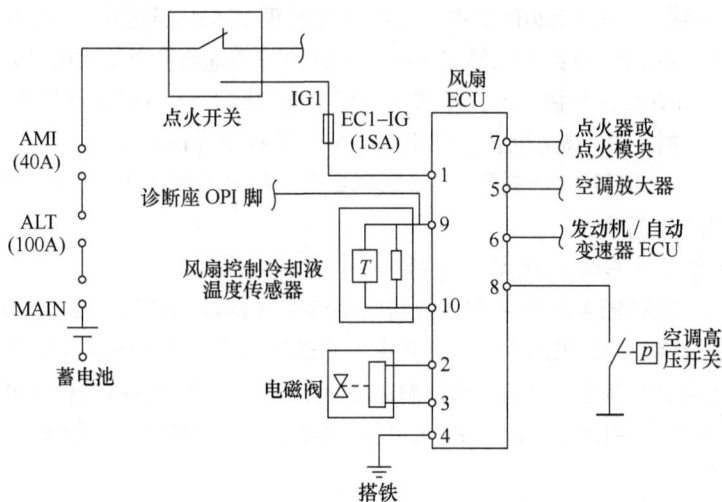

图4-22　电控液力冷却风扇电路

二、雪佛兰科鲁兹汽车冷却风扇故障检修

1. 雪佛兰科鲁兹汽车冷却风扇电路分析

雪佛兰科鲁兹汽车冷却风扇电路如图4-23 所示，整个电路由1 个冷却风扇电动机 G10、5 个继电器、发动机控制模块 K20 及相关导线组成，其中风扇内有两个电阻，使发动机控制模块能够控制冷却风扇以3 种转速运转。

（1）低速运转　冷却风扇低速运转分三个部分：

1）冷却风扇继电器 KR20F 工作。发动机控制模块 K20 通过位于 X1 端的 51 号端子接通冷却风扇继电器 KR20F 线圈侧电路，冷却风扇继电器 KR20F 开关侧接通。

2）冷却风扇低速继电器 KR20C 工作。冷却风扇低速继电器 KR20C 线圈通过冷却风扇继电器 KR20F 开关侧工作，冷却风扇低速继电器 KR20C 开关侧接通。

3）冷却风扇电动机 G10 低速运转。电流由电源→熔断器（F42UA 20A）→冷却风扇低速继电器 KR20C 开关侧→插接器 X102 端子3→冷却风扇电动机 G10 端子2→冷却风扇电动机→搭铁，冷却风扇电动机 G10 以低速运转。

（2）中速运转　冷却风扇中速运转分两个部分：

1）冷却风扇中速继电器 KR20P 工作。发动机控制模块 K20 通过位于 X2 端的 71 号端子接通冷却风扇中速继电器 KR20P 线圈侧电路，冷却风扇中速继电器 KR20P 开关侧接通。

2）冷却风扇电动机中速运转。电流由电源→熔断器（F42UA 20A）→冷却风扇中速继电

KR20P 开关侧→插接器 X102 端子 2→冷却风扇电动机 G10 端子 3→冷却风扇电动机→搭铁，冷却风扇电动机 G10 以中速运转。

（3）高速运转

1）冷却风扇继电器 KR20F 工作。发动机控制模块 K20 通过位于 X1 端的 51 号端子接通冷却风扇继电器 KR20F 线圈侧电路，冷却风扇继电器 KR20F 开关侧接通。

2）冷却风扇转速控制继电器 KR20E 工作。冷却风扇转速控制继电器 KR20E 线圈通过冷却风扇继电器 KR20F 开关侧工作，冷却风扇转速控制继电器 KR20E 开关接通。

3）冷却风扇高速继电器 KR20D 工作。发动机控制模块 K20 通过位于 X2 端的 71 号端子接通冷却风扇高速继电器 KR20D 线圈搭铁侧电路，冷却风扇高速继电器 KR20D 线圈测通过冷却风扇转速控制继电器 KR20E 开关侧工作，冷却风扇高速继电器 KR20D 开关侧接通。

4）冷却风扇电动机 G10 高速转。电流由电源→熔断器（F45UA 30A）→冷却风扇高速继电器 KR20D 开关侧→插接器 X102 端子 1→冷却风扇电动机 G10 端子 4→冷却风扇电动机→搭铁，冷却风扇电动机 G10 以高速运转。

2. 雪佛兰科鲁兹汽车冷却风扇故障检修

（1）故障类型　根据图 4-23 所示雪佛兰科鲁兹汽车冷却风扇控制电路，冷却风扇常见的故障有冷却风扇一直运转和冷却风扇不工作。其中，冷却风扇不工作又包括冷却风扇无低速、冷却风扇无中速和冷却风扇无高速。引起冷却风扇故障的原因有：发动机控制模块 K20 未发出指令，继电器 KR20C、KR20D、KR20E、KR20F、KR20P 故障，冷却风扇电动机故障和电路故障。

（2）检测方法

1）发动机控制模块 K20 故障。有两种检测方法：一是在确保电路和继电器无故障的情况下，使用故障诊断仪做执行器驱动试验，观察继电器是否发出闭合的声音，有声音则为正常，无声音则为有故障；二是在达到冷却风扇工作的条件下测量发动机控制模块端子输出电压是否为 2.9V，是为正常，不是则发动机控制模块 K20 有故障。

2）继电器故障。继电器的检测常用拆车检测法，即拔下继电器，使用万用表测量 85、86 端子的电阻，80~90Ω 为正常，测量端子 85 和 87、端子 85 和 30、端子 30 和 87、端子 30 和 86、端子 86 和 87 应为无穷大；给 85 和 86 端子加 12V 电压后，测量端子 30 和 87 电阻应小于 2Ω，否则为损坏。

3）冷却风扇电动机故障。冷却风扇电动机分为低速、中速和高速三个档位，各档位检测方法相同。以冷却风扇高速运转为例，点火开关置于"OFF"位置，拔下 KR20D 冷却风扇高速继电器，确认熔丝和线路正常的情况下，使用跨接线，跨接熔丝盒端子 30 与 87 接口，将点火开关置于"ON"位置，如果冷却风扇高速运转则为正常，否则冷却风扇有故障。

4）电路故障。电路故障主要分为断路、内部电阻过大、对电压短路和对搭铁短路四种类型，检测方法为使用万用表在点火开关置于"OFF"的情况下测量电阻，电源和搭铁端线路较长，电阻应小于 10Ω，线路端对端电阻应小于 2Ω。

制订计划

本任务的工作内容为雪佛兰科鲁兹汽车冷却风扇故障检修，在学习了前面所述的基本知识之后，我们就可以进行故障检测与维修，特制订如下工作计划。

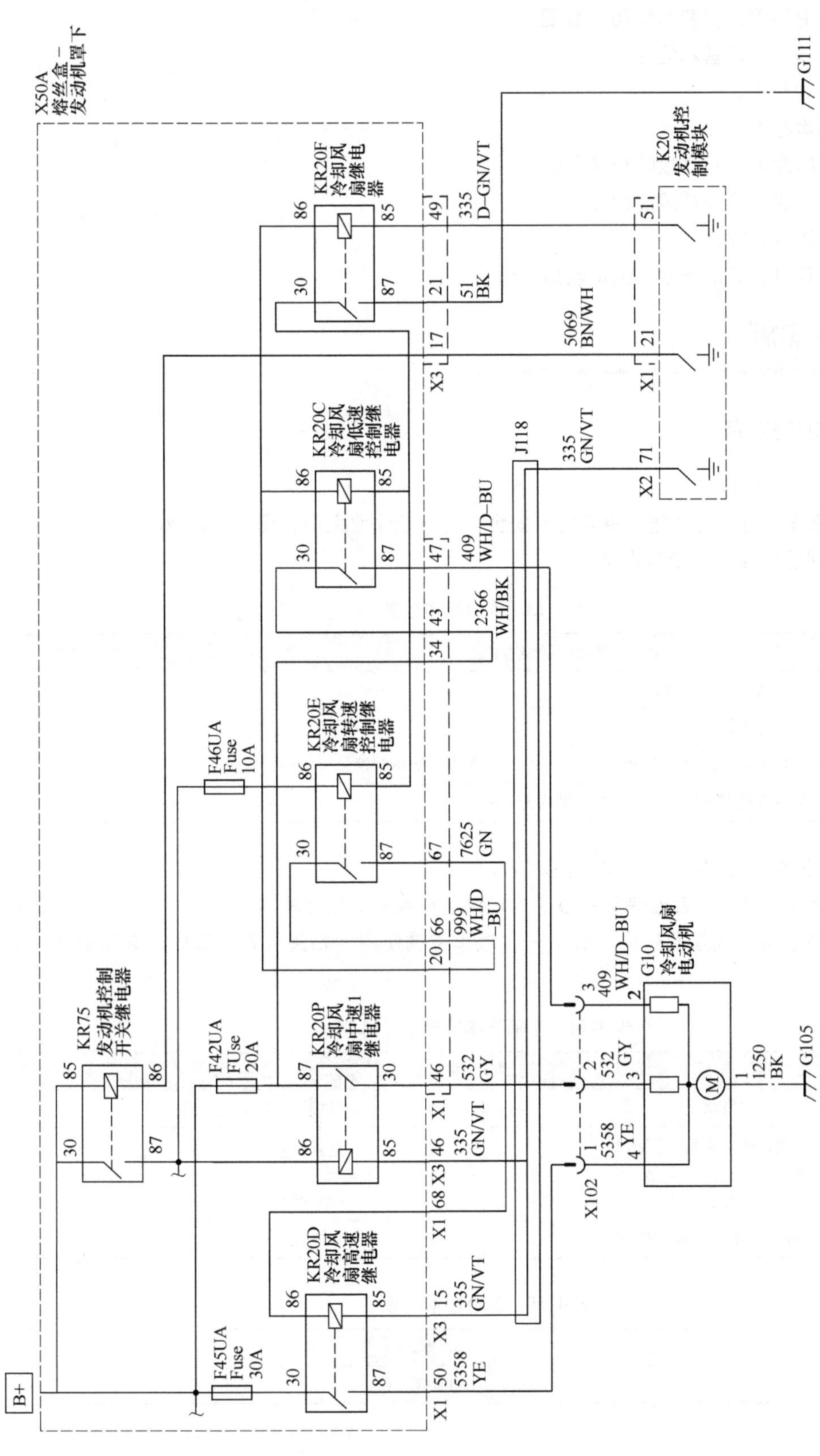

图 4-23 科鲁兹桥车冷凝器/散热器风扇电路

1）检查作业环境，安装车辆防护装置。

2）记录待检修车辆基本信息。

3）确认故障现象。

4）进行基本检查。

5）分析故障原因，制订故障检测步骤。

6）按既定步骤排除冷却风扇故障。

7）验证故障排除效果。

8）回收工量具，清洁场地，完成收尾工作。

任务实施

一、作业前的准备

1. 进行作业环境检查

在进行检修作业时，为确保人身与财产安全，在开始作业之前，请检查作业场地条件，并填写表4-13，以保证作业的安全与规范。

表4-13　作业环境检查

序　号	检查项目与内容	检查结果
1	作业场地是否通风良好	
2	作业场地有无明火	
3	作业场地有无必要的安全防护设施，如防护手套、防护眼镜、灭火器材等	
4	车辆停放是否周正，车辆停放区域内无异物	

2. 安装车辆防护装置，记录车辆基本信息

在进行检修作业之前，首先要安装必要的车辆防护装置，进行基本检查作业，并将结果填入表4-14中，操作步骤参见项目一中"任务一　汽车空调使用"相关内容。然后检查车辆基本信息，填写表4-15。

表4-14　车辆基本检查作业记录

序　号	项　目	作业记录	序　号	项　目	作业记录
1	车轮挡块放置状况		4	各线束连接状况	
2	座椅套、转向盘套、驻车制动杆套、变速器杆手柄套、脚垫、翼子板布等安装状况		5	发动机机油液位	
			6	冷却液液位	
3	仪器、设备、工量具数量		7	蓄电池电压	

表4-15　车辆基本信息

汽车型号		车 牌 号	
发动机型号		VIN 编号	

二、进行汽车空调检修

根据表 4-16 所示的基本流程进行汽车空调故障诊断，并将过程填入表中。

表 **4-16**　汽车空调检修记录表

序　号	项　目	作 业 记 录
1	故障现象确认	故障现象描述：
2	故障可能原因	
3	故障检测的主要过程	
4	检测结果分析及故障点确认	
5	故障排除方法	

三、操作空调开关，验证故障排除效果（略）

四、回收工量具、清洁场地，完成回收工作（略）

知识拓展

汽车空调电路故障是经常发生的，常见电路故障检测与排除方法如下：

1. 接触不良

电路接触不良表现为电器时而工作，时而不工作，即使工作也达不到性能要求，这种情况较为普遍。一般用电量大的电器容易查出，用电量小的电器困难一些，但只要耐心细致，也是不难查出的。

检查方法：查看各部位是否有不正常的发热现象；用手摇动熔断器接头，部件是否接触良好；查看各部件长期使用后是否受潮、锈蚀、导电不良或损坏。也可用测电笔进行检测，如插座前发光正常，插座后发光度差，即可确定插座为故障之处。

2. 断路故障

断路也叫开路，就是电路中没有电流，这种故障在空调电路中也比较常见。如因接触不良引

起，检查方法如前述。如因线路被车体刃角切断或抖动断裂而引起断路的，可用测电笔逐级检查，也可用切分法进行检查。用测电笔测出两个部件间断路后，再用测电笔的锥尖扎入导线内进行检查；如是负极开路，可将测电笔夹在电源正极上进行检查，也可用万用表配合测电笔进行检查。

3. 搭铁故障

搭铁故障的现象为装上熔丝后立即被烧断。千万注意不要任意增加熔断器的安培数和用粗铜线代替熔丝，否则会烧坏线路和电器。搭铁故障的排除可用搭铁观察器进行。

（1）检查各电器部件 将烧坏的熔断器拔出，把合适电压的故障观察器插入，开启电源，搭铁故障观察器的小灯泡就会发亮。把电路中的有关部件逐个拔出或卸掉，观察小灯亮度是否减弱或熄灭。如小灯亮度仍然不变，把部件装回原处，继续取掉下一级电器部件，直到灯泡亮度发生变化，找出搭铁处为止，并更换这个部件。

（2）检查线路 如果所有的部件都试过，灯泡亮度不亮，或灯泡亮度发生变化，部件是良好时，可确定搭铁故障在线路上。一般是线路在车内金属上被磨破所致。这时可以摇动分支线路和主线路，直到发现小灯泡亮度发生变化时，可断定故障就在摇动线路附近，仔细观察找出破损之处。

考核评分

本任务的考核与评分见表4-17。

表4-17 考核与评分

考核内容	考核要求	评分标准	配分	得分	
				自评	互评
1. 正确使用工具、仪器、仪表	正确使用工具、仪器、仪表	错误一处扣2分	10分		
2. 分析并查找故障原因	（1）正确使用维修手册 （2）正确使用检查方法 （3）检查程序正确 （4）检查结果正确	错误一处扣5分	35分		
3. 明确故障部位	正确确定故障部位	错误一处扣5分	10分		
4. 排除故障	（1）故障排除方法正确 （2）不自制故障	错一处扣5分	25分		
5. 验证故障排除效果	（1）正确操作汽车空调 （2）正确再现故障发生条件 （3）检查故障方法正确 （4）正确填写作业记录表	错误一处扣5分	10分		
6. 职业素养	（1）学习态度：积极主动参与学习 （2）团队合作：与小组成员一起分工合作，不影响学习进度 （3）现场管理：服从工位安排、执行实训室管理规定	不足之处扣3分	10分		

（续）

考核内容	考核要求	评分标准	配　分	得　分	
				自　评	互　评
7. 安全文明生产	自觉遵守安全文明生产规程	违反一项规定扣 5 分			
合计					
操作时间	开始时间：	结束时间：	实际用时：		

任务四　汽车空调异响的故障检修

学习目标

序　号	目　标　要　求
1	能准确描述汽车空调异响的故障原因
2	能独立排除汽车空调内部异响的故障
3	能独立排除汽车空调外部异响的故障
4	能描述汽车空调压缩机的结构与工作过程

任务描述

　　一辆雪佛兰科鲁兹汽车在工作中出现了异常响声，维修人员需要在充分分析汽车空调各主要部件结构的基础上，合理使用振动异响检测仪等维修工具，确定故障部位，找出故障原理，排除故障。

任务分析

　　汽车空调工作时出现异响说明汽车空调系统工作不正常，如果不及时加以维修将会引起汽车空调系统部件的严重损坏。本任务以雪佛兰科鲁兹汽车空调异响故障检修为载体，掌握汽车空调的结构和对异响的分析方法，并能独立检修汽车空调异响故障。

知识准备

一、汽车空调异响故障分析

　　对汽车空调异响部位的查找主要是使用听诊器或通过频谱分析来实现的，其中电子听诊器使用方便，操作简单。汽车空调异响按异响发生部位分为外部异响和内部异响两种，其故障原因分析如图 4-24 所示。

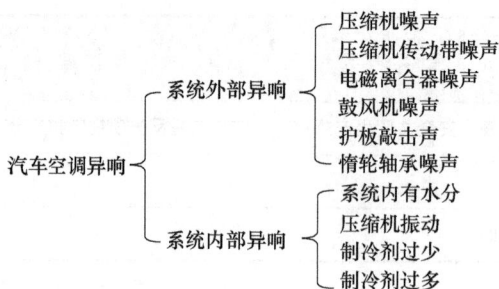

图 4-24 汽车空调异响故障分析

二、汽车空调外部异响故障诊断与排除

1. 压缩机噪声

汽车空调压缩机是制冷系统中低压和高压、低温和高温的转换装置，变排量压缩机还起着根据热负荷大小调节制冷剂循环量的作用，因此其正常工作是实现热交换的必要条件。

(1) 汽车空调压缩机的分类　早期汽车空调主要使用固定排量的压缩机，现代高级汽车则多采用变排量压缩机。现在应用于汽车空调制冷系统的压缩机品牌和型号有 160 多种，其分类如图 4-25 所示。

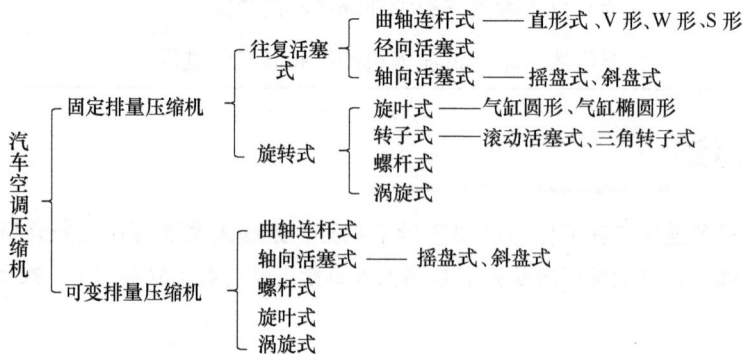

图 4-25 汽车空调压缩机的分类

(2) 往复活塞式压缩机的工作原理　往复活塞式压缩机的主要零件有缸体、缸盖、活塞和阀（进气阀和排气阀）等。压缩机的工作过程包括压缩、排气、膨胀及吸气四个过程，每个工作状态下活塞与进、排气阀动作的相互关系如图 4-26 所示。压缩机内每个活塞都有两阀：一个进气阀和一个排气阀。活塞将制冷剂经由进气阀吸入压缩机，由排气阀排出压缩机。当活塞处于进气位置，即进气行程时，排气阀因受高压而关闭，此时进气阀打开，低压制冷剂气体进入气缸。当活塞在压缩或排气行程时，制冷剂气体在高压下经排气阀排出，此时进气阀关闭。

1) 压缩过程。压缩过程（图 4-26a）是活塞处于最下端位置Ⅰ–Ⅰ时，气缸内充满了从蒸发器吸入的低压制冷剂蒸汽，吸气过程结束。活塞在传动部件的带动下开始向上移动，排气阀关闭，气缸的工作容积逐渐减小，密闭在气缸内制冷剂蒸汽的压力和温度逐渐升高。当活塞向上移动到Ⅱ–Ⅱ位置时，气缸内的制冷剂蒸汽压力约等于排气阀的阻力与排气管路中的压力之和。

2) 排气过程。活塞继续向上移动，气缸内的制冷剂蒸汽压力继续升高，排气阀便自动打开，开始排气。活塞继续向上移动，气缸内的压力将不再提高，高压气态制冷剂不断地经过排气阀向排气管输出，直到活塞运动到最高位置Ⅲ–Ⅲ时，排气过程结束，制冷剂蒸汽从气缸由排气管输出，如图4-26b所示。

3）膨胀过程。膨胀过程是活塞由Ⅲ–Ⅲ位置移动到Ⅳ–Ⅳ位置的过程，如图4-26c所示。当活塞运动到上止点位置时，由于压缩机的结构及制造工艺等原因，活塞顶部与气阀座之间仍会存在一定的间隙，此间隙所形成的容积称为余隙容积。排气过程结束时，在气缸余隙容积内有一定数量的高压制冷剂蒸汽。当活塞开始向下移动时，排气阀关闭，但吸气管道内的低压制冷剂蒸汽不能立即进入气缸，残留在气缸内的高压制冷剂蒸汽因容积的增大而膨胀，其压力下降，直至气缸内的压力下降到等于吸气管道中的压力与进气阀的阻力之和时方可进入。

4）吸气过程。吸气过程是当活塞运动到Ⅳ–Ⅳ位置时，进气阀自动打开，活塞继续向下运动，低压制冷剂蒸汽便不断地由蒸发器经吸气管和吸气阀进入气缸，直至活塞达到下止点Ⅰ–Ⅰ的位置时为止，如图4-26d所示。

完成吸气过程后，活塞又从下止点向上止点运动，重新开始压缩过程，如此又进入下一个工作循环。

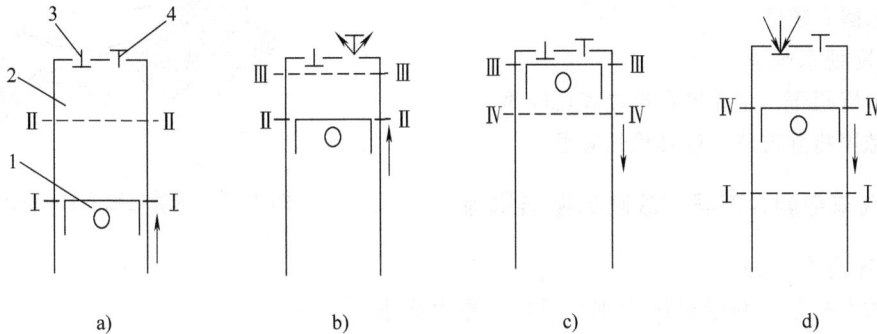

图4-26　往复活塞式汽车空调压缩机工作原理
a）压缩　b）排气　c）膨胀　d）吸气
1—活塞　2—气缸　3—进气阀　4—排气阀

（3）汽车空调压缩机噪声的故障机理与故障排除方法
1）故障机理。压缩机固定件松动发出噪声或压缩机内部零件磨损产生噪声。
2）故障排除方法。
① 拧紧压缩机紧固螺钉。
② 修理或更压缩机。

2. 压缩机传动带噪声
（1）故障机理　压缩机传动带松动打滑或过度磨损，产生噪声。
（2）故障排除方法　张紧或更换压缩机传动带，具体操作方法见项目二的"任务一　空调压缩机传动带松紧度检测"。

3. 电磁离合器噪声
（1）故障机理　电磁离合器打滑发出摩擦声，电磁线圈接头松动发出噪声。
（2）故障排除方法　视实际情况进行处理。
1）若传动带轮未拧紧，则拧紧固定螺钉。

2）若压缩机轴上的键有故障，可视情况修复或更换部件。

3）若电磁离合器打滑，可视情况清洗或更换磨损严重的零件。

4）若电磁离合器轴承破损，应更换轴承。

5）若电磁离合器间隙过大（规定值为 0.5mm±0.15mm），应使用塞尺进行检查，检查方法如图 4-27 所示。若间隙不在规定范围内，应拆下压盘，按要求增加或减小垫片，以重新调整间隙。

4. 鼓风机噪声

（1）故障机理　鼓风机叶片变形、破裂，发出噪声，或者鼓风机电动机过度磨损发出噪声。

（2）故障排除方法　视情况维修或更换鼓风机或鼓风机电动机。

5. 护板敲击噪声

（1）故障机理　护板松动，发出敲击声。

（2）故障排除方法　紧固夹紧卡，消除软管与其他部件的摩擦或碰撞。

6. 惰轮轴承噪声

（1）故障机理　惰轮磨损严重发出噪声。

（2）故障排除方法　检修惰轮轴承。

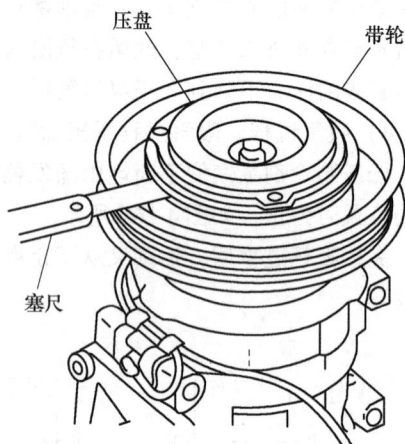

三、汽车空调内部异响故障诊断与排除

图 4-27　测量电磁离合器间隙

1. 系统内有水分

（1）故障机理　系统管路中水分过多，导致膨胀阀产生噪声。

（2）故障排除方法　更换储液干燥器，抽真空，重新加注制冷剂。

2. 压缩机振动

（1）故障机理　制冷系统中制冷剂过量，冷凝器堵塞及系统中制冷剂流动受阻，导致压缩机运转振动。

（2）故障排除方法　按要求排放制冷剂，清洗或更换受阻部件。

3. 制冷剂过少

（1）故障机理　制冷剂过少，蒸发器进口处发出"咝咝"声。

（2）故障排除方法　检查制冷剂泄漏处，重新充注制冷剂。

4. 制冷剂过多

（1）故障机理　制冷剂过多，造成压缩机负荷加大，导致高压管路发出振动声，压缩机发出锤击声。

（2）故障排除方法　重新回收，加注适量制冷剂。

四、汽车空调制冷系统主要部件的故障诊断程序与排除方法

1. 压缩机

压缩机故障诊断程序如图 4-28 所示。

压缩机故障
├─ 压缩机不工作
│   ├─ 电路系统
│   │   ├─ 空调开关是否正常
│   │   ├─ 电路连接是否完好
│   │   ├─ 熔丝是否熔断
│   │   └─ 搭铁线接触是否牢固
│   ├─ 制冷系统
│   │   ├─ 制冷剂量是否符合要求
│   │   ├─ 热敏电阻是否损坏
│   │   ├─ 系统压力是否太高
│   │   └─ 系统内是否有空气
│   ├─ 电磁离合器
│   │   ├─ 离合器接触面是否有污物
│   │   ├─ 离合器间隙是否过大
│   │   ├─ 离合器线路接触是否良好
│   │   └─ 离合器线圈电压是否符号要求
│   └─ 压缩机
│   ├─ 压缩机传动带张力是否符合要求
│   ├─ 压缩机轴承烧坏
│   ├─ 压缩机内部卡死
│   └─ 压缩机是否缺油
└─ 压缩机有噪声
    ├─ 检查压缩机传动带张力是否符合要求
    ├─ 压缩机支架螺栓是否松动
    ├─ 制冷系统是否有空气
    ├─ 压缩机内部零件损坏
    └─ 压缩机带轮、曲轴带轮是否在一个平面内运转

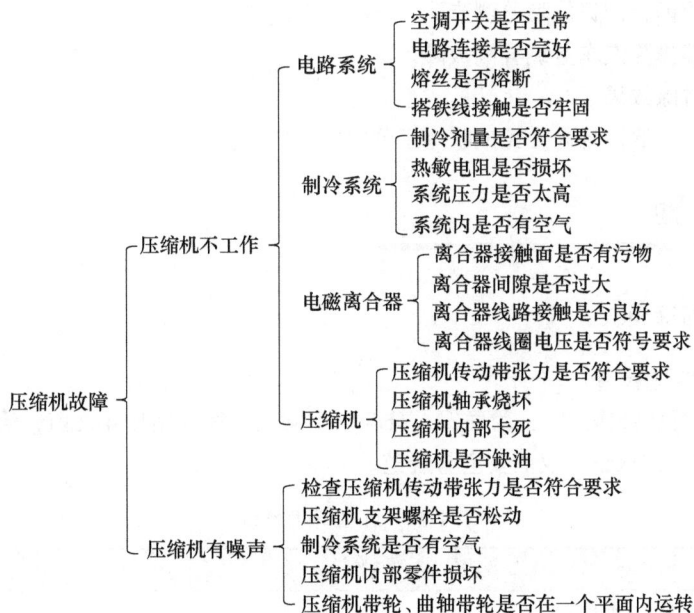

图 4-28　压缩机故障诊断程序

2. 冷凝器

冷凝器故障诊断程序如图 4-29 所示。

3. 蒸发器

蒸发器不制冷故障诊断程序如图 4-30 所示。

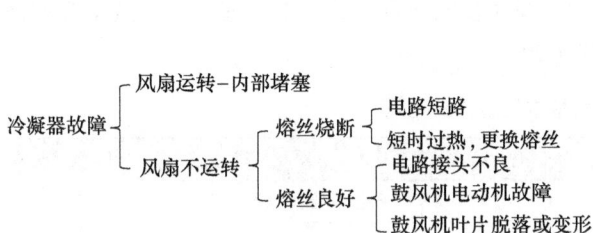

冷凝器故障
├─ 风扇运转-内部堵塞
└─ 风扇不运转
    ├─ 熔丝烧断
    │   ├─ 电路短路
    │   └─ 短时过热,更换熔丝
    └─ 熔丝良好
        ├─ 电路接头不良
        ├─ 鼓风机电动机故障
        └─ 鼓风机叶片脱落或变形

图 4-29　冷凝器故障诊断程序

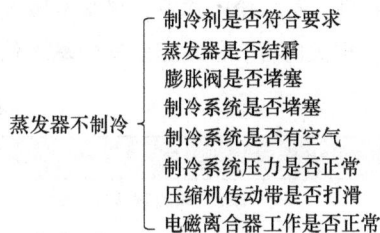

蒸发器不制冷
├─ 制冷剂是否符合要求
├─ 蒸发器是否结霜
├─ 膨胀阀是否堵塞
├─ 制冷系统是否堵塞
├─ 制冷系统是否有空气
├─ 制冷系统压力是否正常
├─ 压缩机传动带是否打滑
└─ 电磁离合器工作是否正常

图 4-30　蒸发器不制冷故障诊断程序

制订计划

本任务的工作内容为雪佛兰科鲁兹汽车手动空调异响故障检修,在学习了前面所述的基本知识之后,我们就可以进行故障检测与维修,特制订如下工作计划:

1) 检查作业环境,安装车辆防护装置。

2) 记录待检修车辆基本信息。

3) 确认故障现象。

4）进行基本检查。

5）分析故障原因，制订故障检测步骤。

6）按既定步骤排除汽车空调异响故障。

7）验证故障排除效果。

8）回收工量具，清洁场地，完成收尾工作。

任务实施

一、作业前的准备

1. 进行作业环境检查

汽车空调在进行检修作业时，为确保人身与财产安全，在开始作业之前，请检查作业场地条件，并填写表4-18，以保证作业的安全与规范。

表4-18 作业环境检查

序　号	检查项目与内容	检查结果
1	作业场地是否通风良好	
2	作业场地有无明火	
3	作业场地有无必要的安全防护设施，如防护手套、防护眼镜、灭火器材等	
4	车辆停放是否周正，车辆停放区域内无异物	

2. 安装车辆防护装置，记录车辆基本信息

在进行汽车空调检修作业之前，首先要记录车辆的基本信息，同时安装必要的车辆防护装置并进行基本检查作业，将结果填入表4-19中，操作步骤参见项目一中"任务一　汽车空调使用"相关内容。然后记录车辆基本信息，填表4-20。

表4-19 车辆基本检查作业记录

序　号	项　目	作业记录	序　号	项　目	作业记录
1	车轮挡块放置状况		4	各线束连接状况	
2	座椅套、转向盘套、驻车制动杆套、变速器杆手柄套、脚垫、翼子板布等安装状况		5	发动机机油液位	
			6	冷却液液位	
3	仪器、设备、工量具数量		7	蓄电池电压	

表4-20 车辆基本信息

汽车型号		车牌号	
发动机型号		VIN编号	

二、进行汽车空调检修

根据表4-21所列的基本流程进行汽车空调故障诊断，并将过程填入表4-21中。

表 4-21　汽车空调检修记录

序　号	项　目	作 业 记 录
1	故障现象确认	故障现象描述：
2	故障可能原因	
3	故障检测的主要过程	
4	检测结果分析及故障点确认	
5	故障排除方法	

三、操作空调开关，验证故障排除效果（略）

四、回收工量具、清洁场地，完成回收工作（略）

知识拓展

一、汽车空调系统检修时的注意事项

1）在检修汽车空调系统时，应戴好橡胶手套及防护眼镜；打开制冷管路时，应避免与液态制冷剂或气态制冷剂接触，以防冻伤。

2）不可在密闭的房间或通风不好的房间里排放制冷剂，并要求在 5m 范围内不得有修车地沟或地下室入口。

3）充满制冷剂的空调系统不得焊接。若需烤漆，则温度不得超过 80℃。

4）当需要拆开制冷回路更换零部件时，应先排放制冷剂。

5）打开的总成件和软管必须用堵头堵好，以防潮气和灰尘进入。

6）在有污物侵入使压缩机内部件破损，需要更换压缩机，或者因润滑油暗或变稠需清洗制冷剂回路时，最好更换干燥过滤器。

二、汽车空调制冷系统常见故障与故障分析

汽车空调制冷系统常见故障与故障分析见表4-22。

表 **4-22** 汽车空调制冷系统故障及故障分析

现象　　部位　　故障	低压侧压力	高压侧压力	吸入管路	储液干燥过滤器	液体管路	输出管路	排气
制冷剂不足	非常低	非常低	微冷	微温	微温	微温	温
制冷剂泄漏	低	低	冷	温至热	温	温至热	微凉
压缩机故障	高	低	冷	温	温	温	微凉
冷凝器工作不正常	高	高	微凉至温	热	热	热	温
膨胀阀卡在开启位置	高	高或正常	冷、结霜或出汗	温	温	热	微冷
冷凝器和膨胀阀之间有阻塞	低	低	冷	冷、出汗或结霜	冷、出汗或结霜	阻塞点前热	微冷
压缩机与冷凝器之间有阻塞	高	高、正常或低	微冷至温	温和热	温和热	热	温
膨胀阀卡在关闭位置	低	低	阀出口处出汗、结霜	温	温	热	微冷
正常工作情况	正常	正常	冷或轻微出汗	温	温	热	冷

考核评分

本任务的考核与评分见表4-23。

表 **4-23** 考核与评分

考核内容	考核要求	评分标准	配分	得分	
				自评	互评
1. 正确使用工具、仪器、仪表	正确使用工具、仪器、仪表	错误一处扣2分	10分		
2. 分析并查找故障原因	(1) 正确使用维修手册 (2) 正确使用检查方法 (3) 检查程序正确 (4) 检查结果正确	错误一处扣5分	35分		
3. 明确故障部位	正确确定故障部位	错误一处扣5分	10分		
4. 排除故障	(1) 故障排除方法正确 (2) 不自制故障	错一处扣5分	25分		
5. 验证故障排除效果	(1) 正确操作汽车空调 (2) 正确再现故障发生条件 (3) 检查故障方法正确 (4) 正确填写作业记录表	错误一处扣5分	10分		

（续）

考核内容	考核要求	评分标准	配　分	得　分	
				自　评	互　评
6. 职业素养	（1）学习态度：积极主动参与学习 （2）团队合作：与小组成员一起分工合作，不影响学习进度 （3）现场管理：服从工位安排，执行实训室管理规定	不足之处扣 3 分	10 分		
7. 安全文明生产	自觉遵守安全文明生产规程	违反一项规定扣 5 分			
合计					
操作时间	开始时间：	结束时间：	实际用时：		

任务五　暖风系统故障检修

学习目标

序　号	目标要求
1	能描述汽车空调暖风系统的类型
2	能准确描述水暖式暖风系统的结构与工作原理
3	能分析雪佛兰科鲁兹汽车温度控制电路
4	会检修汽车空调暖风系统故障

任务描述

　　一辆雪佛兰科鲁兹汽车暖风系统工作不正常进店维修，维修人员需要在充分分析暖风系统工作原理的基础上，合理使用红外线测温仪、万用表等维修工具，借助汽车维修手册，确定故障部位，找出故障原因，排除故障。

任务分析

　　暖风系统的作用是冬季时向车厢内提供暖气，提高车内环境温度；当车上玻璃结霜和结雾时，可以通过输送热风来除霜和除雾。其工作不良将影响乘坐的舒适性。本任务以雪佛兰科鲁兹汽车暖风系统故障检修为载体，掌握暖风系统的分类、水暖式暖风系统的工作原理，并能独立检修冷却风扇故障。

知识准备

　　汽车空调暖风系统是将新鲜空气送入热交换器，吸收某种热源的热量，从而提高空气的温

度，并将热空气送入车内的装置。

一、汽车空调暖风系统的分类

1. 按热源分

根据热源不同，汽车空调暖风系统分为以下四类：

（1）水暖式暖风系统　利用发动机冷却液的热量来加热空气的系统称为水暖式暖风系统。这种形式的暖风系统大多用于轿车、大型货车及采暖要求不高的大客车上。

（2）气暖式暖风系统　利用发动机排气系统的热量来加热空气的系统，称为气暖式暖风系统。这种形式的暖风系统多用于安装有风冷式发动机的汽车上。

（3）独立燃烧式暖风系统　装有专门燃烧的暖风机构来加热空气的系统，称为独立燃烧式暖风系统。这种形式的暖风系统多用于大客车上。

（4）综合预热式暖风系统　既利用发动机冷却液的热量又装有燃烧预热器的综合加热装置的系统，称为综合预热式暖风系统。这种形式的暖风系统多用于大客车及部分豪华轿车上。

2. 按空气循环方式分

根据空气循环方式不同，汽车空调暖风系统分为以下三类：

（1）内循环式（内气式）暖风系统　是指利用车内空气循环，将车厢内部空气作为热载体，使其通过热交换器而升温，使升温后的空气再进入车厢内供暖。这种方式的暖风系统虽消耗热量少，但以卫生标准看，是最不理想的。

（2）外循环式（外气式）暖风系统　是指利用车外空气循环，将车外新鲜空气作为热载体，使其通过热交换器而升温，使升温后的空气再进入车厢内供暖。从卫生标准考虑，这种方式的暖风系统是最理想的，但消耗热量也最多，也是最不经济的，有特殊要求或高级豪华轿车才采用这种方式的暖风系统。

（3）内外混合式（内外并用式）暖风系统　是指既引进车外新鲜空气，又利用部分车内的原有空气，以新、旧空气的混合体为热载体，通过热交换器向车厢里供暖。从卫生标准和热量消耗看，这种方式的暖风系统在内循环式和外循环式之间，是目前应用最普遍的一种。

不论是利用何种热源，热量都是通过热交换器传递给空气，并通过鼓风机将热空气送入车厢。将热交换器、鼓风机和机壳组合在一起的装置称为汽车空气加热器。

二、水暖式暖风系统结构

目前，小型汽车暖风装置所用的能量大多来自发动机的冷却液，称为余热水暖式暖风装置，它主要由热水阀、暖风散热器、鼓风机、风道系统和操纵机构等组成。暖风装置中的暖风散热器与冷气装置的蒸发器一起安装在车内的塑料壳体中。

1. 热水阀

热水阀安装在发动机冷却液通道中，用于控制进入热交换器的发动机冷却液量，通过操作面板上的温度控制旋扭便可操纵热水阀。一些汽车没有装备热水阀，发动机冷却液始终流过热交换器芯，暖风装置出口温度由驾驶人打开和关闭位于热交换器壳体内的风档来调节。热水阀可由拉索控制，如图4-31所示；也可由真空控制，如图4-32所示。

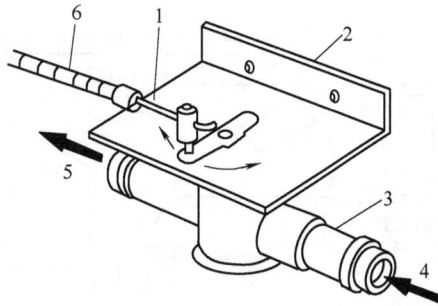

图4-31　拉索式热水阀
1—拉索　2—装配支架　3—阀门　4—来自发动机　5—至加热器芯　6—保护层

2. 加热器芯

加热器芯由管子和散热器片等构成。加热器芯的管道上有凹坑，可以改善热量输出性能。加热器芯的开关与散热器相似。当热水阀打开时，加热后的发动机冷却液部分流经加热器芯，以便为车厢内乘客提供所需的热量。

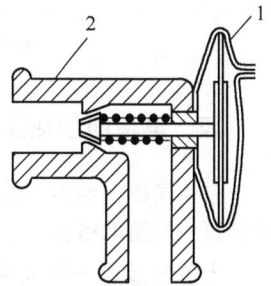

图4-32　真空控制式热水阀
1—真空驱动装置　2—水道管

三、余热式水暖式暖风装置的结构与原理

余热式水暖式暖风装置可以看作是发动机冷却系统的组成部分，它可以分为热水循环回路和通风回路。热水循环回路与发动机的冷却系统相通，借助于发动机的水泵实现热水循环。来自发动机冷却系统的热水从进水管流经热交换器控制阀进入散热器，然后经由出水管回到发动机的冷却系统，实现回路的循环，如图4-33所示。

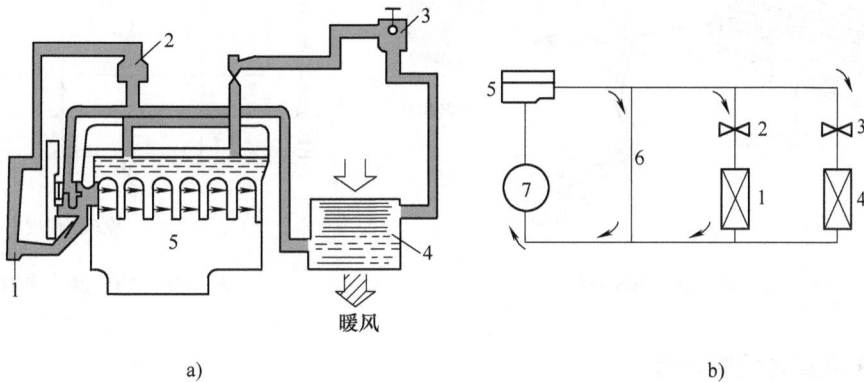

图4-33　水暖式暖风装置制热循环示意图
a）系统循环　b）管路循环
1—散热器（水箱）　2—节温器　3—热水阀　4—暖风散热器　5—发动机　6—旁路　7—水泵

在通风装置中，由鼓风机强制使空气循环运动。空气经由进风口被吸入，流经加热器时被加热，并由出风口导出，通过调节热水阀开度、室内外空气循环风量和室内空气流动方向，即可控制驾驶室内的温度和湿度，如图4-34所示。

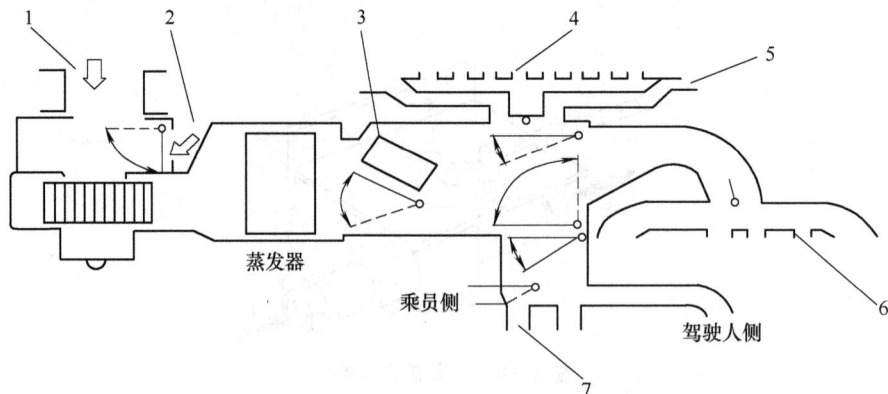

图 4-34　暖风形成示意图
1—新鲜空气入口　2—内循环空气入口　3—加热器芯　4—除霜空气出口
5—侧除霜空气出口　6—通风口　7—地板暖风出口

四、电辅助加热装置

有些高级汽车为了解决刚起动时冷却液温度较低，没有暖风的问题，在加热器芯旁加装了电加热装置，如图 4-35 所示。当发动机冷却液温度上升到正常温度时，电加热装置逐步退出工作。

电加热装置一般采用 PTC 元件。PTC 加热器位于空调装置加热器芯的上方，由一个 PTC 元件、铝散热片和铜片组成。当电流施加在 PTC 元件上时，它会产生热量，加热通过装置的空气。由于空调控制单元根据冷却液温度、环境温度、发动机转速、空气和电气负载来控制，因此 PTC 加热器操作次数根据冷却液温度变化，规律如图 4-36 所示。

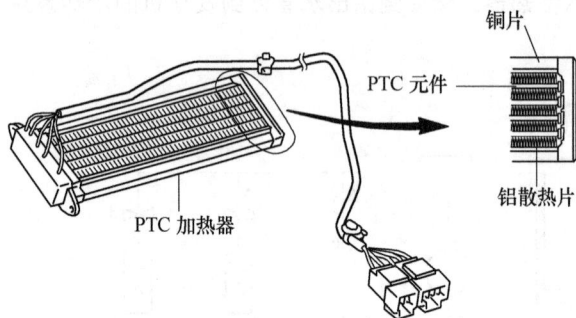

图 4-35　PTC 加热器

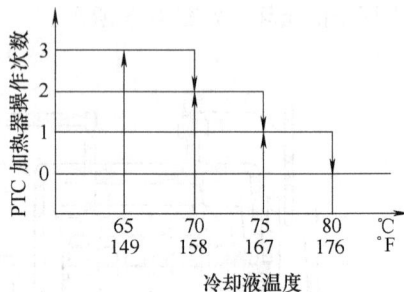

图 4-36　PTC 操作次数

五、暖风系统故障检修

1. 雪佛兰科鲁兹汽车温度控制电路分析

雪佛兰科鲁兹汽车温度调节电路如图 4-37 所示，空气温度风门作动器由步进电动机 M6 控制，通过温度开关选择期望的空气温度风门位置后，所选择的数值通过 LIN 总线传送到 HVAC 控制模块 K33。HVAC 控制模块 K33 向步进电动机 M6 提供 12V 参考电压，并用脉冲搭铁信号向 4 个步进电动机线圈供电。步进电动机 M6 将混合空气风门移动至计算位置，以达到所选的温度。

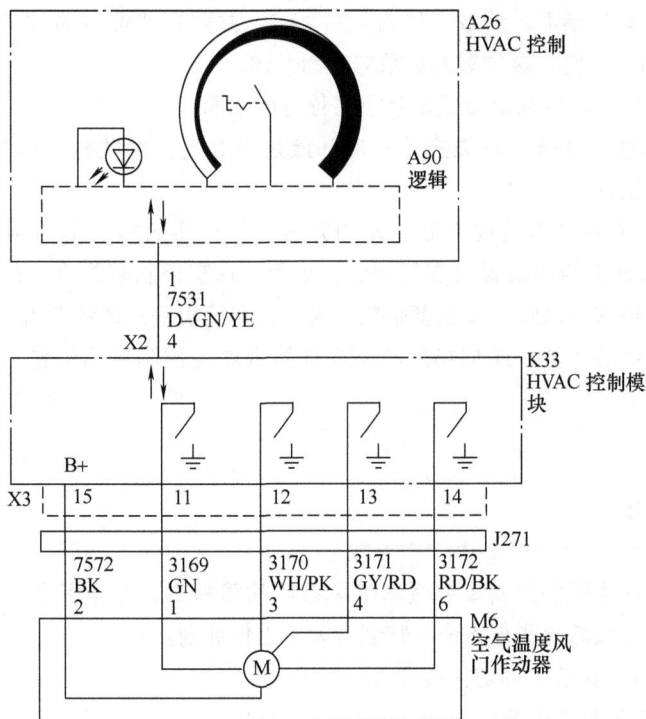

图 4-37 雪佛兰科鲁兹汽车温度控制电路

2. 暖风系统常见故障

暖风系统常见故障及其原因如图 4-38 所示。

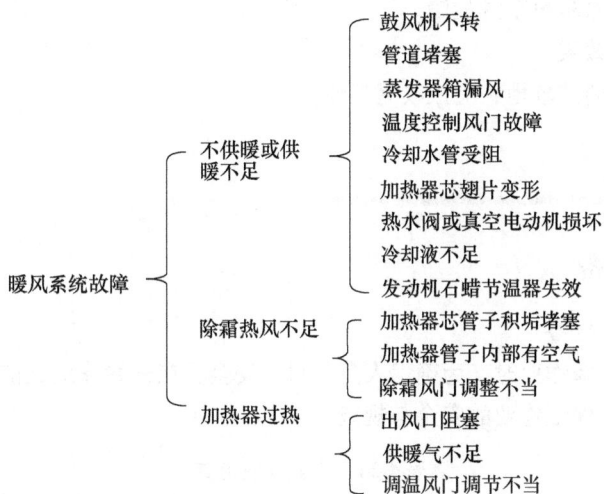

图 4-38 暖风系统常见故障及其原因

3. 暖风系统故障排放方法

（1）鼓风机不工作　参见"任务一 鼓风机故障检修"。

（2）调温风门调节不当　如为拉索式控制，则检测温度调节开关与拉索；如为步进电动机控制，则将点火开关置于"ON"（打开）位置，将温度旋钮置于其所有的档位，确认故障诊断

仪"左侧温度旋钮位置"参数。读数应该为 −7 ~ +7，并随旋钮位置的改变而改变。左侧末端位置的读数应该为 18，右侧末端位置的读数应该为 −18。

注意：不同的故障诊断仪数据流显示项目名称可能不同。

（3）发动机冷却系统故障　首先应检查冷却液是否充足，发动机工作时测量冷却液温度，检测节温器工作是否正常。

（4）其他故障　主要采用温度前后对比的方法，如检测热水阀前后温度，如温度相差大（超过10℃），检查热水阀操纵装置（温度旋钮、拉索、真空控制装置等）是否正常；如热水阀操纵机构正常，则为热水阀故障；如温度相差不太大，继续检测加热器芯进、出口温度，如果温度相差过大说明加热器芯堵塞；如加热器芯正常则检查温度控制风门动作是否正常，风道有无堵塞。

制订计划

本任务的工作内容为雪佛兰科鲁兹汽车暖风系统故障检修，在学习了前面所述的基本知识之后，我们就可以进行故障检测与维修，特制订如下工作计划：

1）检查作业环境，安装车辆防护装置。
2）记录待检修车辆基本信息。
3）确认故障现象。
4）进行基本检查。
5）分析故障原因，制订故障检测步骤。
6）按既定步骤排除暖风系统故障。
7）验证故障排除效果。
8）回收工量具，清洁场地，完成收尾工作。

任务实施

一、作业前的准备

1. 进行作业环境检查

汽车空调在进行检修作业时，为确保人身与财产安全，在开始作业之前，请检查作业场地条件，并填写表4-24，以保证作业的安全与规范。

表4-24　作业环境检查

序　号	检查项目与内容	检 查 结 果
1	作业场地是否通风良好	
2	作业场地有无明火	
3	作业场地有无必要的安全防护设施，如防护手套、防护眼镜、灭火器材等	
4	车辆停放是否周正，车辆停放区域内无异物	

2. 安装车辆防护装置，记录车辆基本信息

在进行汽车空调检修作业之前，首先要记录车辆的基本信息，同时安装必要的车辆防护装置并进行基本检查作业，将结果填入表4-25中，操作步骤参见项目一的"任务一　汽车空调使用"相关内容。然后记录车辆基本信息，填表4-26。

表4-25　车辆基本检查作业记录

序　号	项　目	作 业 记 录	序　号	项　目	作 业 记 录
1	车轮挡块放置状况		4	各线束连接状况	
2	座椅套、转向盘套、驻车制动杆套、变速器杆手柄套、脚垫、翼子板布等安装状况		5	发动机机油液位	
			6	冷却液液位	
3	仪器、设备、工量具数量		7	蓄电池电压	

表4-26　车辆基本信息

汽 车 型 号		车 牌 号	
发动机型号		VIN 编号	

二、进行汽车空调检修

根据表4-27所列的基本流程进行暖风系统故障诊断，并将过程填入表中。

表4-27　汽车空调检修记录

序　号	项　目	作 业 记 录
1	故障现象确认	故障现象描述：
2	故障可能原因	
3	故障检测的主要过程	
4	检测结果分析及故障点确认	
5	故障排除方法	

三、操作空调开关，验证故障排除效果（略）

四、回收工量具、清洁场地，完成回收工作（略）

知识拓展

一、气暖式暖风机

气暖式暖风机是利用排气管中的废气余热供车厢取暖。最早的结构形式是使排气管通过驾驶室直接取暖。由于排气管的温度很高，采用这种方式容易烫伤人体或物品，而且传热完全靠热辐射，会给人一种烘烤的感觉，使人感到不适。现在的气暖式暖风机是将排气管前段用一特殊结构的热管代替，这段热管的外面套有暖风机外壳，中间通过需加热的空气，热空气由暖风机送至车厢，如图4-39所示。当热管的吸热端受热时，管中的真空液体立即汽化，产生的蒸汽到达放热端，通过管壁把热量传给管外。客车热管式暖风机的布置如图4-40所示。

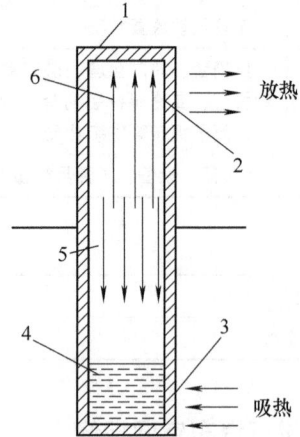

图4-39　热管结构

1—导热金属　2—放热端　3—吸热端
4—真空液体　5—冷凝　6—蒸汽

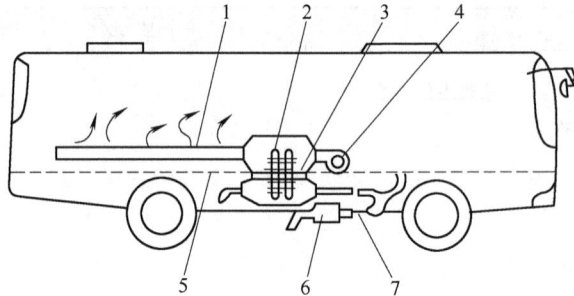

图4-40　客车热管式暖风机的布置

1—暖风管　2—热管　3—阀板　4—暖风机
5—地板　6—废气通道　7—消声器

二、独立燃烧室式空气加热器

独立燃烧室式空气加热器主要由燃烧室、热交换器、供给系统和控制系统四部分组成。图4-41所示为独立燃烧式空气加热器的结构。加热器中的电动机接通电源后开始运转，带动两个风扇、油泵及雾化器等工作，并将燃油通过油管送到雾化杯（或喷油器）中。雾化杯中的油与助燃空气混合，形成可燃混合气体。混合气体被预热电热塞（又称点火器）点燃，着火几秒钟后点火断电，由已燃烧的火焰点燃不断输入的可燃混合气体，使燃烧工况保持正常。燃烧气体通过通道进入热交换器夹层，被风机吸入的冷空气在加热器中吸收燃气释放的大量热量而变成热空气，从出风口送向车厢和其他需加热的空间。

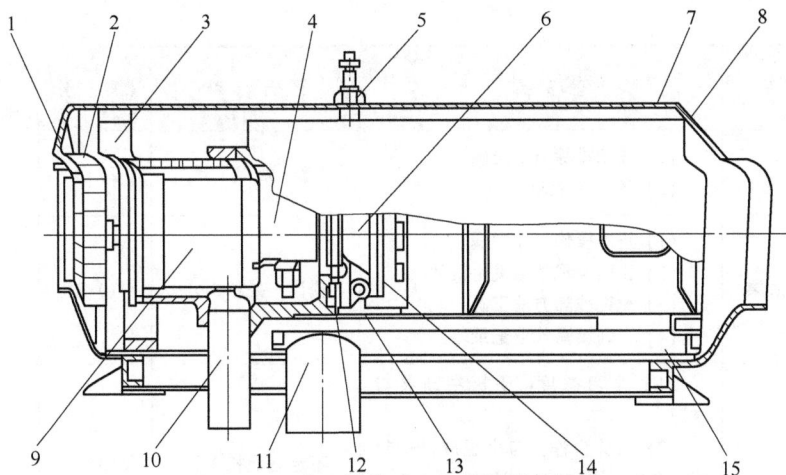

图 4-41　独立燃烧式空气加热器的结构

1—进风口　2—大风扇　3—支架　4—油泵　5—电热塞　6—雾化杯　7—外壳

8—出风口　9—电动机　10—透气管　11—废气管　12—小风扇　13—导风管　14—燃烧室　15—支座

三、汽车风窗加热除霜电路

当车厢玻璃上有霜、雾时，不仅可使加热器的热风吹向玻璃来除霜、雾，还可以采用电加热的方法除霜、雾。在冬季，前风窗玻璃可用暖风机除霜、雾，而后风窗玻璃有时候暖风吹不到，这时便只有采用电热丝加热的方法除霜了，电路如图 4-42 所示。

其中工作过程为：加热器 1 由开关 S 通过断电器 2 控制，当点火开关 3 接通，合上开关 S 时，断电器 2 触点闭合，加热器 1 通电，电热丝加热除霜，警告灯 4 亮，以提示驾驶人停车后关闭。

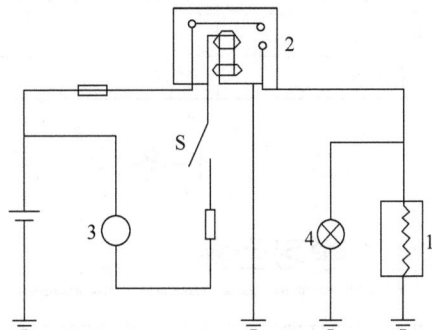

图 4-42　加热除霜电路

1—加热器　2—断电器

3—点火开关　4—警告灯

考核评分

本任务的考核与评分见表 4-28。

表 4-28　考核与评分

考核内容	考核要求	评分标准	配　分	得　分	
				自　评	互　评
1. 正确使用工具、仪器、仪表	正确使用工具、仪器、仪表	错误一处扣 2 分	10 分		
2. 分析并查找故障原因	(1) 正确使用维修手册 (2) 正确使用检查方法 (3) 检查程序正确 (4) 检查结果正确	错误一处扣 5 分	35 分		
3. 明确故障部位	正确确定故障部位	错误一处扣 5 分	10 分		

（续）

考核内容	考核要求	评分标准	配 分	得 分	
				自 评	互 评
4. 排除故障	（1）故障排除方法正确 （2）不自制故障	错一处扣5分	25分		
5. 验证故障排除效果	（1）正确操作汽车空调 （2）正确再现故障发生条件 （3）检查故障方法正确 （4）正确填写作业记录表	错误一处扣5分	10分		
6. 职业素养	（1）学习态度：积极主动参与学习 （2）团队合作：与小组成员一起分工合作，不影响学习进度 （3）现场管理：服从工位安排，执行实训室管理规定	不足之处扣3分	10分		
7. 安全文明生产	自觉遵守安全文明生产规程	违反一项规定扣5分			
合计					
操作时间	开始时间：	结束时间：	实际用时：		

任务六　汽车自动空调的故障检修

学习目标

序　号	目 标 要 求
1	能叙述自动空调基本组成及各部件工作原理
2	能分析自动空调各部分电路的组成及电流流向
3	会检测自动空调基本零部件
4	能排除自动空调的一般故障

任务描述

一辆雪佛兰科鲁兹汽车自动空调在使用中出现了不制冷故障，经初步检查制冷剂充足，压力正常。维修人员需要充分分析自动空调工作电路，合理使用故障诊断仪、万用表等检修工具，制订检修方案，找到故障点，排除故障。

任务分析

本任务以雪佛兰科鲁兹汽车自动空调故障检修为载体，学习汽车自动空调的基本结构与组成，掌握汽车自动空调的工作原理，并能初步检修汽车自动空调故障。

知识准备

汽车自动空调系统由制冷、暖风、送风、操纵控制等分系统组成，如图4-43所示。其中，压缩机、冷凝器等机械部分和手动空调基本是一致的，区别在于它们各自的控制系统。自动空调是在手动空调的基础上，采用了各种传感器、程序装置、伺服电动机和控制模块等驱动执行机构，实现了温度、鼓风机转速、气流方式和进气方式的自动控制。

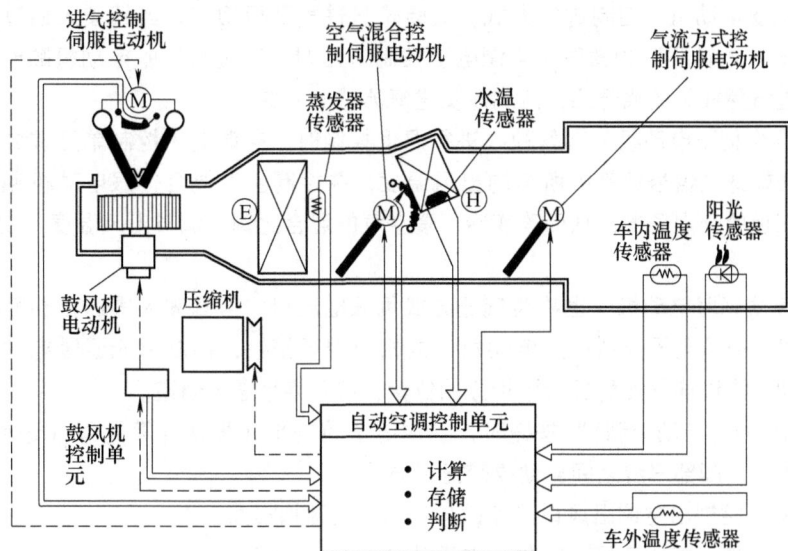

图4-43 汽车自动空调的结构组成

一、汽车自动空调的工作原理

汽车自动空调利用传感器不断检测车内温度及车外环境温度的变化，并把检测到的信号输送给空调的电子控制单元（ECU），ECU按预先编制的程序对信号进行处理，并通过伺服电动机等执行元件，不断地对鼓风机转速、出风温度、送风模式及压缩机工作情况等进行调节，从而使车内空气温度及流动状况始终保持与驾驶人设定的要求一致。自动空调系统还具备自诊断功能，以便于电控元件及线路故障的检测。

二、自动空调的结构

1. 传感器

（1）车内及车外温度传感器 都是负温度系数热敏电阻传感器，分别用来感受车内及车外温度。当温度发生变化时，热敏电阻的阻值改变，从而向空调系统电子控制单元（ECU）输送温度信号。

（2）蒸发器温度传感器 用来检测通过蒸发器的空气温度或者蒸发器表面的温度变化，并由此来控制压缩机电磁离合器的结合或断开。

（3）冷却液温度传感器 用来检测冷却液温度，生成冷却液温度信号并输送给自动空调电子控制单元（ECU），控制低温时鼓风机的转速。

（4）阳光传感器 是一个二极管，利用光电效应把阳光照射量转换为电流值变化的信号，

并输送给自动空调电子控制单元（ECU），用来调整空调吹出的风量与温度。

2. 电子控制单元（ECU）

自动空调电子控制单元又称自动空调控制器，工作时，控制器首先接收来自车内温度传感器和车外温度传感器的输入信号，然后根据来自其他传感器和控制面板上各按键的输入信号，控制压缩机、电磁离合器、暖风加热器、热水阀等执行元件。

3. 执行器

（1）进气伺服电动机　控制进气方式，其转子与进气翻板相连。当驾驶人通过操作面板选择"外循环"或"内循环"模式时，空调电子控制单元即控制进气伺服电动机顺时针或逆时针旋转，从而使进气翻板关闭或开启，达到改变进气方式的目的。

（2）空气混合伺服电动机　当驾驶人进行温度控制时，空调电子控制单元首先根据设置的温度及各传感器输送的信号计算出所需的出风温度，并控制空气混合伺服电动机顺时针或逆时针转动，改变翻板的开启角度，从而改变冷、暖空气的混合比例，调节出风温度，使其与计算值相符。

（3）送风模式伺服电动机　也称为气流方式伺服电动机。当驾驶人操纵控制面板上的某个送风模式按钮时，空调电子控制单元电动机上的相应端子搭铁，控制单元通过电动机的驱动电路使电动机转动，通过连杆使翻板转到相应的位置，打开某个送风通道。

当按下"AUTO（自动控制）"按钮时，空调电子控制单元根据计算结果（送风温度），在面部、面部和脚部、脚部三者之间自动改变送风方式。

（4）鼓风机　控制出空调出风口风速，与手动空调结构相同。

（5）电磁离合器　控制压缩机工作，与手动空调结构相同。

三、汽车自动空调的输入元件

1. 车内温度传感器

车内温度传感器也称为室内温度传感器、车内气温传感器，是汽车自动空调的重要传感器之一，它会影响出风口空气的温度、鼓风机的转速、进气门以及模式门的位置等。

（1）作用　它通常安装在仪表台后面的吸气装置内，如图4-44所示。其主要作用如下：

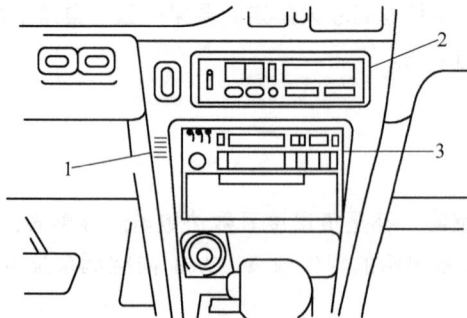

图4-44　车内温度传感器的安装位置

1—温度传感器格栅　2—空调控制面板　3—音响控制面板

1）确定混合门的位置，从而决定出风口空气温度。车内温度传感器指示的车内温度越高，混合门就越朝"冷"的方向移动，出风口的温度就越低；反之，车内温度传感器指示的车内温度越低，混合门就越朝"热"的方向移动，出风口的温度就越高。

2）确定鼓风机的转速，从而决定出风口的风量。在制冷工况下，车内温度传感器指示的车内温度越高，鼓风机的转速就越高；反之，车内温度传感器指示的车内温度越低，鼓风机的转速就越低。在取暖工况下，车内温度传感器指示的车内温度越高，鼓风机的转速就越低；反之，车内温度传感器指示的车内温度越低，鼓风机的转速就越高。

3）确定进气门的位置，从而影响车内空气的温度与新鲜度。在制冷工况下，特别是在刚开始制冷时（车内空气温度高），一般进气门均处于内循环位置，随着时间的推移，车内空气温度下降，根据不同的环境温度，进气门可以处于20%外循环的位置或外循环的位置。

4）确定模式门的位置。由于车内温度传感器都安装在仪表板的里面，位置较封闭，因此为了准确且及时地测量当前的车内平均温度，系统会强制车内空气不断地流向车内温度传感器。

（2）结构与工作原理　按强制导向车内温度传感器的气流方式不同，车内温度传感器可分为吸气器型和电动机型两种，如图4-45和图4-46所示。

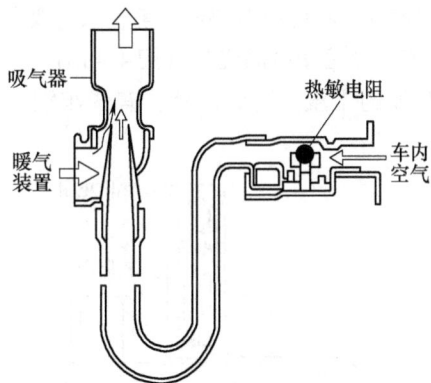

图4-45　吸气器型车内温度传感器

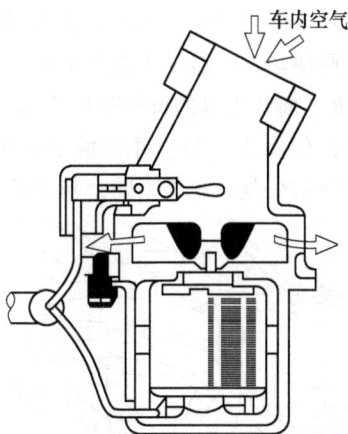

图4-46　电动机型车内温度传感器

吸气器型车内温度传感器内有一根抽风管连接车内温度传感器与空调的管道，鼓风机工作时，就有少量空气流过车内温度传感器。

电动机型车内温度传感器是由电动机带动一个小风扇，通过风扇工作产生吸力，从而使车内空气流过传感器。

当车内温度发生变化时，热敏电阻的阻值改变，向空调电子控制单元（ECU）输送车内温度信号，如图4-47所示。

2. 车外温度传感器

车外温度传感器也称为环境温度传感器、外界空气温度传感器或大气温度传感器，是自动空调的重要传感器之一，它能影响出风口空气的温度、鼓风机的转速、进气门的位置和模式门的位置，以及压缩机的工作状态等。

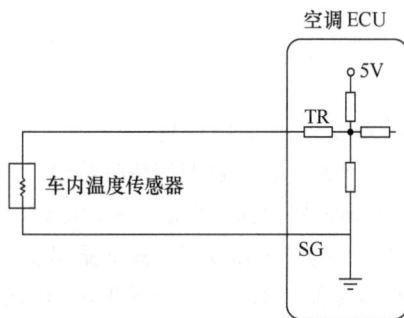

图4-47　车内温度传感器的电路连接

（1）作用

1）确定混合门的位置，从而决定出风口的空气温度。车外温度传感器指示的车外温度越高，混合门就越朝"冷"的方向移动，出风口的温度就越低；反之，车外温度传感器指示的车外温度越低，混合门就越朝"热"的方向移动，出风口的温度就越高。

2）确定鼓风机的转速，从而决定出风口的风量。在制冷工况下，车外温度传感器指示的车外温度越高，鼓风机的转速就越高；反之，车外温度传感器指示的车外温度越低，鼓风机的转速就越低。在取暖工况下，车外温度传感器指示的车外温度越高，鼓风机的转速就越低；反之，车外温度传感器指示的车外温度越低，鼓风机的转速就越高。

3）确定进气门的位置，从而影响车内空气的温度与新鲜度。在制冷工况下，车外温度传感器指示的车外温度越高，一般进气门都处于内循环位置，随着时间的推移，车内空气温度下降，进气门可以处于20%外循环的位置。

4）确定模式门的位置。

5）控制压缩机。一般自动空调在环境温度低于某一数值（如2℃）时，压缩机就不会工作。

（2）结构和工作原理　车外温度传感器一般安装在前保险杠内或散热器之前，如图4-48a所示，其工作原理与车内温度传感器相同。由于其安装在前保险杠内或散热器之前，极易受到环境（散热器温度、前面车辆的排气等）影响，因此一般包在一个注塑树脂壳内（图4-48b），以免对温度的突然变化做出反应，并且能够准确地检测到车外的温度。除此之外，有些车型在空调ECU内部设有防假输入电路，防止错误读数。

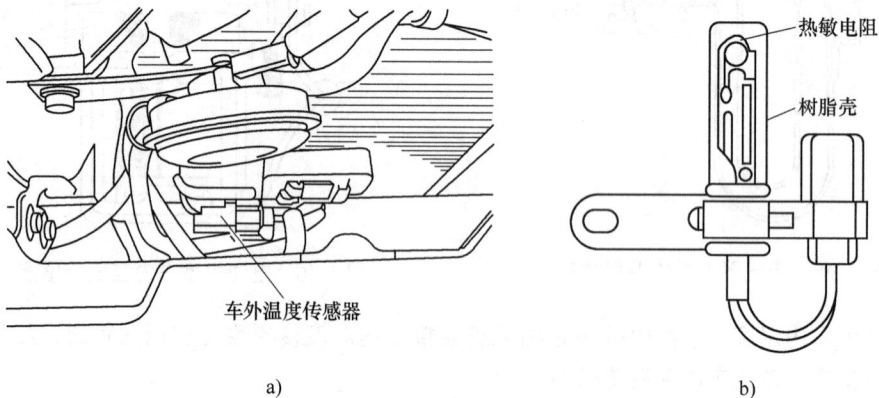

a)　　　　　　　　　　　　　　　　b)

图4-48　车外温度传感器

a）安装位置　b）结构

3. 蒸发器温度传感器

（1）作用　蒸发器温度传感器通过测量蒸发器表面温度，可以修正混合门位置，控制压缩机，并在蒸发器表面温度低于一定值时，使压缩机停止工作，以防止蒸发器表面结霜。

（2）结构与工作原理　蒸发器温度传感器的热敏电阻一般安装在蒸发器传热片上，其结构如图4-49所示。有的安装在蒸发器出口位置，用来测量从蒸发器出来的空气温度，其工作原理与车内、外温度传感器相同。

4. 冷却液温度传感器

（1）作用

1）测量热交换器芯温度，修正混合门的位置。有些车型用发动机冷却液温度传感器代替。

2) 起保护功能，防止发动机在高温状态时压缩机工作。有些车型用发动机冷却液温度传感器代替，有些车型用冷却液温度开关代替。

3) 在冷却液温度过低时，起动鼓风机的预热控制。即在冷却液温度过低且在取暖工况时，为了防止吹出的风是冷风，鼓风机会低速工作或停止工作。有些车型用发动机冷却液温度传感器代替，也有些车型用冷却液温度开关代替。

(2) 结构和工作原理 汽车自动空调的冷却液温度传感器一般安装在暖风装置内部，如图 4-50 所示，其工作原理与车内、外温度传感器工作原理相同。

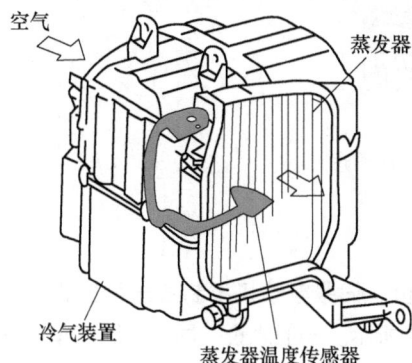

图 4-49 蒸发器温度传感器

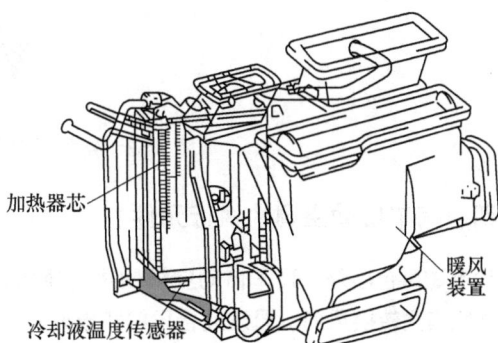

图 4-50 冷却液温度传感器

5. 阳光传感器

阳光传感器也称为日光传感器、日照传感器等。它通过检测在传感器上的太阳光照强度，将光信号转变为电压或电流信号送给空调电子控制单元，用来修正混合门的位置与鼓风机的转速。它一般安装在仪表的上面，靠近风窗玻璃的底部，如图 4-51 所示。阳光传感器的核心部件为光敏二极管，可检测出日光辐射变化，并将其转变为电流信号传至空调控制模块，如图 4-52 所示。

图 4-51 阳光传感器

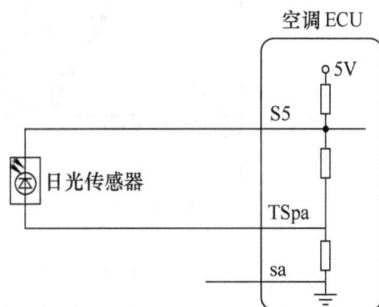

图 4-52 阳光传感器的连接

6. 空气质量传感器（AQS）

空气质量传感器也称为多功能传感器，它主要用于测量空气中的水分、环境温度和外界空气的污染程度，空调电子控制单元通过测量结果来控制压缩机的工作与进气门的位置。

空气质量传感器的工作原理如图 4-53 所示，具有能够通过感应化学物质（如 NO_2、CO_2 和 CO 等）检测空气污染的能力。如果空气中的有害物质超标，则通过关闭进气风门，使空调系统处于内循环模式来切断有害气体，以保护乘员的健康。

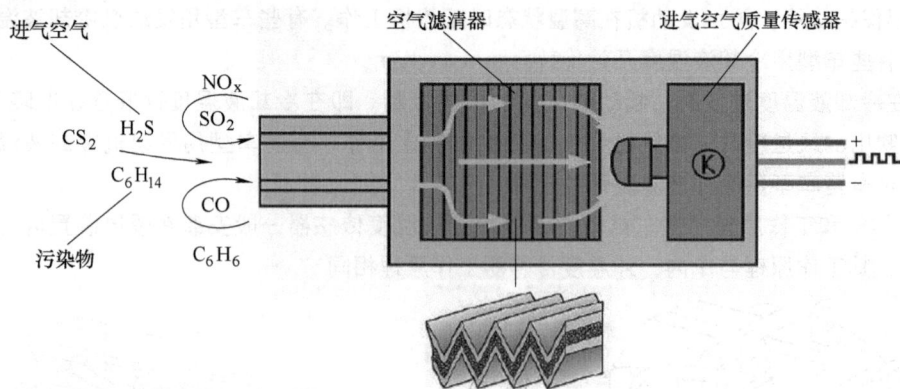

图 4-53 空气质量传感器的工作原理

四、汽车自动空调的执行元件

除电磁离合器外，汽车自动空调的执行器为伺服电动机。伺服电动机控制着出风模式选择风门、进气模式转换风门、温度混合风门和鼓风机，如图 4-54 所示。一般来说，同一品牌汽车自动空调中，各风门控制电动机的结构和工作原理相同。根据控制方式不同，伺服电动机分为以下 4 种。

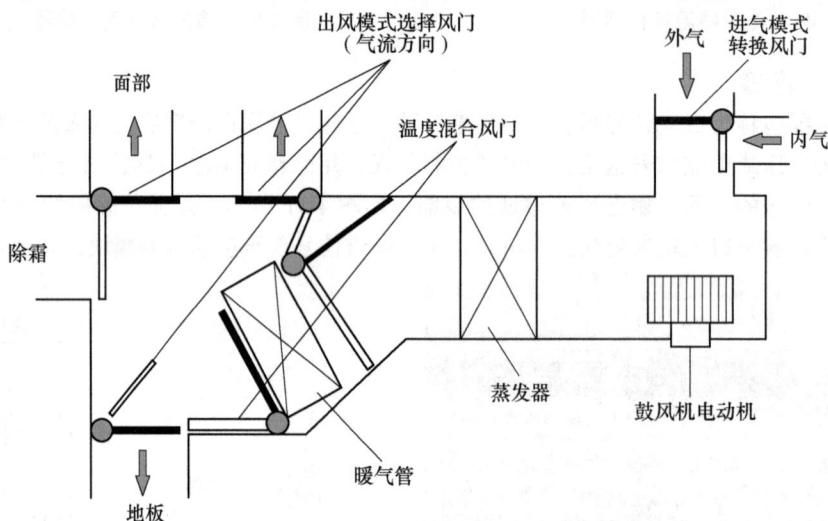

图 4-54 汽车自动空调的执行元件位置及结构示意

1. 直流电动机 + 位置传感器型

这种形式的伺服电动机可用于空气混合控制、出风模式控制和进气控制。电动机内部安装有位置传感器，空调控制器控制电动机动作，电动机带动风门转动，同时也带动位置传感器移动触点，空调电子控制单元通过该信号的变化来定位风门，其电路连接示意如图 4-55 所示。

2. 步进电动机型

这种形式的伺服电动机可用于空气混合控制、出风模式控制和进气控制。步进电动机具有自定位的功能，所以在电动机内部没有位置传感器，其电路连接示意如图 4-56 所示，空调电子控制单元根据需要连通相应的导线从而控制电动机动作，电动机带动风门转动至预定位置。

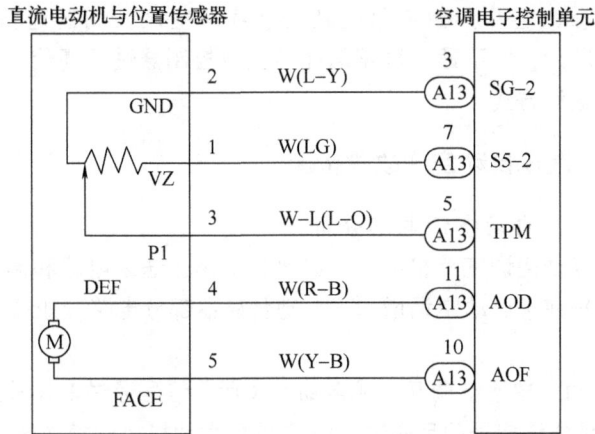

图4-55 直流电动机+位置传感器型伺服电动机电路连接示意

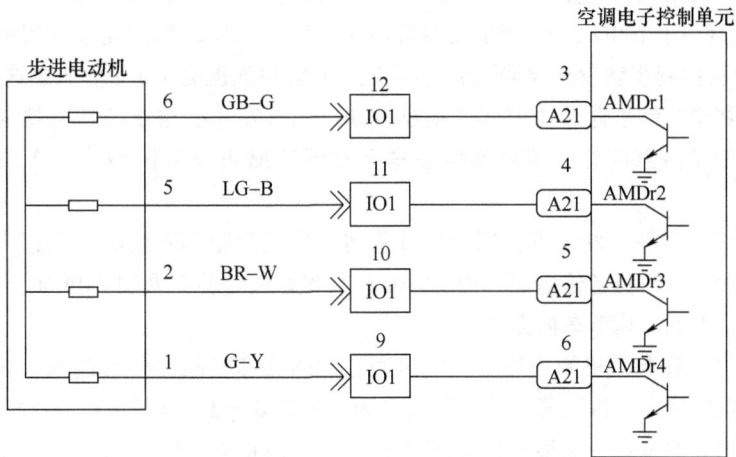

图4-56 步进电动机与空调控制单元的电路连接示意

3. 伺服电动机内含微芯片，通过数据总线与空调控制器通信

伺服电动机内含微芯片，通过数据总线与空调控制器进行通信，如图4-57所示。

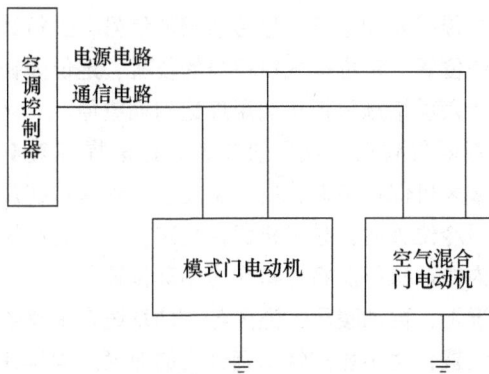

图4-57 总线连接的伺服电动机连接示意

4. 伺服电动机内含微芯片，但不通过数据总线与空调控制器通信

伺服电动机内含微芯片，但不通过数据总线与空调控制器进行通信，如雪佛兰科鲁兹汽车鼓风机电动机就采用了这种方式。

五、雪佛兰科鲁兹汽车自动空调故障检测

1. 雪佛兰科鲁兹汽车自动空调电路分析

雪佛兰科鲁兹汽车自动空调压缩机电路、鼓风机电路、送风电路和温度控制电路和手动空调电路相同，两者的区别在于自动空调增加了自动传感器部分电路，如图4-58所示。其工作过程分为以下几种工况。

（1）空调压缩机起动　按下空调开关或自动开关后，信号通过LIN总线发送给HVAC控制模块。HVAC控制模块评估该信号并且通过CAN总线向发动机控制模块发送一个空调请求信号。发动机首先检查车辆是否满足这些条件：① 蓄电池电压介于9～18V之间；② 发动机冷却液温度低于124℃；③ 发动机转速介于600～5500r/min之间；④ 空调高压侧压力在269～292kPa之间；⑤ 节气门开度小于100%；⑥ 蒸发器温度高于3℃；⑦ 发动机控制模块没有检测到转矩负载过大；⑧ 发动机控制模块没有检测到怠速不良；⑨ 环境温度高于1℃。如果这些条件都符合，发动机控制模块将释放信号返回给HVAC控制模块。同时发动机控制模块将接通空调压缩机继电器搭铁电路，使其触点闭合，蓄电池电压送至空调压缩机离合器线圈，空调压缩机离合器起动。

（2）空调压缩机调节　发动机控制模块使用传感器监测空调系统高压侧压力、发动机空调系统负荷和空调冷凝器热负荷信息后，由HVAC控制模块通过脉宽调制（PWM）信号控制空调压缩机离合器的工作时间，调节车内温度。

（3）温度调节　在鼓风机的作用下，气流通过加热器芯和蒸发器芯进入乘客舱。空气温度执行器驱动混合空气风门，以引导气流。如果车内温度需要升高，则将混合空气风门置于允许更多气流通过加热器芯的位置。如果车内温度需要降低，则将混合空气风门置于允许更多气流通过蒸发器芯的位置。

（4）自动调节　待车厢内部达到期望的温度值后，鼓风机电动机、模式执行器、内循环执行器和空气温度执行器自动调节以保持选定的温度。HVAC模块监测环境空气温度传感器、左下空气温度传感器、右下空气温度传感器、左上空气温度传感器、右上空气温度传感器、风窗玻璃温度和车内湿度传感器、阳光传感器和空气质量传感器的信号，进行计算，通过调节鼓风机电机转速、调整空气温度执行器的位置、定位模式执行器的位置、定位内循环执行器的位置、请求空调运行和空调压缩机控制装置六项措施保持车厢温度达到期望值。

当在自动模式下选定了最暖位置时，鼓风机转速将逐渐提高直至车辆达到正常工作温度。在达到正常工作温度之后，鼓风机保持高速，空气温度执行器保持在最热位置。

当在自动模式下选定了最冷位置时，鼓风机保持高速，空气温度执行器保持在最冷位置，模式执行器保持在面板位置，内循环执行器将保持在内循环位置。

在环境温度比较低的情况下，自动暖风、通风与空调系统在最有效的方式下进行加热。驾驶人即使选择一个极高的温度设置，也不能加快车辆升温的速度。同样在较暖的环境温度下，自动暖风、通风与空调系统也会以最有效方式进行空调控制，驾驶人即使选择一个极低的温度，也不能加快车辆降温的速度。

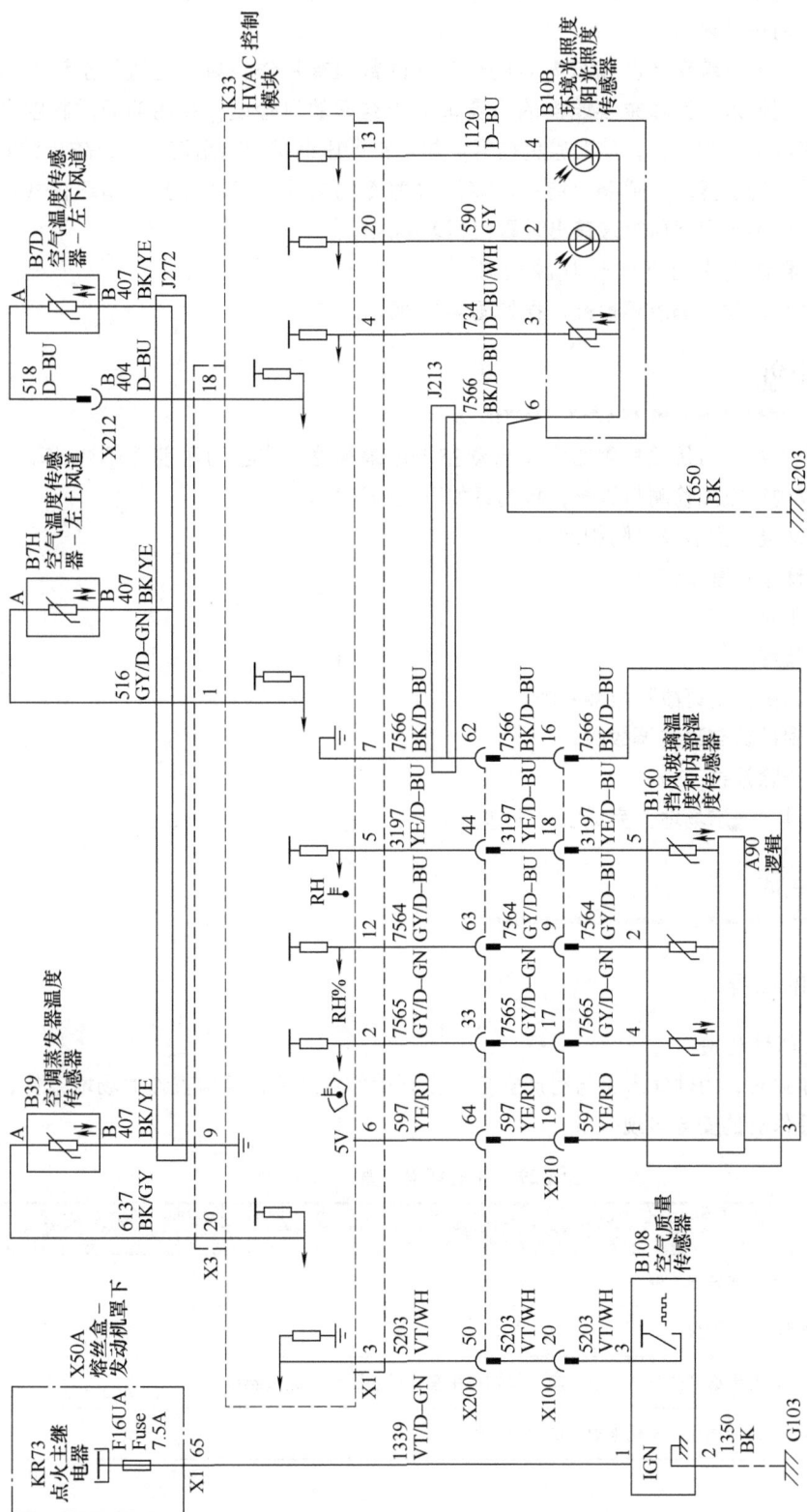

图 4-58 雪佛兰科鲁兹汽车自动空调电路（自动温度传感器部分）

按下空气质量传感器开关，一旦污染物浓度超过预设值时，HVAC 控制模块评估空气质量传感器的信息并关闭内循环风门。

在自动模式下，风窗玻璃温度和车内湿度传感器的数值被用作暖风、通风与空调系统控制模块应用程序的控制输入，计算乘客舱侧的风窗玻璃上结雾的风险度，并能够通过将空调压缩机电源降到最低来减少燃油消耗，从而避免结雾。起动空调压缩机和除霜模式，以防止结雾或除去风窗玻璃乘客舱侧的凝雾。传感器也能在环境温度寒冷的条件下起动部分内循环模式提高乘客厢的加热性能，而不会引起风窗玻璃出现雾气积聚的风险。

2. 雪佛兰科鲁兹汽车自动空调故障检修

雪佛兰科鲁轿车自动空调故障检修流程如图 4-59 所示。

制订计划

本任务的工作内容为雪佛兰科鲁兹汽车自动空调故障检修，在学习了前面所述的基本知识之后，我们就可以进行故障检测与维修，特制订如下工作计划：

1）检查作业环境，安装车辆防护装置。
2）记录待检修车辆基本信息。
3）确认故障现象。
4）进行基本检查。
5）分析故障原因，制订故障检测步骤。
6）按既定步骤排除自动空调故障。
7）验证故障排除效果。
8）回收工量具，清洁场地，完成收尾工作。

任务实施

一、作业前的准备

1. 进行作业环境检查

在进行检修作业时，为确保人身与财产安全，在开始作业之前，请检查作业场地条件，并填写表 4-29，以保证作业的安全与规范。

表 4-29 作业环境检查

序 号	检查项目与内容	检查结果
1	作业场地是否通风良好	
2	作业场地有无明火	
3	作业场地有无必要的安全防护设施，如防护手套、防护眼镜、灭火器材等	
4	车辆停放是否周正，车辆停放区域内无异物	

自动空调故障
├─ 温度控制故障
│   ├─ 无冷风送出
│   │   ├─ 传动带折断或张紧力不够
│   │   ├─ 用压力表检查制冷系统压力
│   │   ├─ 检查压缩机控制电路
│   │   ├─ 检查空气混合风门位置传感器及伺服电动机电路
│   │   ├─ 检查车外、车内及蒸发器温度传感器电路
│   │   ├─ 检查点火电源电路
│   │   ├─ 检查空调控制电源电路
│   │   ├─ 检查鼓风机电动机电路
│   │   └─ 检查控制单元
│   ├─ 无暖风送风
│   │   ├─ 热水阀故障
│   │   ├─ 检查冷却液温度传感器电路
│   │   ├─ 检查空气混合风门位置传感器及伺服电动机电路
│   │   ├─ 检查点火电源电路
│   │   ├─ 检查空调控制电源电路
│   │   ├─ 检查暖风继电器电路、鼓风机电路
│   │   ├─ 检查车外、车内温度传感器电路
│   │   └─ 检查控制单元
│   ├─ 只有冷风或暖风
│   │   ├─ 检查车外、车内传感器电路
│   │   ├─ 检查空气混合风门位置传感器及伺服电动机电路
│   │   ├─ 检查控制单元
│   │   └─ 制冷量是否合适
│   └─ 输出空气温度比规定值偏高或偏低或者响应缓慢
│   ├─ 传动带张紧力是否足够
│   ├─ 检查制冷系统
│   ├─ 检查冷凝器风扇电器
│   ├─ 检查热水阀
│   ├─ 检查鼓风机电动机电路
│   ├─ 检查车内、车外温度传感器电路
│   ├─ 检查蒸发器温度传感器电路
│   ├─ 检查空气混合门位置传感器及伺服电动机电路
│   ├─ 检查进风门位置传感器及伺服电动机电路
│   ├─ 检查加热器
│   └─ 检查控制单元
└─ 风量控制故障
    ├─ 鼓风机不运行
    │   ├─ 检查点火电源电路
    │   ├─ 检查空调控制电源电路
    │   ├─ 检查继电器控制电路
    │   ├─ 检查鼓风机电路
    │   ├─ 检查传感器电路
    │   └─ 检查控制单元
    ├─ 风量不足
    │   ├─ 检查鼓风机电动机电路
    │   ├─ 检查鼓风机叶片变形、损坏
    │   └─ 检查鼓风机电路故障
    └─ 鼓风机无控制
        ├─ 检查点火电源电路
        ├─ 检查控制单元电路
        ├─ 检查继电器控制电路
        ├─ 检查暖风继电器电路
        ├─ 检查鼓风机电动机电路
        ├─ 检查传感器电路
        └─ 检查控制单元

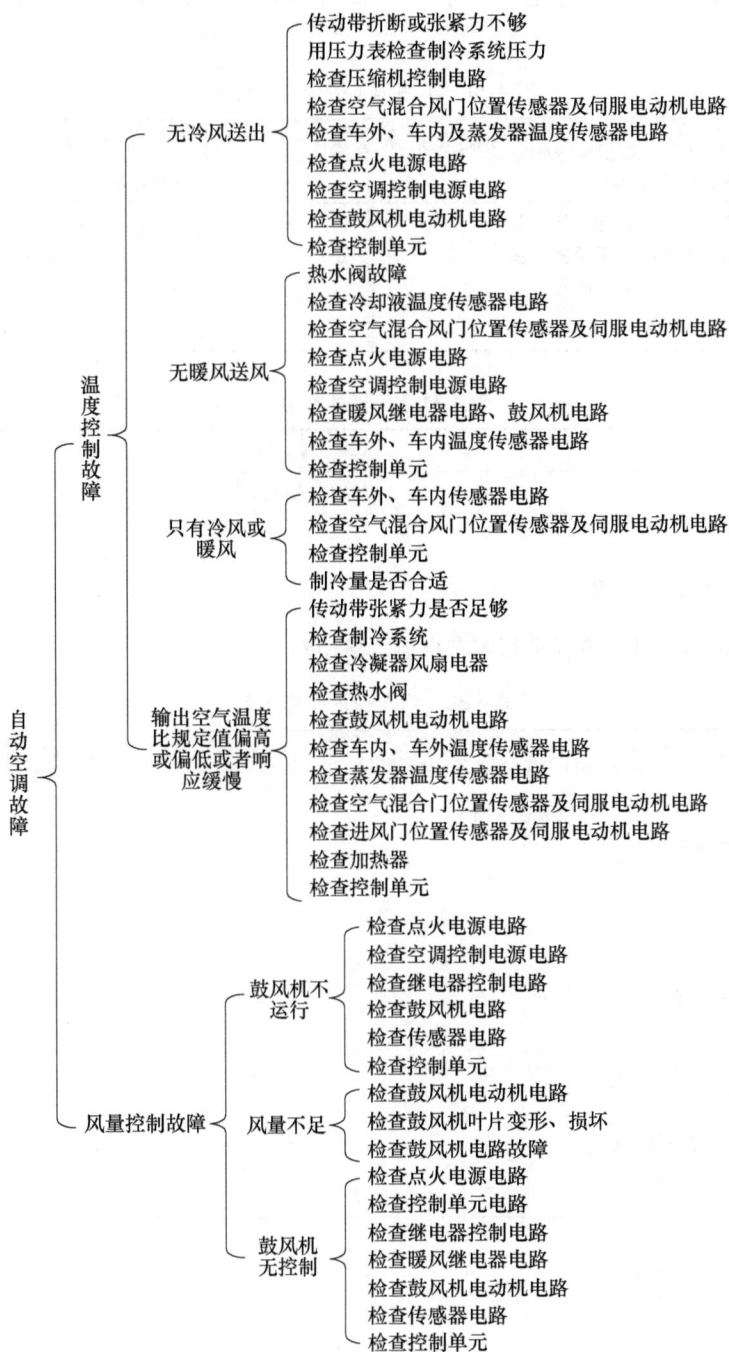

图 4-59 雪佛兰轿车自动空调故障诊断程序

2. 安装车辆防护装置，记录车辆基本信息

在进行检修作业之前，首先要安装必要的车辆防护装置，进行基本检查作业，并将结果填入表 4-30 中，操作步骤参见项目一的"任务一　汽车空调使用"相关内容。然后记录车辆基本信息，填写表 4-31。

表 4-30　车辆基本检查作业记录

序　　号	项　　　目	作业记录	序　　号	项　　　目	作业记录
1	车轮挡块放置状况		4	各线束连接状况	
2	座椅套、转向盘套、驻车制动杆套、变速器杆手柄套、脚垫、翼子板布等安装状况		5	发动机机油液位	
			6	冷却液液位	
3	仪器、设备、工量具数量		7	蓄电池电压	

表 4-31　车辆基本信息

汽车型号		车　牌　号	
发动机型号		VIN 编号	

二、进行汽车空调检修

根据表 4-32 所列的基本流程进行汽车空调故障诊断，并将过程填入表中。

表 4-32　汽车空调检修记录

序　　号	项　　目	作业记录
1	故障现象确认	故障现象描述：
2	故障可能原因	
3	故障检测的主要过程	
4	检测结果分析及故障点确认	
5	故障排除方法	

三、操作空调开关，验证故障排除效果（略）

四、回收工量具、清洁场地，完成回收工作（略）

知识拓展

汽车空调的换气风扇是用来车内换气的，被广泛用于各种空调旅游车。它置于车顶，可代替车顶的风窗，除了具有降温功能外，还具有排除浊气，吸入新鲜空气的换气功能，即它具有通风、吸风、排风、循环四种功能，用以保证车厢内的空气新鲜适宜，满足乘员舒适度要求。换气风扇电路原理如图4-60所示。其工作原理如下：

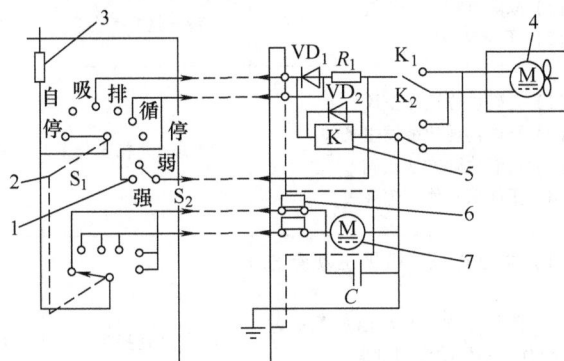

图4-60　换气风扇电路原理

1—开关　2—同轴旋转开关　3—电阻　4—风扇电动机
5—继电器　6—限位开关　7—气窗举升电动机

1) 通风　当控制板上的同轴旋转开关2置于开启位置时，直流电流通过限位开关6送至气窗举升电动机7，使气窗闸门处于开启状态，这时车厢内、外气流畅通。

2) 吸风　同轴旋转开关2置于开启的同时，电流经继电器5的线圈，使触点K_1闭合，风扇电动机带动风扇运行，新鲜空气被吸入。

3) 排风　同轴旋转开关2置于排风位置，自动闸门开启的同时，继电器5的线圈断电，触点K_1断开而常闭触点K_2接通风扇电动机，此时车厢内潮湿空气被排除。

4) 循环　同轴旋转开关2置于循环位置，此时电流经过限位开关6连动板向下转动，使气窗闸门闭合。此时风扇做逆时针旋转，使车内空气强制循环。

另外，这种换气电路还设置有强、弱两个档位，当拨动开关S_2置于强档时，电流不经过电阻R而直接接通电动机，这样风扇转速加快；反之，当S_2置于弱档时，电流经过电阻R后再接通电动机，这样风扇转速减慢，风量减小，变得柔和舒适。

考核评分

本任务的考核与评分见表4-33。

表 4-33　考核与评分

考核内容	考核要求	评分标准	配　分	得　分	
				自　评	互　评
1. 正确使用工具、仪器、仪表	正确使用工具、仪器、仪表	错误一处扣 2 分	10 分		
2. 分析并查找故障原因	（1）正确使用维修手册 （2）正确使用检查方法 （3）检查程序正确 （4）检查结果正确	错误一处扣 5 分	35 分		
3. 明确故障部位	正确确定故障部位	错误一处扣 5 分	10 分		
4. 排除故障	（1）故障排除方法正确 （2）不自制故障	错一处扣 5 分	25 分		
5. 验证故障排除效果	（1）正确操作汽车空调 （2）正确再现故障发生条件 （3）检查故障方法正确 （4）正确填写作业记录表	错误一处扣 5 分	10 分		
6. 职业素养	（1）学习态度：积极主动参与学习 （2）团队合作：与小组成员一起分工合作，不影响学习进度 （3）现场管理：服从工位安排、执行实训室管理规定	不足之处扣 3 分	10 分		
7. 安全文明生产	自觉遵守安全文明生产规程	违反一项规定扣 5 分			
合计					
操作时间	开始时间：	结束时间：	实际用时：		

思考与练习

一、判断题

（　　）1. 汽车空调的取暖系统有两大类，分别是余热式和独立式。

（　　）2. 汽车空调采暖系统的热源一般来自发动机冷却液和废气。

（　　）3. 汽车空调压缩机的电磁离合器，是用来控制制冷剂流量的。

（　　）4. 电磁离合器不受 A/C 空调开关的控制。

（　　）5. 汽车空调系统中，热敏电阻通过放大器可以控制汽车空调压缩机电磁离合器的分离或吸合。

（　　）6. 若听到汽车空调压缩机离合器的间歇闭合和分离声响，说明该空调系统有故障。

（　　）7. 低压开关的作用是在系统低压管路中压力过低时，切断汽车空调压缩机电磁离合器的电路。

(   ) 8. 当环境温度低于4℃时，汽车空调压缩机电路一般不会闭合。

(   ) 9. 汽车空调系统中，压力保护开关可控制汽车空调压缩机电磁离合器的分离或吸合。

(   ) 10. 汽车环境温度开关一般安装在汽车空调装置的蒸发器旁。

(   ) 11. 如果制冷系统内有水分，将造成系统间歇制冷。

(   ) 12. 压缩机运转时制冷不足原因是进气压力过低，而排气压力过高。

(   ) 13. 低压侧压力高，高压侧压力低，此故障多数为压缩机内部有泄漏。

(   ) 14. 只有一个冷却风扇的汽车，当冷却液温度在80℃以下时打开空调，冷却风扇不转动属正常现象。

(   ) 15. 高压开关用于接通冷却风扇电路，使其高速运转。

(   ) 16. 高压开关的保护作用都是通过打开冷凝器风扇的高速档来实现的。

(   ) 17. 空调系统的冰堵多发生在储液干燥罐处。

(   ) 18. 如果低压开关断开，导致汽车空调压缩机电磁离合器断电，原因可能是制冷剂过多。

(   ) 19. 为确保发动机的负荷最大时能有效冷却，压缩机在冷却液温度过高时会关闭。A/C空调开关工作时，干燥瓶两边的管道温差大，出现露水，则可判断干燥瓶有堵塞。

(   ) 20. 如果汽车空调系统膨胀阀的感温包暴露在空气中，将使低压管表面结霜。

(   ) 21. 汽车空调系统内，凡是有堵塞的地方，该处的外表均会结霜。

(   ) 22. 手动空调风速档位开关只有最高档有风吹出，其他的各档都无风吹出，说明档位开关损坏。

(   ) 23. A/C空调开关工作时，储液干燥罐两侧的管道温差大，出现露水，则可判断储液干燥罐有堵塞。

(   ) 24. 一滴水进入空调系统不足以对空调系统造成不良的影响。

(   ) 25. 进入压缩机的制冷剂是低压稍有过热的气体，而离开压缩机则是高压和高过热的气体。

(   ) 26. 汽车空调压缩机电磁离合器是压缩机总成的一部分。

(   ) 27. 空调压缩机不工作的原因可能是低压开关接通。

(   ) 28. 空调压缩机的安全阀打开会释放所有制冷剂。

(   ) 29. 汽车空调压缩机主要采用蒸汽容积式压缩机。

(   ) 30. 空调压缩机运转，但制冷不足的原因是进气压力过低，而排气压力过高。

(   ) 31. 压缩机不停机的原因是波纹管式恒温器的波纹管内制冷剂泄漏。

(   ) 32. 汽车空调系统的转速控制电路是防止发动机熄火或过热的装置。

(   ) 33. 温控开关是用来控制温度的一种执行元件。

(   ) 34. 恒温器是用来控制汽车空调压缩机电磁离合器通断的。

(   ) 35. 制冷系统中含有过量污物，会使过滤、节流元件堵塞，形成脏堵。

(   ) 36. 空调压缩机的电磁离合器线圈两端并联的二极管是为了防止线圈极性接反。

(   ) 37. 空调压缩机的电磁离合器线圈两端并联的二极管是为了抑制线圈断电时所产生的瞬间高电压。

(   ) 38. 空调压缩机的电磁离合器线圈两端并联的二极管是为了整流。

(   ) 39. 螺杆式压缩机是一种旋转体积式压缩机。

（　　）40. 螺杆式压缩机结构简单，机件数量少，采用了滑阀调节，可实现无级调节。

（　　）41. 汽车自动空调通过改变鼓风机转速和车内温度设定来实现自动调节出风温度。

（　　）42. 自动空调系统，俗称恒温空调系统。

（　　）43. 汽车空调使用的日光传感器一般安装在仪表台上面（靠近风窗玻璃的底部）。

（　　）44. 在车外温度等于设定温度值状况时，自动空调电脑则切断汽车空调压缩机电磁离合器的电流。

（　　）45. 微型计算机控制的全自动汽车空调系统使用伺服电动机控制各风门的开闭，其中控制内、外空气循环的是进气伺服电动机。

二、单选题

1. 空调继电器的作用是（　　）。

A. 减小流入控制开关的电流，延长开关的使用寿命

B. 随意加装的

C. 使用电器的电流更小，以保护用电设备

D. 以上都不是

2. 汽车空调制冷系统中，高、低压开关的作用是（　　）。

A. 保护作用　　　　B. 增压作用　　　　C. 节流作用　　　　D. 以上都不是

3. 汽车空调高、低压力开关动作时，切断的电路是（　　），保护制冷系统不受损坏。

A. 鼓风机电路　　　　　　　　　　B. 电磁离合器电路

C. 温控器电路　　　　　　　　　　D. 冷凝器风扇电路

4. 一般汽车空调工作时，汽车空调压缩机电磁离合器能按照车厢内温度的高低，自动分离和吸合，是受（　　）控制。

A. 低压保护开关　　B. 高压保护开关　　C. A/C 空调开关　　D. 温控开关

5. 空调控制电路中，温控开关、压力开关与压缩机的电磁线圈是（　　）。

A. 串联　　　　　　B. 并联　　　　　　C. 混联　　　　　　D. 以上都不是

6. 汽车空调制冷系统完全没有冷气的故障原因可能有（　　）。

A. 压缩机的传动带断裂　　　　　　B. 离合器的电磁线圈烧损

C. 制冷剂完全泄漏　　　　　　　　D. 以上都是

7. 汽车空调压缩机常见的故障不包括（　　）。

A. 离合器打滑　　　B. 漏油　　　　　　C. 进气阀破裂　　　D. 排气阀破裂

8. 下列哪一项不是空调压缩机的故障类型？（　　）

A. 泄漏故障　　　　B. 机械故障　　　　C. 电磁离合器故障　　D. 堵塞故障

9. 在以下各种开关中，能控制空调压缩机电磁离合器动作的是：（　　）①压力保护开关；②水温开关；③恒温器（恒温开关）；④环境温度开关；⑤空调开关；⑥除霜开关。

A. ①④⑤⑥　　　　B. ②③⑤⑥　　　　C. ①③④⑤⑥　　　　D. ①②③④⑤⑥

10. 某空调系统当高压侧压力达到规定值后，其压缩机离合器分离。甲说，高压开关致使离合器电路断开引起；乙说，安全阀起作用导致压缩机离合器断路引起。谁正确？（　　）。

A. 甲正确　　　　　B. 乙正确　　　　　C. 两人均正确　　　D. 两人都不正确

11. 汽车空调控制器能在车内温度降至规定值时，自动切断汽车空调压缩机电磁离合器使之

不能工作，汽车空调压缩机电磁离合器工作受（　　）的影响。

A. 蒸发器温度传感器 　　　　　　　　　　B. 双重压力开关

C. 制冷剂流量 　　　　　　　　　　　　　D. 温度调节开关

12. 在 R134a 制冷系统中，高压侧压力 ≥（　　）kPa 时，汽车空调压缩机电磁离合器断开。

A. 2300 　　　　　　B. 2500 　　　　　　C. 3140 　　　　　　D. 4130

13. 正温度系数热敏电阻随温度升高阻值（　　）。

A. 不变 　　　　　　B. 下降 　　　　　　C. 上升 　　　　　　D. 不确定

14. 汽车空调系统温度控制电路的作用是（　　）。

A. 防止膨胀阀结冰 　　　　　　　　　　　B. 防止蒸发器表面挂霜或结冰

C. 防止压缩机产生液击现象 　　　　　　　D. 防止冷凝器表面结冰

15. 技师甲认为空气在常温下具有非凝性，因此空调管路中残留的空气会造成高温、高压；技师乙认为当空调系统关闭之后，空调管路中残留的空气会集结在蒸发器中。正确答案是（　　）。

A. 甲正确 　　　　　B. 乙正确 　　　　　C. 两人都正确 　　　D. 两人都不正确

16. 汽车水暖式采暖系统在发动机温度达到（　　）时才能正常工作。

A. 50℃ 　　　　　　B. 60℃ 　　　　　　C. 80℃ 　　　　　　D. 90℃

17. 在检修时，技师甲说，空调真空控制的真空源来自发动机进气歧管或来自真空泵；技师乙说，冷冻机油注入越多对压缩机的润滑就越好，制冷量就越大。你认为（　　）。

A. 甲正确 　　　　　B. 乙正确 　　　　　C. 两人均正确 　　　D. 两人都不正确

18. 在检修时，技师甲说，如出现时冷时热，则制冷管道可能有水分；技师乙说，储液干燥器进出管处温度一样，应该是堵塞了。你认为（　　）

A. 甲正确 　　　　　B. 乙正确 　　　　　C. 两人均正确 　　　D. 两人都不正确

19. 空调运行后，什么原因会造成储液干燥器外壳有一层白霜（　　）。

A. 制冷剂过量 　　　B. 干燥器脏堵 　　　C. 制冷剂泄漏 　　　D. 干燥器老化

20. 储液干燥器中干燥剂饱和后，制冷系统会出现（　　）现象。

A. 有时制冷，有时不制冷 　　　　　　　　B. 冷气过量

C. 不制冷 　　　　　　　　　　　　　　　D. 高、低压侧出现高压

21. 汽车空调冷凝器电动风扇不工作时，将会引起（　　）问题。

A. 冷气不足 　　　　　　　　　　　　　　B. 冷却系统水温偏低

C. 高压端压力偏低 　　　　　　　　　　　D. 冷气过量

22. 汽车空调系统运行几分钟后，干燥器外壳就结有一层白霜，这种现象说明（　　）。

A. 制冷剂过量 　　　B. 干燥器脏堵 　　　C. 制冷剂泄漏 　　　D. 干燥器老化

23. 汽车空调自动控制系统中使用了很多不同类型的传感器，下列各传感器中不同于其他类型的是（　　）。

A. 车内温度传感器　B. 环境温度传感器　C. 蒸发器温度传感器　D. 日光传感器

24. 下述（　　）不是提供输入信号给自动空调控制系统的传感器。

A. 氧传感器 　　　　B. 车外温度传感器　C. 阳光传感器 　　　D. 车内温度传感器

25. 下述（　　）是向自动空调 ECU 提供温度控制信号的传感器。

A. 发光二极管 　　　B. 光敏二极管 　　　C. 蒸发器热敏电阻　D. A/C 空调开关

26. 在 (   ) 状况时,自动空调 ECU 控制汽车空调压缩机电磁离合器工作。
A. 节气门全开   B. 车外温度≤设定值
C. 发动机高速运转   D. 车内温度≥设定值

27. 车外温度传感器信号传给空调 ECU 后,ECU 会 (   ) 调整各风门的开度。
A. 立即   B. 定时   C. 根据程序控制   D. 无序

28. 自动空调的车内温度传感器安装在什么位置?(   )
A. 中央出风口   B. 除霜出风口   C. 吸气管入口   D. 外循环空气入口

29. 在自动空调系统中,空调 ECU 通常与哪个部件集成为一个总成部件?(   )
A. 压缩机继电器   B. 空调操作面板   C. 车身电脑   D. 熔丝/继电器模块

30. 下面 (   ) 原因会导致空调系统制冷时高压管路的压力过低。
A. 压缩机的电磁离合器的线圈损坏   B. 高压管路堵塞
C. 蒸发器堵塞   D. 制冷剂过多

31. 汽车空调风量控制器,即改变 (   ) 的大小进行控制。
A. 电阻   B. 电容   C. 电磁   D. 电压

32. 引起制冷系统发生异响的原因主要发生在 (   )。
A. 压缩机   B. 冷凝器   C. 低压开关   D. 蒸发器

33. 鼓风机 (   ) 电阻是调节出风量的一个辅助元件。
A. 调速   B. 升速   C. 调压   D. 调流

34. 技师甲说,鼓风机变阻器的作用实现无级调速;技师乙说,鼓风机变阻器作用是实现梯级速度控制。谁说的正确?(   )
A. 甲正确   B. 乙正确   C. 两人都正确   D. 两人都不正确

35. 空调出风量不足的原因不包括下列哪一项?(   )
A. 空调滤芯堵塞   B. 压缩机传动带打滑   C. 鼓风机调速电阻失效   D. 蒸发器结冰

36. 电阻丝式汽车空调鼓风机调速器,应安装在鼓风机 (   ) 上。
A. 出风口风道   B. 进风口风道   C. 电动机   D. 扇叶

37. 普通空调鼓风机的调速多采用 (   )。
A. 调速电阻器   B. 功率晶体管   C. 空调放大器   D. 以上都不是

38. 甲说,空调系统电路中可变电阻的作用是使鼓风机能无级变速;乙说,可变电阻的作用是能为鼓风机提供几个档位的速度控制。谁正确?(   )
A. 甲正确   B. 乙正确   C. 两人都正确   D. 两人都不正确

39. 宝马、奔驰等豪华轿车的空调鼓风机调整装置多采用 (   )
A. 功率晶体管   B. 调整电阻器   C. 空调放大器   D. 空调 ECU

40. R12 与 R134a 制冷系统,(   ) 是可以互换使用的。
A. 冷冻机油   B. 干燥剂   C. 风机   D. 制冷剂

41. 技师甲说,压缩机运转时,冷凝器风扇一定运转;技师乙说,有些与发动机冷却水共用散热风扇的冷凝器风扇,在水温较高时也运转。你认为 (   )。
A. 甲正确   B. 乙正确   C. 两人均正确   D. 两人都不正确

42. 汽车空调系统中,冷凝器散热风扇调速是由 (   ) 决定的。
A. 高压侧压力   B. 高压侧温度   C. 低压侧压力   D. 低压侧温度

43. 甲说，空调系统的问题能引起冷却系统问题；乙说，冷却系统问题能引起空调系统的问题。谁正确？（　　）

  A. 甲正确　　　　　　B. 乙正确　　　　　　C. 两人均正确　　　　D. 两人均不正确

44. 某些汽车空调在系统管路中装有三重压力保护开关，用来控制冷凝器风扇的是（　　）。

  A. 高压开关　　　　　B. 低压开关　　　　　C. 中压开关　　　　　D. 高、低压开关

45. 某空调系统工作时出风口温度显得不够凉，关闭压缩机后出风口有热气。甲说，可能是发动机过热或制冷剂加得过量引起；乙说，可能是暖水阀关闭不严引起。谁正确？（　　）

  A. 甲正确　　　　　　B. 乙正确　　　　　　C. 两人均正确　　　　D. 两人均不正确。

46. 在诊断风窗玻璃内水雾较多的故障时，甲说，由于蒸发器排水管阻塞造成空气湿润所致；乙说，可能是由于热交换器芯漏水引起。谁正确？（　　）

  A. 甲正确　　　　　　B. 乙正确　　　　　　C. 两人均正确　　　　D. 两人均不正确

47. 技师 A 说，汽车空调的理想过热是 5.6 ~ 11.1℃；技师 B 说，闪蒸汽体是造成过热的原因之一。谁说的对？（　　）

  A. 仅技师 A 对　　　　　　　　　　　　B. 仅技师 B 对

  C. 技师 A 和 B 都对　　　　　　　　　　D. 技师 A 和 B 都不对

48. 如果发现温度调整不当，那么最有可能需要更换的部件是（　　）。

  A. 恒温器　　　　　　　　　　　　　　B. 低压开关

  C. 恒温膨胀阀　　　　　　　　　　　　D. 压缩机电磁离合器

49. 节流装置内的滤网堵塞会引起（　　）。

  A. 吸气压力过低　　　　　　　　　　　B. 吸气压力过高

  C. 压缩机出口压力过高　　　　　　　　D. 发动机过热

50. 大多数固定孔管制冷系统的维修项目是（　　）。

  A. 清洁滤网　　　　　B. 清洁孔管　　　　　C. 清洁滤网和孔管　　D. 清洗接头

51. 技师 A 说，如果恒温膨胀阀的入口滤网堵塞，可以对其清洗；技师 B 说，如果恒温膨胀阀的入口滤网堵塞，可以更换。谁说的对？（　　）

  A. 仅技师 A 对　　　　　　　　　　　　B. 仅技师 B 对

  C. 技师 A 和 B 都对　　　　　　　　　　D. 技师 A 和 B 都不对

52. 技师 A 说，在更换暖风水箱之前必须回收冷却液；技师 B 说，在更换蒸发器之前必须回收制冷剂。谁说得对？（　　）

  A. 仅技师 A 对　　　　　　　　　　　　B. 仅技师 B 对

  C. 技师 A 和 B 都对　　　　　　　　　　D. 技师 A 和 B 都不对

53. 技师 A 说，间歇制冷可能是由空调系统中有空气引起的；技师 B 说，空调系统中的湿气会导致制冷不足。谁说得对？（　　）

  A. 仅技师 A 对　　　　　　　　　　　　B. 仅技师 B 对

  C. 技师 A 和 B 都对　　　　　　　　　　D. 技师 A 和 B 都不对

54. 技师 A 说，发动机过热可以通过更换更高额定压力的散热器盖排除；技师 B 说，大多数过热故障是由节温器被拆掉造成的。谁说得对？（　　）

  A. 仅技师 A 对　　　　　　　　　　　　B. 仅技师 B 对

  C. 技师 A 和 B 都对　　　　　　　　　　D. 技师 A 和 B 都不对

55. 当讨论发动机过热时，技师 A 说，原因可能是电动冷却风扇继电器或开关失效；技师 B 说，原因可能是节温器失效。谁说得对? ( )

    A. 仅技师 A 对   B. 仅技师 B 对

    C. 技师 A 和 B 都对   D. 技师 A 和 B 都不对

56. 当讨论风扇叶片损坏时，技师 A 说，叶片松动可以通过焊接加固；技师 B 说，弯曲的叶片应该校直。谁说得对? ( )

    A. 仅技师 A 对   B. 仅技师 B 对

    C. 技师 A 和 B 都对   D. 技师 A 和 B 都不对

57. 下列哪一项不会引起冷却液损耗? ( )

    A. 拆掉节温器   B. 风扇离合器损坏   C. 散热器盖损坏   D. 气缸盖变形

58. 以下哪一种故障最有可能引起液体制冷剂在压缩机中流动? ( )

    A. 储液干燥器滤网堵塞   B. 贮液器滤网堵塞

    C. 恒温膨胀阀失调   D. 节流管堵塞或受限

59. 以下那一种故障最有可能引起发动机过冷? ( )

    A. 传动带过松   B. 拆掉节温器

    C. 水泵损坏   D. 蜡式节温器有故障

60. 以下哪一种故障最有可能导致空调制冷系统产生噪声以及间断制冷、制冷不足或不制冷? ( )

    A. 熔断器熔断   B. 制冷剂加注过多   C. 恒温器损坏   D. 传动带过松

61. 开启空调后发现蒸发器排水管口有水滴出，说明 ( )。

    A. 发动机漏水   B. R12 液体泄漏   C. 制冷循环良好   D. 加热器芯漏水

62. 机械式恒温器的毛细管泄漏，空调压缩机会发生下列哪种现象? ( )

    A. 立即停转   B. 电磁离合器一直吸合   C. 立即烧毁   D. 吸气压力过高

63. 膨胀阀毛细管没有与管路贴合，将会使空调系统 ( )。

    A. 低压管过冷   B. 低压管过热   C. 不制冷   D. 高压管过热

64. 开空调时，鼓风机有高速无低速，可能原因是 ( )。

    A. 熔丝坏   B. 调速电阻坏

    C. A/C 空调开关坏   D. 空调继电器坏

65. 以下那一种故障最有可能引起发动机过热或过冷故障? ( )

    A. 传动带磨损   B. 发动机点火正时不当

    C. 风扇离合器有故障   D. 蜡式节温器有故障

66. 测量空调压缩机离合器间隙时，应用 ( ) 进行。

    A. 塞尺   B. 量规   C. 卡尺   D. 百分表

67. 技师 A 说，当压缩机发生故障时，可以预料冷冻机油中含有金属颗粒；技师 B 说，故障压缩机内的冷冻机油将会有刺鼻的气味。谁说的对? ( )

    A. 仅技师 A 对   B. 仅技师 B 对

    C. 技师 A 和 B 都对   D. 技师 A 和 B 都不对

68. 有一个空调压缩机的电磁离合器打滑。但连接到线束侧离合器引线的试灯并不点亮。技师 A 说，可能是离合器引线处的电压过低；技师 B 说，可能是试灯灯丝烧断。谁说得对? ( )

A. 仅技师 A 对   B. 仅技师 B 对

C. 技师 A 和 B 都对   D. 技师 A 和 B 都不对

69. 甲说，充注制冷剂过多可能引起压缩机噪声；乙说，加注冷冻机油过多可能引起压缩机噪声。谁正确？（　　　）

    A. 甲正确   B. 乙正确   C. 两人均正确   D. 两人均不正确

70. 空调压缩机电磁离合器的间隙一般为（　　　）mm。

    A. 0.1 ~ 0.3   B. 0.3 ~ 0.5   C. 0.5 ~ 1.0   D. 1.0 ~ 1.5

71. 斜盘式压缩机采用往复式双头活塞，依靠斜盘旋转运动，使双头活塞获得（　　　）的往复运动。

    A. 轴向   B. 径向   C. 旋转   D. 螺旋

72. 以下对变排量空调压缩机的描述，错误的是（　　　）。

    A. 变排量空调压缩机可采用常啮合的传动方式

    B. 当变排量空调压缩机电磁阀断电后，变排量空调压缩机会因润滑不良而损坏

    C. 制冷剂排量的控制与变排量空调压缩机内部的曲轴箱压力有关

    D. 当变排量空调压缩机出现过载或锁死故障时，其传动带轮的橡胶件能够断开，防止严重的机械故障

73. 在压缩机的电磁离合器线路中，通常会跨接有一个二极管。技师甲说，二极管用于保证电磁离合器线圈两端电压为 12V；技师乙说，二极管用于防止离合器极性接反。谁说的正确？（　　　）

    A. 甲正确   B. 乙正确   C. 两人都正确   D. 两人都不正确

74. 下列的汽车空调压缩机中，不属于往复运动的是（　　　）。

    A. 摆盘式   B. 涡旋式   C. 斜盘式   D. 曲轴连杆式

75. 空调系统的过热开关是一种保护性开关，其作用是（　　　）。

    A. 安装在储液干燥器上，防止过高的管道温度   B. 安装在压缩机尾部，防止压缩机过热

    C. 检测制冷剂过量造成的系统过热   D. 检测制冷剂过少造成的系统过热

76. 小轿车采暖量的强度调节一般是通过（　　　）进行调节的。

    A. 风量大小   B. 发动机水温   C. 调节热水阀   D. 真空膜盒

77. 过热限制器的作用为（　　　）。

    A. 保护冷凝器免受损坏   B. 保护压缩机免受损坏

    C. 保护蒸发器免受损坏   D. 保护节流器免受损坏

78. 有些汽车空调将高、低压保护开关安装在储液干燥器上，在系统工作正常的情况下，高、低压保护开关的状态（　　　）。

    A. 高压开关闭合，低压开关断开   B. 低压开关闭合，高压开关断开

    C. 高、低压保护开关均断开   D. 高、低压保护开关均闭合

79. 在过低的环境温度下，开空调压缩机显然是浪费的，为防止误操作，很多汽车空调电路上设置有（　　　）。

    A. 冷却液温度开关   B. 除霜开关   C. 环境温度开关   D. 过热开关

80. 在讨论蒸发器温控开关的功用时，甲认为蒸发器的出风口的温度高于规定值时，压缩机才投入工作；乙认为温控开关是对压缩机转速的高低进行控制，温度越高压缩机的转速越高。谁

的说法正确？（　　　）。

A. 甲正确　　　　　B. 乙正确　　　　　C. 两人均正确　　　　　D. 两人都不正确

81. 空调与暖风系统延时继电器的作用是（　　　）。

A. 在发动机冷却液达到预定温度之前防止加热循环

B. 在发动机冷却液达到预定温度之后防止制冷循环

C. 在关闭点火钥匙后将各风门回复到原位

D. 在发动机起动后转速稳定之前延迟空调系统的起动

82. 压力式温度控制器用（　　　）。

A. 温包感温，将温度信号转变为电阻信号

B. 温包感温，将温度信号转变为压力信号

C. 热敏电阻感温，将温度信号转变为电阻信号

D. 热敏电阻感温；将温度信号转变为压力信号

83. 在某些空调制冷系统中，安装在一个低压开关和（或）高压开关，用作压力控制和系统保护。对此技师甲说，低压开关一定安装在低压侧管路中。技师乙说，有的低压开关也可以安装在高压管路中。谁说的正确？（　　　）

A. 甲正确　　　　　B. 乙正确　　　　　C. 两人都正确　　　　　D. 两人都不正确

三、多选题

1. 制冷系统的压力安全阀可以安装在下列何位置？（　　　）

A. 压缩机上　　　　B. 储液干燥器上　　　　C. 储液器上　　　　D. 冷凝器上

2. 若空调压缩机离合器接合后听到"嗒嗒"声，可能原因是（　　　）。

A. 压缩机轴承故障　　B. 冷凝器堵塞　　　C. 张紧轮损坏　　　D. 冷冻机油太少

3. 空调系统工作时，若蒸发器内制冷剂不足，离开蒸发器的制冷剂不会是以下哪几种状态？（　　　）

A. 高于正常压力，温度较低　　　　　　　B. 低于正常压力，温度较高

C. 高于正常压力，温度较高　　　　　　　D. 低于正常压力，温度较低

4. 制冷系统内有空气可能会引起下列那些故障？（　　　）

A. 发动机过热　　　　　　　　　　　　　B. 空调压缩机噪声

C. 空调系统性能得不到有效发挥　　　　　D. 低压侧压力低于正常值

5. 当空调系统管路中有湿气时，可能会产生以下哪些现象？（　　　）

A. 制冷剂储罐堵塞　　B. 间歇性制冷　　　C. 系统腐蚀　　　D. 管路过热

6. 如果低压开关断开，导致汽车空调压缩机电磁离合器断电，原因不可能是（　　　）。

A. 制冷剂过量　　　B. 制冷剂严重不足　　C. 冷凝器冷却不良　　D. 鼓风机不转

7. 空调与暖风系统的暖气热量不足时，不应首先检查的项目有哪些？（　　　）

A. 热水阀是否卡住　　　　　　　　　　　B. 空气混合阀门是否卡住

C. 鼓风机转速是否过低　　　　　　　　　D. 空调滤清器是否堵塞

8. 在修理冷凝器时，下列哪些做法是正确的？（　　　）

A. 用溶剂和金属刷清洗散热片之间的灰尘

B. 用梳子校直冷凝器的散热片

C. 用高压水枪冲洗冷凝器外表

D. 用高压水枪冲洗冷凝器管路

9. 下列哪些情况需要更换储液干燥器? (　　)

A. 储液干燥器泄漏　　　　　　　　　　B. 储液干燥器吸足了水分

C. 空调系统与大气相通 2h 以上　　　　D. 储液干燥器凹陷

10. R12 系统改装成 R134a 系统时, 下列哪种部件必须更换? (　　)

A. 维修管接头　　　B. 节流装置　　　C. 冷冻机油　　　　D. 非防渗透软管

11. 节流装置内的滤网堵塞不会引起下列哪些现象? (　　)

A. 吸气压力过低　　　　　　　　　　　B. 吸气压力过高

C. 压缩机出口温度过高　　　　　　　　D. 发动机过热

12. 当汽车高速行驶时制冷良好, 但中、低速制冷效果差, 下列哪些原因不会造成此现象?
(　　)

A. 冷凝器脏堵　　　　　　　　　　　　B. 冷凝器风扇不工作

C. 膨胀阀故障　　　　　　　　　　　　D. 蒸发器脏堵

13. 造成冷气风量不足的原因有 (　　)。

A. 空调滤清器严重脏堵　　　　　　　　B. 蒸发器表面脏

C. 蒸发器表面结冰　　　　　　　　　　D. 冷凝器风扇不工作

14. 造成空调结冰的原因有 (　　)。

A. 制冷系统中充入的制冷剂过少　　　　B. 环境温度过低

C. 蒸发器的热交换不良　　　　　　　　D. 压缩机不良

15. 造成空调高压保护的原因有 (　　)。

A. 制冷剂充入过多　　　B. 环境温度过高　　　C. 冷凝器的热交换不良　　　D. 膨胀阀堵塞

16. 空调压缩机的电磁离合器线圈两端并联的二极管是为了 (　　)。

A. 整流　　　　　　　　　　　　　　　B. 防止线圈极性接反

C. 抑制线圈断电时所产生的瞬间高电压　D. 减少对控制元件的损害

17. 在可变排量空调压缩机中, 什么是不可变化的? (　　)

A. 缸径　　　　　　B. 活塞行程　　　　C. 吸气压力　　　D. 控制阀

18. 空调压缩机电磁离合器电路在下列哪些情况下会被切断? (　　)

A. 空调开关断开　　　　　　　　　　　B. 双重压力开关断开

C. 制冷剂温度过高　　　　　　　　　　D. 蒸发器温度过高

19. 冷凝器风扇的运作由谁控制? (　　)

A. 冷却液温度开关　　B. 空调压力开关　　C. 鼓风机开关　　　D. AC 开关

20. 阳光传感器可用什么灯光进行检测? (　　)

A. 荧光灯　　　　　　B. 白炽灯　　　　　C. 日光　　　　　D. 紫外线灯

21. 汽车自动空调的控制系统可以进行 (　　)。

A. 温度控制　　　　　　　　　　　　　B. 鼓风机转速控制

C. 进气控制　　　　　　　　　　　　　D. 冷却液温度控制

22. 使用汽车故障电脑诊断仪对自动空调系统进行诊断时, 若诊断通信失败, 可能的原因是
(　　)。

A. 环境温度传感器损坏　　　　　　　　B. 网关模块损坏

C. 空调控制模块损坏　　　　　　　　　D. 诊断通信线路连接不良

23. 对于自动空调系统，如果蒸发器温度传感器损坏或性能不良，则有可能导致哪些问题？（　　）

A. 空调压缩机不工作或工作异常　　　　B. 鼓风机不工作

C. 空调压缩机机械性损坏　　　　　　　D. 蒸发器结冰

24. 在对自动空调系统进行故障诊断时，若检测到的故障码内容是风门伺服电机卡住或无电压，则可能的故障原因包括（　　）。

A. 风门伺服电动机与空调控制模块之间线路连接不良

B. 风门伺服电动机损坏

C. 风门伺服电动机的传动机构卡滞或损坏

D. 空调控制模块损坏

思考与练习参考答案

项目一　汽车空调使用与维护

一、判断题

1~5　×√×××　　　6~10　√×××　　　11~15 ××√×　　　16~20 ××√×√

21~25 ×√×××　　　26~30 ××√√×　　　31~35√×√√√　　　36~40 ××√√√

41~46 ×√×√√

二、单选题

1~5　DACAB　6~10　ACBCC　11~15　ADCBB　16~20　CDDAC　21~25　CAACC

26~30 ADBAA　31~35　CABDC　36~40　ABCDA　41~45　CABCA　46~50　BABBC

51~52 CC

三、多选题

1. BCD　2. BC　3. ABC　4. ABC　5. BCD　6. ABD　7. ABC　8. AB　9. ABC　10. AB

11. ABD　12. BCD

项目二　汽车空调检测

一、判断题

1~5√××√√　　　6~10　××√√×　　　11~15√×√××　　　16~20 ×√√×√

21~25 ××√√×

二、单选题

1~5　CBCAB　6~10　BADBB　11~15　CBBAD　16~20　BDAAC　21~25　CCABC

26～30　CBABD　31～35DBDBA　36～40　CBACC　41～45　ABABB　46～50　CDDAA
51～53　BDB

三、多选题

1. ABC　2. AC　3. BCD　4. BD　5. AB　6. ACD　7. BC　8. ABC　9. ABD　10. BCD　11. ABD
12. ABD　13. BCD　14. AC

项目三　制冷剂回收、净化与加注

一、判断题

1～5√√×××√　　　6～10　××√√×　　　11～15√×√××　　16～20√√×√×
21～25√√×××√　　26～30√√××√　　　31～35×√××√　　36～40√×√√√
41～45×√√√√　　　46～50√√√√√　　　51～55√√√××　　56～60×××√
61～65×√×√×　　　66～70×××√√　　　71　×

二、单选题

1～5　BACAC　6～10　DCDAD　11～15　AABDD　16～20　AACCC　21～25　CDCCC
26～30　ABBAD　31～35　BCCCD　36～40　DDBAA　41～45　ABCDB　46～50　ABBCA
51～55　ACCCA　56～60　BBADA　61～65　CDCAB　66～69　CBCB

三、多选题

1. ABD　2. AB　3. ABC　4. ACD　5. BC　6. AD　7. AD　8. ABC　9. ABCD　10. ABCD
11. BC　12. ABD　13. ABCD　14. ABD　15. ACD　16. ABC　17. ABCD　18. ACD　19. ABD
20. ABCD　21. ABD　22. AB　23. ABC　24. ABCD　25. ABC　26. ABD　27. ABD　28. ABC
29. ABCD　30. ABC　31. AB　32. ABC　33. BCD　34. CD　35. ABCD　36. ABCD　37. ABCD
38. ABC　39. ABC　40. BCD

项目四　汽车空调故障检修

一、判断题

1～5√√×××√　　　6～10　××√√×　　　11～15√×××　　16～20××√√√
21～25××√√√　　　26～30√××√×　　　31～35×√√√√　　36～40×√×√√
41～45×√√×√

二、单选题

1～5　AABDA　6～10　DCDDA　11～15　ACCBA　16～20　CAABA　21～25　ABDAC
26～30　DCCBA　31～35　AAABB　36～40　AABAC　41～45　CACCB　46～50　CCAAC
51～55　CCDDC　56～60　DACBB　61～65　CAABC　66～70　ADDCB　71～75　ABDBB
76～80　CBDCA　81～83　DBB

三、多选题

1. ABC　2. ACD　3. ACD　4. BCD　5. BC　6. ACD　7. BCD　8. AB　9. ABC　10. ACD
11. BCD　12. ACD　13. ABC　14. ABC　15. ABC　16. CD　17. ACD　18. ABC　19. ABD　20. BC
21. ABC　22. BCD　23. AD　24. ABCD

参 考 文 献

[1] 任惠珠. 汽车空调构造与维修 [M]. 北京：中国劳动社会保障出版社，2007.

[2] 谭本忠. 汽车空调原理与维修 [M]. 济南：山东科学技术出版社，2010.

[3] 肖鸿光，彭无尘. 汽车空调 [M]. 北京：机械工业出版社，2014.

[4] 朱军. 汽车故障诊断方法 [M]. 北京：人民交通出版社，2008.

[5] 曹永明. 汽车空调构造与维修 [M]. 北京：机械工业出版社，2014.

[6] 邓锦军. 汽车空调检修 [M]. 武汉：中国地质大学出版社，2014.